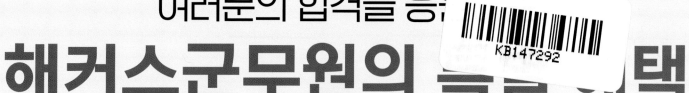

여러분의 합격을 응원하는
해커스군무원의 특별 혜택

FREE **군무원 국어 특강**

해커스군무원(army.Hackers.com) 접속 후 로그인 ▶ 상단의 [무료특강] 클릭 ▶ [교재 무료특강] 클릭하여 이용

 해커스 매일국어 어플 이용권

QKXDL45HYHXCQR7C

구글 플레이스토어/애플 앱스토어에서 [해커스 매일국어] 검색 ▶
어플 다운로드 ▶ 어플 이용 시 노출되는 쿠폰 입력란 클릭 ▶
쿠폰번호 입력 후 이용

어플 다운로드 ▶

* 등록 후 30일간 사용 가능(ID당 1회에 한해 등록 가능)
* 해당 자료는 [해커스공무원 국어 기본서] 교재 내용으로 제공되는 자료로, 공무원 시험 대비에 도움이 되는 유용한 자료입니다.

해커스군무원 온라인 단과강의 20% 할인쿠폰

4A36E4DF75FDA5GU

해커스군무원(army.Hackers.com) 접속 후 로그인 ▶ 상단의 [나의 강의실] 클릭 ▶
[쿠폰/포인트] 클릭 ▶ 위 쿠폰번호 입력 후 이용

* 등록 후 7일간 사용 가능(ID당 1회에 한해 등록 가능)

 해커스 회독증강 콘텐츠 5만원 할인쿠폰

6CE2D8E7B7899BHL

해커스공무원(gosi.Hackers.com) 접속 후 로그인 ▶ 상단의 [나의 강의실] 클릭 ▶
좌측의 [쿠폰등록] 클릭 ▶ 위 쿠폰번호 입력 후 이용

* 등록 후 7일간 사용 가능
* ID당 1회에 한해 등록 가능(특별 할인상품 적용 불가)
* 월간 학습지 회독증강 행정학/행정법총론 개별상품은 할인쿠폰 할인대상에서 제외

쿠폰 이용 관련 문의 1588-4055

단기 합격을 위한
해커스 커리큘럼

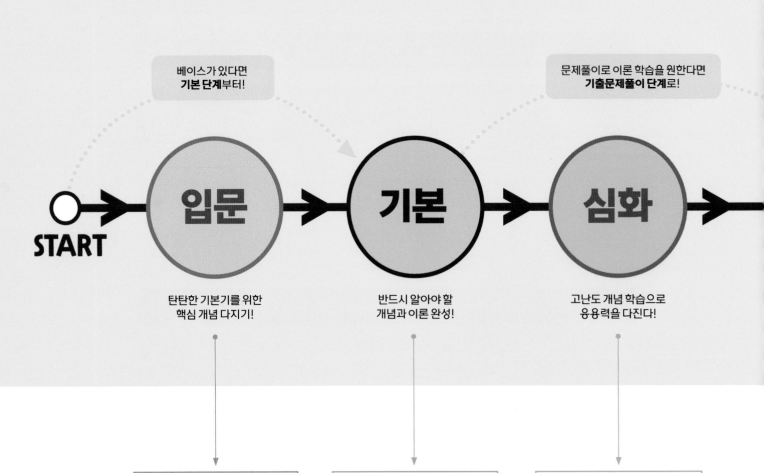

베이스가 있다면
기본 단계부터!

문제풀이로 이론 학습을 원한다면
기출문제풀이 단계로!

START

입문

기본

심화

탄탄한 기본기를 위한
핵심 개념 다지기!

반드시 알아야 할
개념과 이론 완성!

고난도 개념 학습으로
응용력을 다진다!

강의 **쌩기초 입문반**

이해하기 쉬운 개념 설명과 풍부한
연습문제 풀이로 부담 없이 기초를
다질 수 있는 강의

강의 **기본이론반**

반드시 알아야 할 기본 개념과 문제풀이
전략을 학습하여 핵심 개념 정리를
완성하는 강의

강의 **심화이론반**

심화이론과 중·상 난이도의 문제를
함께 학습하여 고득점을 위한 발판을
마련하는 강의

* 커리큘럼은 과목별·선생님별로 상이할 수 있으며, 자세한 내용은 해커스군무원 사이트에서 확인하세요.

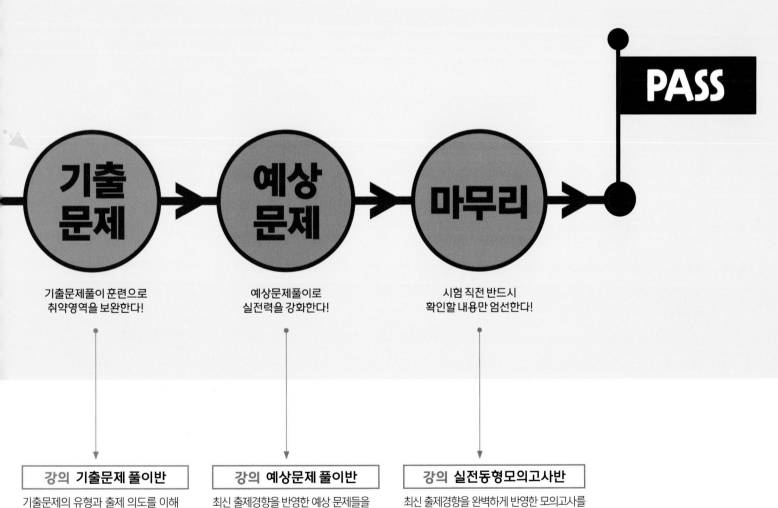

기출문제

기출문제풀이 훈련으로
취약영역을 보완한다!

예상문제

예상문제풀이로
실전력을 강화한다!

마무리

시험 직전 반드시
확인할 내용만 엄선한다!

PASS

강의 기출문제 풀이반

기출문제의 유형과 출제 의도를 이해
하고, 본인의 취약영역을 파악 및 보완
하는 강의

강의 예상문제 풀이반

최신 출제경향을 반영한 예상 문제들을
풀어보며 실전력을 강화하는 강의

강의 실전동형모의고사반

최신 출제경향을 완벽하게 반영한 모의고사를
풀어보며 실전 감각을 극대화하는 강의

강의 봉투모의고사반

시험 직전에 실제 시험과 동일한 형태의
모의고사를 풀어보며 실전력을 완성하는 강의

해커스군무원

혜원국어 7개년 기출정해

해커스군무원

지피지기 백전불태(知彼知己 百戰不殆)
적을 알고 나를 알면 백 번 싸워도 위태로울 것이 없다.

군무원 시험을 준비하는 수험생에게 적은 다름 아닌 '시험' 그 자체와 시험을 준비하는 '나 자신'이다.
따라서 이 둘에 대한 완벽한 '앎'과 '대비'가 필요하다.

일반적인 공무원 수험 국어에 비하면 다음과 같은 차이가 있다.
1. 문법, 어휘 및 한자: 비중이 매우 높고, 난도도 높으며 심화된 내용을 묻기도 한다.
2. 문학: 지식 국어의 성격이 강한 문제가 많이 출제되어 난도가 높은 편이다.
3. 비문학: 일반적인 공무원 국어에 비해 빈도는 낮은 편이나, 최근 문항의 난도도 높아지고 지문의 형태도 다소 길어지고 있는 추세이다.

이러한 군무원 국어의 완전 정복을 위해 <해커스군무원 혜원국어 7개년 기출정해>는 이렇게 구성하였다.

1. 실전 시험 문제와 동일한 구성

시험 현장감의 최대치를 위해 실전 시험 문제와 같은 구성을 취하였다. 실전 시험처럼 시간을 측정하며 풀도록 한다.

2. 최근 7개년 기출만으로 구성하여 공부량의 최소화

군무원 시험 합격을 위해 최근간 기출만 모아 구성하였다. 이전의 오래된 유형이나 오래된 문제들이 아닌 최근간 시험 문제만을 집중적으로
반복하여 공부량은 최소화하고, 합격의 확률은 최대화하도록 구성하였다. 수험생은 반복적으로 공부하여 시험이 원하는 국어의 내용이 무엇
인지 체화하도록 한다.

3. 문제를 푸는 데 가장 중요한 '혜원쌤의 합격비법'을 각 문항별로 제시

문제가 무엇을 묻는지 정확히 알고 풀어야 실전 시험장에서 합격의 기쁨을 거둘 수 있다. 문제의 방향성을 잘 잡아서 '최단 시간' 내에 '정확한
답'을 고르도록 '혜원 국어'의 비법을 문항별로 전수하였다. 수험생은 이 비법을 자신의 것으로 만들기 위해 최선을 다해야 한다.

4. 국어 문제를 푸는 공식 전수

국어의 문제를 푸는 데에는 수학과 같은 공식이 있다. 국어 문제를 푸는 공식을 자신의 것으로 체화할 수 있도록 해설에 '공식'을 첨가하여, 문
제를 풀고 해설을 읽으면서 '국어 문제를 풀이하는 능력'의 향상은 물론이고, '국어 문제를 푸는 공식이 체화'될 수 있도록 구성하였다. 수험생
은 이 공식이 자기의 것이 될 수 있도록 반복적으로 연습하여 시험장에서 실력을 발휘하도록 한다.

공부에 왕도는 없다. 그러나 합격에 이르는 길을 안내해 줄 훌륭한 조력자는 존재한다.
<해커스군무원 혜원국어 7개년 기출정해>는 군무원 시험 합격을 위해 노력하는 모든 수험생들에게 훌륭한 조력자가 되리라 확신한다.
수험생 모두의 합격을 강력히 응원한다.

2024년 04월
고혜원

목차

정답 · 해설

합격을 위한 이 책의 활용법

1 최근 7개년 기출문제 11회분으로 빠르게 확인하는 최신 출제 경향!

2023년~2017년에 시행된 7·9급 군무원 국어 기출문제를 회차별로 수록하였습니다.
가장 최근 기출문제 위주로만 빠르게 풀어보면서 최신 출제 경향을 효율적으로 익힐 수 있습니다.

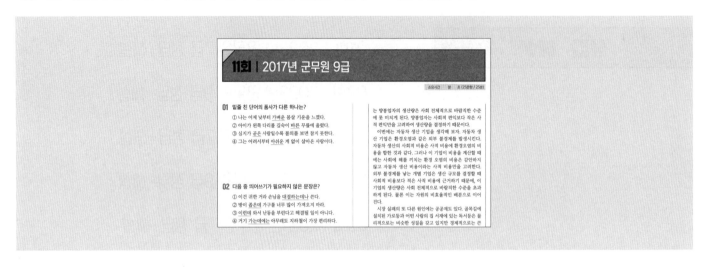

2 완벽한 이해를 돕는 상세한 해설 수록!

정답인 이유뿐만 아니라 오답의 근거까지 상세하게 설명해 주는 해설을 통해 문제를 완벽히 이해하여 실력을 크게 향상시킬 수 있습니다.

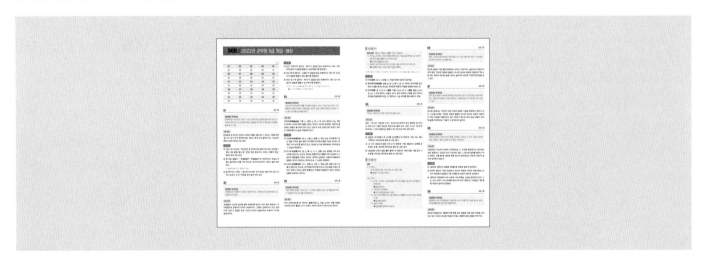

3 [혜원쌤의 합격비법]과 [한 걸음 더!]를 통해 고득점 달성!

- [혜원쌤의 합격비법]: 선생님만의 노하우를 담은 문제풀이 비법을 통해 정답을 쉽게 고를 수 있는 방법을 익히며 고득점을 달성할 수 있습니다.
- [한 걸음 더!]: 학습에 참고하면 좋은 이론을 수록하여, 부족함 없는 꼼꼼한 학습이 가능합니다.

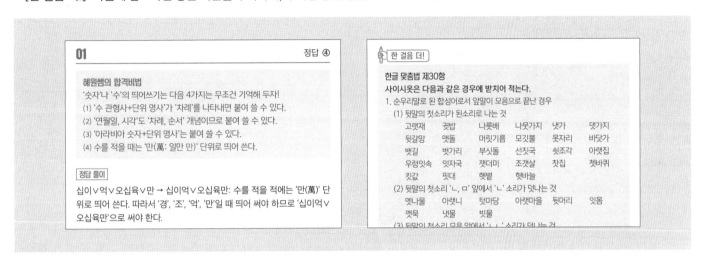

4 실전 감각을 극대화하는 특별한 장치!

- 소요 시간: 문제풀이에 걸린 시간을 직접 체크함으로써 자신의 실력을 스스로 점검할 수 있습니다.
- OMR 답안지: 마킹 연습 가능한 OMR 답안지를 수록하여 실제 시험처럼 마킹하는 시간까지 계산하면서 실전 감각을 익힐 수 있습니다.

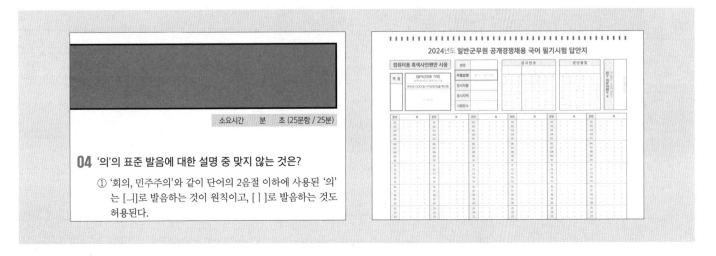

해커스군무원 혜원국어 **7개년 기출정해**

7·9급 기출문제

01 다음 중 표준어끼리 짝지어진 것이 아닌 것은?

① 만날 - 맨날
② 가엾다 - 가엽다
③ 멀찌감치 - 멀찌가니
④ 구레나룻 - 구렛나루

02 ㉠~㉢에 들어갈 단어를 순서대로 나열한 것은?

- 회사 측은 주민 대표에게 언론에 보도된 내용이 사실과 다르다고 ⟨ ㉠ ⟩ 하였다.
- 그는 국회에서 국민의 기본권에 대하여 ⟨ ㉡ ⟩ 할 기회를 얻었다.
- 피의자는 뇌물을 받은 적이 없다고 검사에게 ⟨ ㉢ ⟩ 했다.

	㉠	㉡	㉢
①	解明	發言	陳述
②	陳述	發言	解明
③	發言	陳述	解明
④	發言	解明	陳述

03 다음 기사의 주장을 가장 잘 표현한 것은?

　은폐가 쉬운 가정 내 아동학대에 대응하기 위해 만들어진 아동학대처벌법이 학교에도 일괄 적용되면서 교사가 학생의 문제행동을 지적하거나 제지하는 일까지 아동학대로 신고하는 일이 잦아졌다는 것이다. 아동학대 신고만으로도 학교장 판단에 따라 직위해제나 담임 교체 조치를 당하거나 경찰 조사를 받아야 하고, 이는 교사들의 사기 저하와 생활지도 포기로 이어진다.

① 교사들의 강압적 태도가 야기한 문제점
② 교사들의 교직 만족도 하락의 원인
③ 교사들의 직권남용과 교직 태만의 원인
④ 교사들의 아동학대에 대한 실태

04 '의'의 표준 발음에 대한 설명 중 맞지 않는 것은?

① '회의, 민주주의'와 같이 단어의 2음절 이하에 사용된 '의'는 [ㅢ]로 발음하는 것이 원칙이고, [ㅣ]로 발음하는 것도 허용된다.
② '우리의 마음, 반의 반'과 같이 조사로 사용된 '의'는 [ㅢ]로 발음하는 것이 원칙이고, [ㅔ]로 발음하는 것도 허용된다.
③ '희망, 무늬'와 같이 자음을 첫소리로 가지고 있는 음절의 'ㅢ'는 [ㅢ]로 발음하는 것이 원칙이고, [ㅣ]로 발음하는 것도 허용된다.
④ '의사, 의자'와 같이 단어의 첫음절에 사용된 '의'는 [ㅢ]로 발음한다.

05 다음 글의 빈칸 안에 들어갈 말로 가장 적절한 것은?

　위층의 소리는 멈추지 않았다. 드르륵거리는 소리에 머리카락 올이 진저리를 치며 곤두서는 것 같았다. … 위층으로 올라가 벨을 눌렀다.
　안쪽에서 "누구세요?" 묻는 소리가 들리고도 십분 가까이 지나 문이 열렸다. '이웃사촌이라는데 아직 인사도 없이……' 등등 준비했던 인사말과 함께 포장한 슬리퍼를 내밀려던 나는 첫마디를 뗄 겨를도 없이 ⟨　　⟩ 했다. 좁은 현관을 꽉 채우며 휠체어에 앉은 젊은 여자가 달갑잖은 표정으로 나를 올려다보았다. "안 그래도 바퀴를 갈아 볼 작정이었어요. 소리가 좀 덜 나는 것으로요. 어쨌든 죄송해요. 도와주는 아줌마가 지금 안 계셔서 차 대접할 형편도 안 되네요."
　여자의 텅 빈, 허전한 하반신을 덮은 화사한 빛깔의 담요와 휠체어에서 황급히 시선을 떼며 나는 할 말을 잃은 채 부끄러움으로 얼굴만 붉히며 슬리퍼 든 손을 뒤로 감추었다.

　　　　　　　　　　　　　　- 오정희, <소음 공해>

① 역지사지　　　　　② 황당무계
③ 자승자박　　　　　④ 우두망찰

06 다음 기사의 (㉠) 안에 들어갈 말로 가장 적절한 것은?

> 탄소중립을 실천하기 위해 우리가 할 수 있는 일은 무엇일까? 에너지 절약부터 친환경 제품 사용, 이면지 사용, 일회용품 사용하지 않기 등 다양한 방법들이 있다. 하지만 또 다른 방법이 있다고 산림청은 전한다. 먼저 우리 주변 나무를 잘 사용하는 것이다. 나무를 목재로 사용하면 된다. 목재 가공은 철강 생산보다 에너지를 85배 절감할 수 있다고 한다. …
> 그렇다고 나무를 다 베어서는 안 된다는 우려도 존재한다. 하지만 걱정할 필요가 없다고 산림청은 말한다. (㉠) 특히 우리나라는 OECD 국가 중 산림비율이 4위일 정도로 풍성한 숲을 보유하고 있다. 이를 잘 활용해서 환경 보호에 적극적으로 사용해야 하는 것이다.

① 목재를 보전하는 숲과 수확하는 숲을 따로 관리한다는 것이다.
② 나무가 잘 자라는 열대지역에서 목재를 수입한다는 것이다.
③ 버려지는 폐목재를 가공하여 재사용한다는 것이다.
④ 나무를 베지 않고 숲의 공간을 활용하여 주택을 짓는다는 것이다.

07 다음은 현대 한국어의 발음 특성을 설명한 것이다. 맞지 않는 것은?

① '알'의 'ㅇ'과 '강'의 'ㅇ'은 음운론적으로 동일한 가치를 갖는다.
② 초성에서 발음되는 모든 자음이 종성에서 발음되는 것은 아니다.
③ 종성에서 발음되는 모든 자음이 초성에서 발음되는 것은 아니다.
④ 모음과 모음 사이에 자음은 최대 2개까지 발음된다.

08 다음 중 밑줄 친 부분이 '띄어쓰기' 규정에 따른 것은? ('∨'는 '띄어 쓴다'는 표시임)

① 그는 재산이 많을∨뿐더러 재능도 엄청 많다.
② 선물을 주기는∨커녕 처다보지도 않더라.
③ 원서를 넣는∨족족 합격을 하네.
④ 기분이 좋아 보이는구면∨그래.

09 다음은 <보기>에 제시된 글의 핵심 내용을 정리한 것이다. 가장 잘 이해한 것은?

> ─── <보기> ───
> '무엇인가', '어떠한 것인가'라는 물음에 대응하는 내용이 '질'이고 '어느 정도'라는 물음에 대응하는 내용이 '양'이다. '책상이란 무엇인가' 또는 '책상이 어떠한 것인가'를 알기 위해 사전에서 '책상'을 찾으면, "책을 읽거나 글을 쓰는 상"으로 나와 있다. 이것이 책상을 의자와 찬장 및 그 밖의 유사한 사물들과 구분해 주는 책상의 '질'이다. 예를 들어 "이 책상의 높이는 어느 정도인가?"라고 물으면 "70cm이다"라고 답한다. 이때 말한 '70cm'가 바로 '양'이다. 그런데 책상의 높이는 70cm가 60cm로 되거나 40cm로 된다고 하더라도 그것이 책상임에는 변함이 없다. 성인용 책상에서 아동용 책상으로, 의자 달린 책상에서 앉은뱅이책상으로 바뀐다고 하더라도 그것이 '책을 읽거나 글을 쓰는 상'으로서의 기능은 수행할 수 있기 때문이다. 그러나 책상의 높이를 일정한 한도가 넘는 수준, 예컨대 70cm를 1cm로 낮추어 버리면 그 책상은 나무판에 가까운 것으로 변하여 책상의 기능을 수행할 수 없게 되어 더 이상 책상이라 할 수 없게 될 것이다.

① 양의 변화는 질의 변화를 초래하고 질의 변화는 양의 변화를 이끈다.
② 양의 변화가 누적되면 질의 변화가 일어나므로 양의 변화는 변화된 양만큼 질의 변화를 이끈다.
③ 양의 변화는 일정한 한도 내에서 질의 변화를 이끌지 못하지만 어느 한도를 넘으면 질의 변화를 초래한다.
④ 양의 변화든 질의 변화든 변화는 모두 본래의 상태로 환원되는 과정이기 때문에 두 변화는 본질적으로 동일하다.

10 <보기>는 우리말 높임법에 관한 설명이다. ( ) 안에 들어갈 용례로 맞지 않는 것은?

> ─── <보기> ───
> • 상대높임법: 말하는 이가 상대, 곧 듣는 이(청자)를 높이는 높임법. 일정한 종결 어미의 사용에 의해서 실현됨.
>   (1) 격식체: 공식적이고 의례적인 표현으로, 심리적 거리감을 나타냄
>   ① 해라체: 아주 낮춤
>   ② 하게체: 예사 낮춤 ………………………… (㉠)
>   ③ 하오체: 예사 높임 ………………………… (㉡)
>   ④ 합쇼체: 아주 높임
>   (2) 비격식체: 비공식적이며, 부드럽고 친근감을 나타냄
>   ① 해체: 두루 낮춤 ………………………… (㉢)
>   ② 해요체: 두루 높임 ………………………… (㉣)

① ㉠: 내가 말을 함부로 했던 것 같네.
② ㉡: 이게 꿈인지 생신지 모르겠구려.
③ ㉢: 계획대로 밀고 나가.
④ ㉣: 선생님 안녕히 계십시오.

11 다음 밑줄 친 단어 중 <외래어 표기법>에 맞는 것은?

① 화재의 위험을 방지하기 위하여 <u>휴즈</u>를 부착하였습니다.
② <u>커텐</u>에 감겨 넘어질 수 있으니 유의하시기 바랍니다.
③ 기둥을 조립할 때 <u>헹거</u>가 넘어질 수 있습니다.
④ 스위치의 뒤쪽을 누르면 <u>윈도</u>가 열립니다.

12 다음 중 밑줄 친 단어의 표기가 어법에 맞지 않는 것은?

① 무를 <u>싹둑</u> 잘라 버렸네.
② 남북 교류의 <u>물고</u>를 텄어.
③ 벌써 <u>깍두기</u>가 다 익었어.
④ 물이 <u>따듯해서</u> 목욕하기에 좋아.

13 <보기>는 단어에 결합되어 사용된 '대'의 특성을 설명한 것이다. 맞지 않는 것은?

───────〈보기〉───────
大, 「명사」 (수를 나타내는 말 뒤에 쓰여) 규모나 가치 면에서 그 수 안에 꼽힘을 이르는 말.
對, 「의존 명사」 사물과 사물의 대비나 대립을 나타내는 말.
代, 「접사」 (물건을 나타내는 일부 명사 뒤에 붙어) '물건 값으로 치르는 돈'의 뜻을 더하는 접미사.
臺, 「접사」 (값이나 수를 나타내는 대다수 명사 또는 명사구 뒤에 붙어) '그 값 또는 수를 넘어선 대강의 범위'의 뜻을 더하는 접미사.
帶, 「접사」 (일부 명사 뒤에 붙어) '띠 모양의 공간' 또는 '일정한 범위의 부분'의 뜻을 더하는 접미사

① '기후대, 무풍대'에 사용된 '대'는 접사 '帶'이다.
② '도서대, 신문대'에 사용된 '대'는 접사 '代'이다.
③ '만 원대, 백삼십만 원대'에 사용된 '대'는 접사 '臺'이다.
④ '세계 7대 불가사의, 한국 30대 기업'에 사용된 '대'는 의존 명사 '對'이다.

14 다음 시조 중 주된 정조(情調)가 가장 다른 것은?

(가) 이화에 월백하고 은한(銀漢)이 삼경인제
　　 일지춘심(一枝春心)을 자규야 아랴마는
　　 다정도 병인양 하여 잠 못 들어 하노라
(나) 흥망이 유수하니 만월대도 추초(秋草)로다
　　 오백 년 왕업이 목적(牧笛)에 부쳤으니
　　 석양에 지나는 객이 눈물계워 하노라
(다) 오백 년 도읍지를 필마로 돌아드니
　　 산천은 의구하되 인걸은 간 데 없다
　　 어즈버 태평연월이 꿈이런가 하노라
(라) 이 몸이 죽고 죽어 일백 번 고쳐 죽어
　　 백골이 진토 되어 넋이라도 있든 없든
　　 임 향한 일편단심이야 가실 줄 있으랴

① (가)　　　　　　② (나)
③ (다)　　　　　　④ (라)

15 바느질과 관련한 사물을 의인화한 다음 소설에서 괄호 안에 들어갈 사물을 순서대로 바르게 나열한 것은?

(　　) 양각(兩脚)을 빨리 놀려 내다라 이르되,
"(　　)아/야, 그대 아모리 마련을 잘 한들 버혀 내지 아니하면 모양 제되 되겠느냐. 내 공과 내 덕이니 네 공만 자랑마라." …
(　　) 웃고 이르되,
"고어에 운(云), 닭의 입이 될지언정 소 뒤는 되지 말라 하였으니, (　　)은/는 세요의 뒤를 따라 다니며 무삼 말 하시나뇨. 실로 얼골이 아까왜라. 나는 매양 세요의 귀에 질리었으되 낯가족이 두꺼워 견델 만하고 아모 말도 아니 하노라."

① 청홍 각시 - 척 부인 - 감토 할미 - 교두 각시
② 척 부인 - 감토 할미 - 교두 각시 - 청홍 각시
③ 교두 각시 - 척 부인 - 감토 할미 - 청홍 각시
④ 청홍 각시 - 감토 할미 - 교두 각시 - 척 부인

16 다음 한시의 시적 자아의 심정으로 가장 적절한 것은?

木頭雕作小唐雞	나무토막으로 조그만 당닭을 깎아 만들어
筋子拈來壁上棲	젓가락으로 집어다가 담벼락에 올려 놓고
此鳥膠膠報時節	이 닭이 '꼬끼오' 하고 때를 알리면
慈顏始似日平西	어머님 얼굴이 비로소 늘으시옵소서

　　　　　　　　　　 - 이제현 <오관산(五冠山)>

① 몽환적(夢幻的)　　　　② 이상적(理想的)
③ 허망(虛妄)함　　　　　④ 간절(懇切)함

17 다음 시구 중 함축하고 있는 의미가 가장 다른 것은?

> (가) 매운 계절의 챗죽*에 갈겨
> 마츰내 北方으로 휩쓸려오다
>
> 하늘도 그만 (나) 지쳐 끝난 고원(高原)
>
> (다) 서리빨 칼날진 그우에 서다
>
> 어데다 무릎을 꾸러야 하나
> (라) 한발 재겨* 디딜 곳조차 없다
>
> 이러매 눈깜아 생각해볼밖에
> 겨울은 강철로 된 무지갠가 보다.
>
> — 이육사 <절정(絶頂)>
>
> *챗죽: 채찍
> *재겨: 비집고 들어

① (가)　　　　　　　② (나)
③ (다)　　　　　　　④ (라)

---

18 다음 글의 빈칸 안에 공통으로 들어갈 말로 가장 적절한 것은?

> 　그것이 헛된 일임을 안다. 그러나 동경과 기대 없이 살 수 있는 사람이 있을까? 무너져 버린 뒤에도 그리움은 슬픈 아름다움을 지니고 있다. … 먼 곳에의 그리움! 모르는 얼굴과 마음과 언어 사이에서 혼자이고 싶은 마음! … 포장마차를 타고 일생을 전전하고 사는 　　　의 생활이 나에게는 가끔 이상적인 것으로 생각된다. 노래와 모닥불가의 춤과 사랑과 점치는 일로 보내는 짧은 생활, 짧은 생, 내 혈관 속에서 어쩌면 　　　의 피가 한 방울 섞여 있을지도 모른다고 혼자 공상해 보고 웃기도 한다.
>
> — 전혜린 <먼 곳에의 그리움>

① 카우보이　　　　　② 집시
③ 가수　　　　　　　④ 무용수

[19-20] 다음 글을 읽고 물음에 답하시오.

　주자학이란 무엇일까? 주자학은 한마디로 주자(朱子, 1130 ~ 1200)가 새롭게 해석한 유학이라 할 수 있다. 공자와 맹자의 말씀은 "자신을 누르고 예의에 맞게 행동하라[극기복례(克己復禮)].", "사람들에게 진심으로 대하고 늘 배려하라[충서(忠恕)]."처럼, 도덕 교과서에나 나올 법한 소박한 가르침에 지나지 않았다. 주자는 이를 철학적으로 훨씬 더 세련되게 다듬었다. 주자학에는 태극 이론, 음양(陰陽), 이기(理氣), 심성론(心性論) 등 어려운 용어가 많이 나온다. 이를 여기서 조목조목 풀어 설명할 필요는 없을 듯하다. 단지 주자가 이런 이론들을 만든 이유는 "자연 과학과 심리학의 도움으로 도덕 이론을 더 정확하게 설명하기 위해서"였다는 정도만 이해하면 될 것이다.

　주자의 가르침 가운데 신진 사대부들의 마음을 사로잡았던 구절은 크게 두 가지다. 첫째는 위기지학(爲己之學)의 이념이다. 공부의 목적은 성인(聖人)이 되는 데 있지, 출세하여 부귀영화를 누리기 위함이 아니라는 뜻이다. 이러한 위기지학 정신은 신진 사대부들에게 큰 힘을 주었다. 음서(蔭敍)로 권력을 얻던 귀족 자제들과 달리, 그들은 피나는 '공부'를 거쳐 관직에 들어선 자들이다. 위기지학의 이념에 따르면, 이들이야말로 자신의 인품을 갈고닦은 사람들이 아닌가!

　둘째는 주자가 강조한 격물치지(格物致知) 정신이다. 인격 수양을 위해서는 먼저 사물을 연구하고[격물(格物)] 세상 만물의 이치를 깨달아[치지(致知)] 무엇이 진정 옳고 그른지 명확히 알아야 한다. 이때 사물을 연구한다는 것은 사실을 잘 관찰하고 분석한다는 의미가 아니다. 이미 공자와 맹자 같은 옛 성현들이 이런 작업을 완벽하게 해 놓았으므로, 후대 사람들은 이들이 남긴 글을 깊이 되새기기만 하면 된다.

　그렇다면 공자의 말씀을 가장 깊고 넓게 알고 있었던 사람들은 누구일까? 다름 아닌 신진 사대부로, 이들은 과거를 보기 위해 공자의 말씀을 새기고 또 새겼다. 결국 격물치지란 바로 신진 사대부들이 우월한 자들임을 보여 주는 핵심 이론이 되는 셈이다. 주자의 가르침은 이처럼 유학 사상으로 무장한 신진 사대부들이 사회 지도층이 되어야 함을 입증하는 강력한 근거가 되었다.

---

19 위 글로부터 알 수 있는 사실이 아닌 것은?

① 주자학은 위기지학과 격물치지의 학문이다.
② 주자학은 자연과학과 심리학의 영향을 받았다.
③ 신진 사대부는 관직에 진출하기 위해 주자학을 공부했다.
④ 주자학은 공자와 맹자의 말씀을 철학적으로 세련되게 다듬은 것이다.

20 위 글의 설명 방식에 해당하는 것을 <보기>에서 골라 가장 바르게 묶은 것은?

〈보기〉
ㄱ. 유추의 방법으로 대상의 특징을 밝히고 있다.
ㄴ. 묻고 답하는 방식을 통해 논의를 전개하고 있다.
ㄷ. 어려운 용어를 풀어 써서 독자의 이해를 돕고 있다.
ㄹ. 은유와 상징을 통해 자신의 생각을 드러내고 있다.

① ㄱ, ㄷ
② ㄱ, ㄹ
③ ㄴ, ㄷ
④ ㄴ, ㄹ

21 아래의 글을 읽고 '한국 정원의 특징'을 표현한 것으로 가장 적절한 말은?

중국의 4대 정원을 보면, 이화원과 피서산장은 정원이 아니라 거대한 공원이라는 표현이 더 맞다. 졸정원과 유원은 사가(私家)의 정원으로서 평평한 대지에 담을 치고 그 안에 자연을 인공적으로 재현한 것으로 특유의 웅장함과 기이함이 있다. 그러나 창덕궁 후원과 같은 그윽한 맛은 찾아볼 수 없다.

일본에서는 교토의 천황가에서 지은 가쓰라 이궁(桂離宮, 가쓰라리큐)과 지천회유식 정원인 천룡사(천룡사, 덴류지), 석정(石庭)으로 유명한 용안사(龍安寺, 료안지) 같은 사찰 정원이 명원으로 꼽힌다. 이곳들은 인공의 정교로움과 아기자기한 디테일을 자랑하고, 거기에다 무사도(武士道), 다도(茶道), 선(禪)의 이미지를 구현한 독특한 미학이 있다. 그러나 일본의 정원은 자연을 다듬어서 꾸민 조원(造園)으로 정원의 콘셉트 자체가 다르고 우리 같은 자연적인 맛이 없다.

중국과 일본의 정원도 자연과의 어우러짐을 중시했다. 그런 정원을 원림(園林)이라고 부른다. 원림을 경영하는 데에는 울타리 바깥의 자연 경관을 정원으로 끌어들이는 차경(借景)이 중요한 요소로 작용한다. 그러나 우리 원림에서는 자연 경관을 빌려오는 차경 정도가 아니라 자연 경관 자체가 정원의 뼈대를 이룬다. 인공적인 조원이 아니라 자연 경관을 경영하는 것이다. 산자락과 계곡이 즐비한 자연 지형에서 나온 우리만의 독특한 정원 형식이다.

한국의 이러한 전통 정원을 두고 우리나라의 한 건축학자는 "자연을 해석하고 적극적인 경관으로 건축화한 것"이라고 설명하였으며, 우리나라를 방문한 프랑스 건축가협회 회장 로랑 살로몽은 "한국의 전통 건축물은 단순한 건축물이 아니라 자연이고 풍경이다. 인위적으로 세운 것이 아니라 자연 위에 그냥 얹혀 있는 느낌이다. 그런 점에서 한국의 전통 건축은 미학적 완성도가 아주 높다고 생각한다."라고 우리나라 전통 정원의 특징을 설명하였다.

① 자연과 인공의 조화(調和)
② 자연 경관의 경영(經營)
③ 자연의 차경(借景)
④ 자연의 재현(再現)

22 (가)~(라)에서 가장 먼저 지어진 작품(㉠)과 '훈민정음'으로 가장 먼저 표기된 작품(㉡)은?

(가) 불휘 기픈 남ᄀᆞᆫ ᄇᆞᄅᆞ매 아니 뮐ᄊᆡ
　　 곶 됴코 여름 하ᄂᆞ니
　　 ᄉᆡ미 기픈 므른 ᄀᆞᄆᆞ래 아니 그츨ᄊᆡ
　　 내히 이러 바ᄅᆞ래 가ᄂᆞ니
(나) 梨花에 月白ᄒᆞ고 銀寒이 三更인 제
　　 一枝春心을 子規야 알랴마ᄂᆞᆫ
　　 多情도 病인 樣ᄒᆞ여 ᄌᆞᆷ 못 들어 ᄒᆞ노라
(다) 어와 내 병이야 이 님의 타시로다
　　 출하리 싀여디여 범나비 되오리라
　　 곳 나모 가지마다 간 ᄃᆡ 죡죡 안니다가
　　 향 무틴 ᄂᆞᆯ애로 님의 옷시 올므리라
　　 님이야 날인 줄 모로셔도 내 님 조ᄎᆞ려 ᄒᆞ노라
(라) 元淳文 仁老詩 公老四六
　　 李正言 陳翰林 雙韻走筆
　　 沖基對策 光鈞経義 良經詩賦
　　 위 試場ㅅ景 긔 엇더ᄒᆞ니잇 고
　　 (葉) 琴學士의 玉笋文生 琴學士의 玉笋文生
　　 위 날 조차 몃 부니잇

	㉠	㉡
①	(가)	(라)
②	(나)	(다)
③	(다)	(나)
④	(라)	(가)

23 다음 글의 (가)에 들어갈 단어는?

한자는 늘 그 많은 글자의 수 때문에 나쁜 평가를 받아 왔다. 한글 전용론자들은 그걸 배우느라 아까운 청춘을 다 버려야 하겠느냐고도 한다. 그러나 헨드슨 교수는 이 점에 대해서도 명쾌하게 설명한다. 5만 자니 6만 자니 하며 그 글자 수의 많음을 부각시키는 것은 사람들을 오도한다는 것이다. 중국에서조차 1,000자가 현대 중국어 문헌의 90%를 담당하고, 거기다가 그 글자들이 뿔뿔이 따로 만들어진 것이 아니라 대부분 (가)와/과 같은 방식으로 만들어져 그렇게 대단한 부담이 아니라는 것이다.

① 상형(象形)
② 형성(形聲)
③ 회의(會意)
④ 가차(假借)

  이런 일을 생각하면 한생원도 ㉠ 미상불 다행스럽지 아니한 것은 아니었다. 그러나 오직 그뿐이었다. 독립? 신통할 것이 없었다.

  독립이 되기로서니, 가난뱅이 농투성이가 별안간 나으리 주사 될 리 만무하였다. 가난뱅이 농투성이가 남의 세토 얻어 비지땀 흘려 가면서 일 년 농사 지어 절반도 넘는 ㉡ 도지 물고, 나머지로 굶으며 먹으며 연명이나 하여 가기는 독립이 되거나 말거나 매양 일반일 터이었다.

  공출이야 징용이야 하여서 살기가 더럭 어려워지기는, 전쟁이 나면서부터였다. 전쟁이 나기 전에는 일 년 농사 지어 작정한 도지, 실수 않고 물면 ㉢ 모자라나따나 아무 시비와 성가심 없이 내 것 삼아 놓고 먹을 수가 있었다.

  징용도 전쟁이 나기 전에는 없던 풍도였다. 마음 놓고 일을 하였고, 그것으로써 그만이었지, 달리는 근심 걱정될 것이 없었다.

  전쟁 사품에 생겨난 공출이니 징용이니 하는 것이 전쟁이 끝이 남으로써 없어진 다음에야 독립이 되기 전 일본 정치 밑에서도 남의 세토 얻어 도지 물고 나머지나 천신하는 가난뱅이 농투성이에서 벗어날 것이 없을진대, 한갓 전쟁이 끝이 나서 공출과 징용이 없어진 것이 다행일 따름이지, 독립이 되었다고 만세를 부르며 날뛰고 할 흥이 한생원으로는 나는 것이 없었다.

  일인에게 빼앗겼던 나라를 도로 찾고, 그래서 우리도 다시 나라가 있게 되었다는 이 잔주도, 역시 한생원에게는 ㉣ 시뿌듬한 것이었다. 한생원은 나라를 도로 찾는다는 것은 구한국 시절로 다시 돌아가는 것으로밖에는 달리 생각할 수가 없었다. 한생원네는 한생원의 아버지의 부지런으로 장만한, 열서 마지기와 일곱 마지기의 두 자리 논이 있었다. 선대의 유업도 아니요, 공문서 땅을 거저 주운 것도 아니요, 버젓이 값을 내고 산 것이었다. 하되 그 돈은 체계나 돈놀이로 모은 돈이 아니요, 품삯 받아 푼푼이 모으고 악의악식하면서 모은 돈이었다. 피와 땀이 어린 땅이었다.

  그 피땀 어린 논 두 자리에서, 열서 마지기를 한생원네는 산 지 겨우 오 년 만에 고을 원에게 빼앗겨 버렸다.

- 채만식 <논 이야기>

24 밑줄 친 단어 중 문맥상 의미가 맞지 않는 것은?

① ㉠: 아닌 게 아니라 과연
② ㉡: 일정한 대가를 주고 빌려 쓰는 논밭이나 집터
③ ㉢: 다소 모자라기는 하더라도
④ ㉣: 달갑지 아니하거나 못마땅하여 시큰둥한

25 다음 중 '한생원'의 생각과 가장 거리가 먼 것은?

① 독립이라는 것이 소작농의 삶에 아무런 영향을 끼치지 않는다.
② 해방이 되어도 나라가 사회 모순을 해결하지 못할 것이다.
③ 독립은 구한국 시절로 돌아가는 것과 다를 바 없다.
④ 소작농의 궁핍한 삶에는 국가의 책임도 적지 않다.

정답·해설 74p

01 다음 중 밑줄 친 부분의 표기가 옳은 것은?

① 출산 후 붓기가 안 빠진다고 해서 제가 먹었던 건강식품을 권했어요.
② 유명 할리우드 스타들이 마신다고 해서 유명세를 타기 시작한 건강음료랍니다.
③ 어리버리해 보이는 친구가 한 명 있었는데 사실은 감기 때문에 몸이 안 좋았다더군요.
④ 사실 이번 일의 책임을 누구에게 묻기란 참 어렵지만 아무튼지 그는 책임을 면할 수 없게 되었다.

02 다음 중 '쓰다'의 품사가 나머지 셋과 다른 하나는?

① 양지바른 곳을 묏자리로 썼다.
② 그는 취직 기념으로 친구들에게 한턱을 썼다.
③ 여러 번 실패를 경험했지만 언제나 그 맛은 썼다.
④ 그 사람은 억울하게 누명을 썼다.

03 다음 중 (㉠)에 들어갈 사자성어로 가장 적절한 것은?

> 이탈리아 볼로냐 대학에서 개발한 휴대용 암 진단기는 암이 의심되는 환자의 몸을 간편하게 스캔해 종양을 진단한다. 원리는 간단하다. 인체의 서로 다른 조직들이 진단기에서 발산되는 마이크로파에 서로 다르게 반향을 보인다. 즉 종양 조직은 건강한 조직과는 다른 주파수 대역에서 반향하기 때문에 암 조직과 정상 조직을 구별할 수 있다. 물론 이 진단기가 (㉠)의 능력을 가진 것은 아니다. 종양의 크기 또는 종양의 정확한 위치를 판별할 수는 없다.

① 變化無雙
② 無所不爲
③ 先見之明
④ 刮目相對

04 다음 중 밑줄 친 표기가 국어의 <로마자 표기법> 규정에 어긋난 것은?

① 경기도 의정부시 - Uijeongbu-si
② 홍빛나 주무관님 - Hong Binna
③ 서울시 종로구 종로 2가 - Jongno 2(i)-ga
④ 부석사 무량수전 앞에 서서 - Muryangsujeon

05 밑줄 친 어휘의 쓰임이 의미상 적절하지 않은 것은?

① 자네 덕에 생일을 잘 쇠어서 고맙네.
② 그동안의 노고에 심심한 경의를 표하는 바입니다.
③ 나는 식탁 위에 밥을 차릴 겨를도 없이 닥치는 대로 게걸스럽게 식사를 해치웠다.
④ 아이가 밖에서 제 물건을 잃어버리고 들어온 날이면 어머니는 애가 칠칠맞다고 타박을 주었다.

06 다음 <한글 맞춤법>의 규정에 근거할 때 본말과 준말의 짝이 옳지 않은 것은?

> **<제32항>**
> 단어의 끝모음이 줄어지고 자음만 남은 것은 그 앞의 음절에 받침으로 적는다.
>
> **<제39항>**
> 어미 '-지' 뒤에 '않 -'이 어울려 '-잖-'이 될 적과 '-하지' 뒤에 '않 -'이 어울려 '-찮-'이 될 적에는 준 대로 적는다.
>
> **<제40항>**
> 어간의 끝음절 '하'의 'ㅏ'가 줄고 'ㅎ'이 다음 음절의 첫소리와 어울려 거센소리로 될 적에는 거센소리로 적는다.

① 어제그저께 - 엊그저께
② 그렇지 않은 - 그렇잖은
③ 만만하지 않다 - 만만잖다
④ 연구하도록 - 연구토록

07 다음 중 밑줄 친 부분의 띄어쓰기가 적절하지 않은 것은?

① 가진 게 없으면 몸이나마 건강해야지.
② 그 책을 다 읽는데 삼 일이 걸렸다.
③ 그는 그런 비싼 차를 살 만한 형편이 못된다.
④ 그 고통에 비하면 내 괴로움 따위는 아무것도 아니었다.

08 다음 중 밑줄 친 단어의 한자로 틀린 것은?

> 기업이 현장에서 ㉠ 체감할 때까지 규제 ㉡ 혁파를 지속적으로, 또 신속하게 추진해야 한다. 그러려면 기업이 덜어주기를 바라는 모래주머니 얘기를 지금의 몇 배 이상으로 ㉢ 경청하고 즉각 혁파에 나서야 한다. 공무원들이 책상머리에서 이것저것 따지는 만큼 기업의 고통은 크다는 점을 명심하길 바란다. 규제 총량제, ㉣ 일몰제 등의 해법을 쏟아내고도 성과를 내지 못했던 과거의 실패에서 교훈을 얻어야 할 것이다.

① ㉠: 體感
② ㉡: 革罷
③ ㉢: 敬聽
④ ㉣: 日沒

09 "그렇게 하면 무릎에 무리가 갈텐데 괜찮을까요?"에서의 '-ㄹ텐데'를 국어사전에서 찾으니 표제어가 존재하지 않는다고 나왔다. 이에 대해 가장 적절하게 설명한 것은?

① '-ㄹ텐데'가 방언이기 때문에 표준어인 표제어가 실려 있지 않은 것이다.
② '-ㄹ텐데'를 '-ㄹ테'와 '-ㄴ데'로 분석해서 각각 찾으면 된다.
③ 기본형 '-ㄹ테다'를 찾아야 한다.
④ 의존명사 '터'를 찾아야 한다.

10 다음 중 아래 글에 나타난 저자의 의도를 가장 적절하게 설명한 것은?

> 인공지능은 컴퓨터 프로그램을 활용해 인간과 비슷한 인지적 능력을 구현한 기술을 말한다. 인공지능은 기본적으로 보고 듣고 읽고 말하는 능력을 갖춤으로써 인간과 대화할 수 있을 뿐만 아니라 지적 판단이 필요한 상황에서 합리적 결정을 내릴 수 있다. 인공지능이 인간의 말을 알아듣고 명령을 실행하는 똑똑한 기계가 되는 것은 반길 일인가, 아니면 주인과 노예의 관계를 역전시키는 재앙이라고 경계해야 할 일인가?

① 쟁점 제기
② 정서적 공감
③ 논리적 설득
④ 배경 설명

11 다음 중 (㉠)에 들어가기에 가장 적절한 속담은?

> 춘향이가 마지막으로 유언을 허는디,
> "서방님!"
> "왜야?"
> "내일 본관 사또 생신 잔치 끝에 나를 올려죽인다니, 날 올리라고 영이 내리거든 칼머리나 들어주고, 나를 죽여 내어놓거든, 다른 사람 손 대기 전에 서방님이 삯꾼인 체 달려들어,
> 나를 업고 물러나와 우리 둘이 인연 맺든 부용당에 나를 뉘고, 옥중에서 서방님을 그려 간장 썩은 역류수 땀내 묻은 속적삼 벗겨, 세번 불러 초혼허고, 서방님 속적삼 벗어 나의 가슴을 덮어 주오. 수의 입관도 내사 싫소. 서방님이 나를 안고 정결한 곳 찾어가서 은근히 묻어 주고, 묘 앞에다 표석을 세워, '수절원사춘향지묘'라 크게 새겨주옵시면, 아무 여한이 없겠네다."
> 어사또 이 말 듣고,
> "오, 춘향아! 오냐, 춘향아, 우지 마라. 내일 날이 밝거드면 상여를 탈지, 가마를 탈지 그 속이야 누가 알랴마는, 천 붕우출이라, (㉠) 법이요, 극성이면 필패라니, 본관이 네게 너무 극성을 뵈었으니, 무슨 변을 볼지 알겠느냐?"

① 도둑이 제 발 저리는
② 웃는 낯에 침 못 뱉는
③ 모로 가도 서울만 가면 되는
④ 하늘이 무너져도 솟아날 구멍이 있는

12 다음 작품의 언어에 대한 설명으로 옳은 것은?

> 년닙희 밥 싸 두고 반찬으란 쟝만 마라
> 닫 드러라 닫 드러라
> 靑청蒻약笠립은 써 잇노라 綠녹蓑사衣의 가져오냐
> 至지匊국恩총 至지匊국恩총 於어思사臥와
> 無무心심한 白백鷗구는 내 좃는가 제 좃는가

① '년닙희'의 '닙'은 ㄴ첨가 현상이 표기에 반영된 것이다.
② '써 잇노라'는 현대국어에서 '-고 있다'를 이용해 표현하는 것으로 바뀌었다.
③ '닫'과 '좃는가'의 받침은 당시의 실제 발음대로 적은 것이다.
④ '반찬으란'의 '으란'은 현대국어 조사 '이랑'에 해당한다.

※ 다음 글을 읽고 물음에 답하시오.

(가) 공감은 상대방의 생각과 느낌을 자신의 생각과 느낌처럼 받아들이고 이해하는 것이다. (나) 상대방이 나를 분석하거나 판단하지 않고, 있는 그대로 나의 감정을 이해하고 있다고 느끼게 될 때 사람들은 그 상대방을 나를 이해하는 사람, 나를 알아주는 사람으로 여기게 된다. 판단 기준과 가치관이 다른 사람의 생각과 느낌을 공감을 하면서 이해하는 것은 여간 어려운 일이 아니다. (다) 사람은 누구나 자신의 느낌과 생각을 바탕으로 말하고 판단하고 일을 결정하게 되므로, 상대방의 입장을 헤아리고 그의 느낌과 생각을 내가 그렇게 생각하고 느끼는 것처럼 이해하기가 어렵다. (라) 상대방의 말투, 표정, 자세를 관찰하면서 그와 같은 관점, 심정, 분위기 또는 태도로 맞추는 것도 공감에 도움이 된다.

13 아래 내용을 위 글의 (가)~(라)에 넣을 때 가장 적절한 위치는?

> 공감의 출발은 상대방의 이야기를 경청하면서 상대방의 감정과 느낌이 어떠했을까를 헤아리며 그것을 이해하도록 노력하는 것이다. 그리고 상대방의 입장을 이해한다는 것을 언어적, 비언어적으로 표현하는 것이 중요하다.

① (가) ② (나)
③ (다) ④ (라)

[14-15] 다음 글을 읽고 물음에 답하시오.

> 가시리 가시리잇고 ㉠ 나는
> ᄇᆞ리고 가시리잇고 나는
> 위 증즐가 大平盛代
>
> 날러는 엇디 살라 ᄒᆞ고
> ᄇᆞ리고 가시리잇고 나는
> 위 증즐가 大平盛代
>
> ㉡ 잡ᄉᆞ아 두어리마ᄂᆞᆫ
> ㉢ 선ᄒᆞ면 아니 올셰라
> 위 증즐가 大平盛代
>
> ㉣ 셜온 님 보내옵노니 나는
> 가시ᄂᆞᆫ 듯 도셔 오쇼셔 나는
> 위 증즐가 大平盛代

14 위 글에 대한 설명으로 가장 적절하지 않은 것은?

① 고려시대에 불리던 노래이다.
② 제목은 <가시리>이다.
③ 고려시대에 누군가 기록해 놓은 것을 찾아내어 다시 한글로 기록하였다.
④ 후렴구는 궁중악으로 불리면서 발생한 것으로 추정된다.

15 밑줄 친 ㉠~㉣에 대한 설명으로 가장 적절한 것은?

① ㉠: '나는'은 '나는'의 예전 표기이다.
② ㉡: '잡ᄉᆞ아 두어리마ᄂᆞᆫ'의 뜻은 '(음식을) 잡수시고 가게 하고 싶다'는 의미이다.
③ ㉢: '선ᄒᆞ면 아니 올셰라'의 뜻은 '선하게 살면 올 것이다'라는 믿음을 표현한 말이다.
④ ㉣: '셜온 님 보내옵노니'의 뜻은 '서러운 님을 보내드린다'는 의미이다.

16 다음은 <한글 맞춤법>의 문장부호 사용법에 대한 설명이다. 이 설명에 어긋나는 예문은?

> <물음표(?)>
> (1) 의문문이나 의문을 나타내는 어구의 끝에 쓴다.
>   [붙임1] 한 문장 안에 몇 개의 선택적인 물음이어질 때는 맨 끝의 물음에만 쓰고, 각 물음이 독립적일 때는 각 물음의 뒤에 쓴다.
> (2) 특정한 어구의 내용에 대하여 의심, 빈정거림 등을 표시할 때, 또는 적절한 말을 쓰기 어려울 때 소괄호 안에 쓴다.
> (3) 모르거나 불확실한 내용임을 나타낼 때 쓴다.

① 너는 중학생이냐? 고등학생이냐?
② 이번에 가시면 언제 돌아오세요?
③ 주말 내내 누워서 텔레비전만 보고 있는 당신도 참 대단(?)하네요.
④ 노자(? ~ ?)는 중국 춘추 시대의 사상가로 도를 좇아서 살 것을 역설하였다.

[17-18] 다음 글을 읽고 물음에 답하시오.

> 창밖에 밤비가 속살거려
> ㉠ 육첩방(六疊房)은 남의 나라,
>
> 시인이란 슬픈 천명인 줄 알면서도
> ㉡ 한 줄 시를 적어 볼까,
>
> 땀내와 사랑내 포근히 품긴
> 보내주신 학비 봉투를 받아
>
> 대학 노트를 끼고
> 늙은 교수의 강의 들으러 간다.
>
> 생각해 보면 어린 때 동무를
> 하나, 둘, 죄다 잃어버리고
>
> ⓐ 나는 무얼 바라
> ⓑ 나는 다만, 홀로 침전하는 것일까?
> 인생은 살기 어렵다는데
> 시가 이렇게 쉽게 씌어지는 것은
> ㉢ 부끄러운 일이다.
>
> 육첩방은 남의 나라
> 창밖에 밤비가 속살거리는데,
>
> 등불을 밝혀 어둠을 조금 내몰고,
> 시대처럼 올 아침을 기다리는 최후의 ⓒ 나,
>
> ⓓ 나는 ⓔ 나에게 작은 손을 내밀어
> 눈물과 위안으로 잡는 ㉣ 최초의 악수.
>
> – 윤동주, <쉽게 씌어진 시>

17 ㉠~㉣에 대한 설명으로 가장 적절하지 않은 것은?

① ㉠은 조선인으로서의 정체성에 대한 인식을 드러낸다.
② ㉡은 식민지 지식인으로서의 소명 의식을 드러낸다.
③ ㉢은 친일파 지식인에 대한 비판 정신을 보여준다.
④ ㉣은 어두운 현실을 극복하려는 화자의 의지이다.

18 ⓐ~ⓔ에 대한 설명으로 가장 적절한 것은?

① ⓐ, ⓑ, ⓔ는 현실적 자아이고, ⓒ, ⓓ는 성찰적 자아이다.
② ⓐ, ⓑ는 현실적 자아이고, ⓒ, ⓓ, ⓔ는 성찰적 자아이다.
③ ⓐ, ⓑ, ⓔ는 이상적 자아이고, ⓒ, ⓓ는 현실적 자아이다.
④ ⓐ, ⓑ는 이상적 자아이고, ⓒ, ⓓ, ⓔ는 현실적 자아이다.

19 위 시의 제목에 대한 이해로 가장 적절한 것은?

① 시인의 평소 생각을 특별한 표현 기법 없이 소박하게 나타낸 작품이기에 쉽게 쓰인 시라고 하였다.
② 독립지사로서의 저항 정신을 시인의 시적 표현으로 여과 없이 옮긴 작품이기에 쉽게 쓰인 시라고 하였다.
③ 조선의 독립이 갑자기 쉽게 이루어질 것이라는 확고한 신념을 표현하려는 작품이기에 쉽게 쓰인 시라고 하였다.
④ 시인으로의 인간적 갈등과 자아 성찰을 담아 어렵게 쓴 작품이기에 반어적으로 표현하여 쉽게 쓰인 시라고 하였다.

20 다음 글의 문맥상 ( ) 안에 들어갈 말로 가장 적절한 것은?

> 행루오리(幸漏誤罹)는 운 좋게 누락되거나 잘못 걸려드는 것을 말한다. ( ) 걸려든 사람만 억울하다. 아무 잘못 없이 집행자의 착오나 악의로 법망에 걸려들어도 마찬가지다. 여기에 부정이나 청탁이 개입되기라도 하면 바로 국가의 법질서에 대한 불신으로 이어진다. 결국 행루오리는 법 집행의 일관성을 강조한 말이다.

① 똑같이 죄를 지었는데 당국자의 태만이나 부주의로 법망을 빠져나가는 사람이 있으면
② 가벼운 죄를 짓고도 엄혹한 심판관 때문에 무거운 벌을 받으면
③ 가족이나 이웃의 범죄에 연루되어 죄 없이 벌을 받게 되면
④ 현실과 맞지 않는 법 때문에 성실한 사람이 범죄자로 몰리게 되면

[21-22] 다음 글을 읽고 물음에 답하시오.

2016년 3월을 생생히 기억한다. 알파고가 사람을 이겼다. '알파고가 뭔가 세상에 파란을 불러일으키지 않을까'라고 상상하고 있던 시기였다. 이른바 '알파고 모멘텀' 이후 에이아이(AI) 산업은 발전했지만, 기대만큼 성장했다고 보긴 어렵다. 킬러 애플리케이션(Killer Application)이 나오지 않았기 때문이다. 에이아이(AI) 챗봇이 상용화됐지만, 알파고가 줬던 놀라움만큼은 아니다.

2022년 11월 또 다른 모멘텀이 등장했다. 오픈에이아이(OpenAI)의 챗지피티(ChatGPT)다. 지금은 1억 명 이상이 챗지피티를 사용하고 있다. '챗지피티 모멘텀'이라고 불릴 만하다. 챗지피티가 알파고와 다른 점은 대중성이다. TV를 통해 알파고를 접했다면, 챗지피티는 내가 직접 체험할 수 있다.

많은 사람이 챗지피티는 모든 산업에 지각변동을 불러일으킬 것으로 기대한다. 챗지피티는 그 자체로 킬러 애플리케이션이다. 챗지피티는 알려진 바와 같이 2021년 9월까지 데이터만으로 학습했다. 그 이후 정보는 반영이 안 됐다. 챗지피티만으로는 우리가 원하는 답변을 얻기 힘들 수 있다. 오픈에이아이는 챗지피티를 왜 이렇게 만들었을까?

챗지피티는 '언어 모델'이다. '지식 모델'은 아니다. 챗지피티는 정보를 종합하고 추론하는 능력은 매우 우수하지만, 최신 지식은 부족하다. 세상 물정은 모르지만, 매우 똑똑한 친구다. 이 친구에게 나도 이해하기 어려운 최신 논문을 주고, 해석을 부탁해 볼 수 있지 않을까? 챗지피티에 최신 정보를 전달하고, 챗지피티가 제대로 답변하도록 지시하는 일은 중요하다. 다양한 산업에 챗지피티를 적용하기 위해서도 그렇다. 챗지피티가 추론할 정보를 찾아오는 시맨틱 검색(Semantic Search), 정확한 지시를 하는 프롬프트 엔지니어링(Prompt Engineering), 모든 과정을 조율하는 오케스트레이터(Orchestrator), 챗지피티와 같은 대형 언어 모델(Large Language Model)을 필요에 맞게 튜닝하는 일 등 서비스 영역에서 새로운 사업 기회를 찾을 수 있다.

챗지피티와 같은 대형 언어 모델 기반의 에이아이 산업 생태계는 크게 세 개다. 첫째, 오픈에이아이, 마이크로소프트, 구글과 같이 대형 언어 모델 자체를 제공하는 원천기술 기업, 둘째, 대형 언어 모델이 고객 요청에 맞게 작동하도록 개선하는 서비스기업, 셋째, 특정 도메인에서 애플리케이션을 제공하는 기업이다. 현재 대형 언어 모델을 만드는 빅테크 기업들이 주목받고 있지만, 실리콘밸리에서는 스케일에이아이(ScaleAI), 디스틸에이아이(Distyl AI), 퀀티파이(Quantiphi) 등 서비스기업들이 부상 중이다. 실제 업무에 활용하기엔 원천 기술만으로는 부족하기 때문이다. 엘지씨엔에스(LG CNS)도 서비스 기업이다. 우리나라에서도 많은 서비스 기업이 나와서 함께 국가 경쟁력을 높여 나가기를 기대해 본다.

21 다음 중 위 글의 제목으로 가장 적절한 것은?

① 챗지피티, 이제 서비스다
② 알파고 모멘텀, 그 끝은 어디인가?
③ 챗지피티야말로 킬러 애플리케이션이다
④ 대형 언어 모델 자체를 제공하는 빅테크기업에 주목하라

22 다음 중 위 글의 내용에 대한 이해로 가장 적절하지 않은 것은?

① 챗지피티는 알파고보다 훨씬 더 대중적인 놀라움을 주고 있다.
② 많은 사람들은 챗지피티가 모든 산업에 지각변동을 불러일으킬 것으로 기대한다.
③ 챗지피티는 정보를 종합하여 추론하는 언어 모델이 아니라 최신 정보를 축적하는 지식 모델이다.
④ 현재 대형 언어 모델이 고객 요청에 맞게 작동하도록 개선하는 여러 서비스 기업이 부상 중이다.

23 다음 글에 대한 이해로 가장 적절한 것은?

우리 부부는 숙명적으로 발이 맞지 않는 절름발이인 것이다. 내가 아내나 제 거동에 로직(논리)을 붙일 필요는 없다. 변해(辯解)할 필요도 없다. 사실은 사실대로 오해는 오해대로 그저 끝없이 발을 절뚝거리면서 세상을 걸어가면 되는 것이다. 그렇지 않을까?

그러나 나는 이 발길이 아내에게로 돌아가야 옳은가 이것만은 분간하기가 좀 어려웠다. 가야하나? 그럼 어디로 가나?

이때 뚜— 하고 정오 사이렌이 울렸다. 사람들은 모두 네 활개를 펴고 닭처럼 푸드덕거리는 것 같고 온갖 유리와 강철과 대리석과 지폐와 잉크가 부글부글 끓고 수선을 떨고 하는 것 같은 찰나, 그야말로 현란을 극한 정오다.

나는 불현듯이 겨드랑이가 가렵다. 아하 그것은 내 인공의 날개가 돋았던 자국이다. 오늘은 없는 이 날개, 머릿속에서는 희망과 야심의 말소된 페이지가 딕셔너리(사전) 넘어가듯 번뜩였다.

나는 걷던 걸음을 멈추고 그리고 어디 한번 이렇게 외쳐 보고 싶었다.

날개야 다시 돋아라.
날자. 날자. 날자. 한 번만 더 날자꾸나.
한 번만 더 날아 보자꾸나.

- 이상, <날개>

① 가난한 무명작가 부부의 생활고와 부부애를 다루고 있다.
② 농촌 계몽을 위한 두 남녀의 헌신적 노력과 사랑을 보여준다.
③ 식민지 농촌 사회에서 농민들이 겪는 가혹한 현실을 보여주려 한다.
④ 자아 상실의 무기력한 삶에서 벗어나 본래의 자아를 회복하려는 의지를 보여준다.

24 다음 글을 읽고 필자의 서술태도와 가장 거리가 먼 것을 고르시오.

> 겨울철에 빙판이 만들어지면 노인들의 낙상 사고가 잦아진다. 대부분의 노인들은 근육 감소로 인한 순발력 저하로 방어기제가 제대로 작동하지 않는다. 그런 사고를 당하면 운동이 부족해져 그나마 남아 있던 근육이 퇴화하고 노화가 빨라진다. 건강수명은 대부분 거기서 끝이다. 참으로 무서운 일이다. 그런데도 불구하고 노년층에게 적극적으로 근력운동을 처방하지 않는다. 우리의 주변을 둘러보라. 요양병원이 상당히 많이 늘어났다. 앞으로도 부가가치가 매우 높은 산업이라고 한다. 안타까운 일이다.

① 논리적
② 회고적
③ 비판적
④ 동정적

25 다음 글의 (가)와 (나)에 들어갈 적절한 말을 순서대로 바르게 짝지은 것은?

> 비즈니스 화법에서는 상사에게 보고할 때 결론부터 말하라고 한다. 이것도 맞는 말이다. 그렇지 않아도 바쁜데 주저리주저리 이야기를 길게 늘어놓으면 짜증이 난다. (가) 현실은 인간관계의 미묘한 심리가 복잡하게 얽혀 있는 비즈니스 사회다. 때로는 일부러 결론을 뒤로 미뤄 상대의 관심을 끌게 만들어야 할 때도 있다. 예를 들어, 회사에서의 라이벌 동료와의 관계처럼 자기와 상대의 힘의 균형이 미묘할 때다.
> 당신과 상사, 당신과 부하라는 상하관계가 분명한 경우는 대응이 항상 사무적이 된다. 사무적인 관계에서는 쓸데없는 시간과 노력을 들이지 않아도 된다. (나) 같은 사내의 인간관계라도 라이벌 동료가 되면 일을 원활하게 해 나가는 것만이 능사는 아니다. 권력관계에서의 차이가 없는 만큼 미묘한 줄다리기가 필요하다. 이렇게 권력관계가 미묘한 상대와의 대화에서 탁월한 최면 효과를 발휘하는 것이 '클라이맥스 법'이다. 비즈니스 현장에서뿐만 아니라 미묘한 줄다리기를 요하는 연애 관계에서도 초기에는 클라이맥스 법이 그 위력을 발휘한다.

① 그러므로 - 그러므로
② 하지만 - 하지만
③ 하지만 - 그러므로
④ 그러므로 - 하지만

정답·해설 79p

01 다음 중 아래의 특징을 모두 만족하는 단어가 아닌 것은?

> • 어떤 경우에도 조사와 결합하지 않는다.
> • 독립된 품사로 단어와 띄어 쓴다.
> • 주로 체언을 꾸며 준다.

① 달리　　　　② 서너
③ 어떤　　　　④ 갖은

02 다음 중 아래 글의 내용에 대한 설명으로 가장 적절한 것은?

> 　인제 모든 것은 끝나는 것이다. 얼음장처럼 밑이 차다. 아무 생각도 없다. 전신의 근육이 감각을 잃은 채 이따금 경련을 일으킨다. 발자국 소리가 난다. 말소리도, 시간이 되었나 보다. 문이 삐그더리며 열리고, 급기야 어둠을 헤치고 흘러 들어오는 광선을 타고 사다리가 내려올 것이다. 숨죽인 채 기다린다. 일순간이 지났다. 조용하다. 아무런 동정도 없다. 어쩐 일일까?
> 　---몽롱한 의식의 착오 탓인가. 확실히 구둣발소리다. 점점 가까워 오는---정확한---
> 　그는 몸을 일으키려 애썼다. 고개를 들었다. 맑은 광선이 눈 부시게 흘러 들어온다. 사다리다.
> 　"뭐 하고 있어! 빨리 나와!"
> 　착각이 아니었다. 그들은 벌써부터 빨리 나오라고 고함을 지르며 독촉하고 있었다. 한 단 한 단 정신을 가다듬고, 감각을 잃은 무릎을 힘껏 괴어 짚으며 기어올랐다. 입구에 다다르자 억센 손아귀가 뒷덜미를 움켜쥐고 끌어당겼다. 몸이 밖으로 나가는 순간, 눈 속에서 그대로 머리를 박고 쓰러졌다. 찬 눈이 얼굴 위에 스치자 정신이 돌아왔다. 일어서야만 한다. 그리고 정확히 걸음을 옮겨야 한다. 모든 것은 인제 끝나는 것이다. 끝나는 그 순간까지 정확히 나를 끝맺어야 한다.
>
> 　　　　　　　　　　　　　　　- 오상원, <유예>

① 대화로 인물의 성격을 그리고 있다.
② 주인공의 행동을 통해 주제가 드러나고 있다.
③ 인물들 사이의 갈등이 고조되고 있다.
④ 주인공이 갖는 감정의 흐름에 기대어 서술하고 있다.

03 다음 중 ㉠과 ㉡에 들어갈 사자성어로 가장 적절한 것은?

> 　경제학에서 '원칙'이라고 부르는 것들도 알고 보면 '상식'이다. 예컨대 필요한 재화를 효율성 원칙에 따라 생산하자면 되도록이면 비용을 줄이는 대신 편익은 커야 하는데, 이거야말로 모두가 아는 상식이다. 따라서 경제학적인 관점에서 보면 그냥 상식에 따라 살기만 해도 올바르게 산다고 봐야 한다.
> 　자기 혼자 편히 살자고 이웃에 비용을 부담시키거나 위험한 일들을 떠맡긴다면 그것은 상식에 어긋난다. 주류경제학은 이런 이기주의와 개인주의를 높이 찬양하고 있지만 입장을 바꿔 생각해 보면 이게 얼마나 몰상식적인 처사인지가 금방 드러난다. 더 나아가 그것은 몰염치하기조차 하다. 따라서 효율성 원칙은 타인을 배려하는 공생의 원칙에 의해 통제돼야 한다. 경제학은 이를 '사회적 효율성'이라고 부른다. 일상생활 규범으로 암송되고 있는 (㉠)라는 사자성어도 알고 보면 이러한 경제 원칙의 문학적 표현이다.
> 　이처럼 경제 원칙이라고 불리지만 정작 상식에 불과한 것에는 '수익자 부담의 원칙'도 있다. 여러 사람들이 함께 노력한 결과 이익이 생기면, 그 이익을 즐긴 사람이 비용을 부담해야 한다는 원칙이다. 부지 조성으로 이익을 얻은 개발업자가 개발 부담금을 납부하거나 도로가 건설될 때 이익을 보는 도로 사용자가 휘발유 사용량에 비례하여 도로유지비용을 부담하는 것과 같다. 이런 상식을 따르지 않으면 (㉡)한 자로 여겨질 것이다. (㉠), (㉡)! 이렇게 보니 경제학 원칙은 상식이며, 도덕적 규범이 반영된 것이다. 인간이라면 이런 상식과 도덕을 따라야 할 것이다.

	㉠	㉡
①	易地思之	背恩忘德
②	十匙一飯	棟梁之材
③	人之常情	俯首聽令
④	吳越同舟	守株待兎

04 다음 중 아래 시에 대한 설명으로 가장 거리가 먼 것은?

> …… 활자(活字)는 반짝거리면서 하늘 아래에서
> 간간이
> 자유를 말하는데
> 나의 영(靈)은 죽어 있는 것이 아니냐
>
> 벗이여
> 그대의 말을 고개 숙이고 듣는 것이
> 그대는 마음에 들지 않겠지
>
> 마음에 들지 않아라
> 모두 다 마음에 들지 않아라
> 이 황혼도 저 돌벽 아래 잡초도
> 담장이 푸른 페인트 빛도
> 저 고요함도 이 고요함도
>
> 그대의 정의(正義)도 우리들의 섬세도
> 행동이 죽음에서 나오는
> 이 욕된 교외에서는
> 어제도 오늘도 내일도 마음에 들지 않아라
>
> 그대는 반짝거리면서 하늘 아래에서
> 간간이
> 자유를 말하는데
> 우스워라 나의 영은 죽어 있는 것이 아니냐
>
> — 김수영, <사령(死靈)>

① 자조적인 시어를 통하여 자신의 삶을 성찰하고 있다.
② 자성적인 어조를 통하여 자유와 정의가 소멸된 현실을 직시하고 있다.
③ 반복과 변주를 통한 수미상관식 구성을 통하여 의미 강조 기법을 사용하고 있다.
④ 불의에 항거하지 못하고, 염세적 태도와 소극적인 입장을 취한 자신을 질책하고 있다.

05 '장미'를 소개하는 글을 쓰고자 한다. 아래의 ㉠~㉣에 들어갈 글로 가장 적절하지 않은 것은?

> * 묘사: 손잡이가 두 개 달려 있는 짙은 청록색의 투명한 화병에 빨간 장미 일곱 송이가 꽂혀 있다.
> * 비교와 대조: ㉠
> * 유추: ㉡
> * 예시: ㉢
> * 분류: ㉣
> * 서사: 많은 생명체가 그러하듯이 장미 역시 오랜 인고의 시간 끝에 빨간 봉오리를 맺게 된다. 그리고 자신의 아름다움을 지키기 위해 줄기에 가시를 품고 있다.

① ㉠: 국화에 비하여 장미는 꽃잎의 크기가 크다. 그러나 꽃잎의 수는 국화의 그것보다 적다.
② ㉡: 장미는 어여쁜 색시의 은장도와 같다. 장미의 꽃잎은 어여쁘지만 그것을 보호하기 위한 가시가 줄기에 있다.
③ ㉢: 장미는 일상생활은 물론 문학 작품 속에서도 흔히 볼 수 있다. '어린왕자'의 경우에는 유리병 속의 장미가 나온다.
④ ㉣: 장미는 잎, 줄기, 뿌리로 구성되어 있다. 8개의 꽃잎과 가시가 달려 있는 줄기, 뿌리로 구성되어 있다.

06 다음 중 밑줄 친 낱말의 뜻을 적은 것으로 가장 옳은 것은?

① 그는 업무처리가 머줍기로 소문이 나 있다. → 정확하기로
② 우리 일에는 김 과장처럼 늡늡한 사람이 적격이다. → 활달한
③ 할머니는 따뜻한 죽을 골막하게 담아주셨다. → 가득
④ 그녀는 우리 동기 가운데서 가장 동뜬 학생이었다. → 뒤떨어진

07 다음은 실의에 빠진 친구를 위로하려고 쓴 쪽지 글이다. 아래의 조건이 가장 잘 반영된 것은?

> • 희망적인 내용을 담을 것.
> • 적절한 속담이나 격언을 인용할 것.
> • 직유나 은유의 표현을 사용할 것.

① 많이 아프지?
　몇 주 동안 혼자 있으려니 얼마나
　지루하고 답답하겠니?
　문득 '하면 된다'는 말이 떠오른다.
　반 친구들도 네 안부를 물었다.

② 친구가 떠나서 무척이나 섭섭하겠구나.
　축 처져 있는 모습, 너 답지 않아.
　'친구 따라 강남 간다'는 말이 있잖아?
　너무 아파하지 말고 툭툭 털고 일어나렴.
　봄의 새싹같이.

③ 선생님께 혼나서 많이 속상하지?
　너를 사랑하시기 때문일 거야.
　'선생님의 그림자는 밟지도 않는다'는 말도 있잖아?
　괜찮지? 수업 끝나고 만나서 이야기하자.

④ 동생이 아픈데 집안 사정도 어려워졌다며?
　공부하기도 힘들 텐데 '엎친 데 덮친 격'이 되었구나.
　힘내! 우리는 젊잖아?
　햇빛처럼 환한 너의 웃음을 다시 보고 싶다. 친구야.

08 다음 밑줄 친 한자의 쓰임이 가장 적절한 것은?

① 우리 연구팀은 신제품 啓發에 착수하였다.
② 영화를 보는 동안 나는 무엇이 현실이고 무엇이 가상인지 混沌이 되었다.
③ 교통 신호 體制만 바꾸어도 사고를 줄일 수 있다.
④ 은메달 스트레스는 메달 지상주의를 부추기는 올림픽의 현실을 傍證하는 예다.

09 다음 글을 통해 주장할 수 있는 언어 순화의 방향으로 가장 적절한 것은?

> 일반 소비자들은 '다방'보다는 '커피숍'에 갈 때에, '커피숍'보다는 '카페'에 갈 때에 더 많은 금전 지출을 각오한다. 목장에서 소의 '젖'을 짜서 공장에 보내면 용기에 담아 넣고 '우유'라는 이름으로 시장에 내놓는다. 그리고 이것을 서비스 업소에서 고객에게 '밀크'로 제공하면서 계속 부가 가치가 높아져 간다. 가난한 사람은 '단칸방'에 세 들고 부자는 '원룸'에서 사는 것을 언어를 통하여 내면화하고 있는 것이 현실이다. 곧 토착어에서 한자어로, 또 서구 외래어로 변신할 때마다 당당히 이윤을 더 비싸게 붙일 수 있는 위력이 생긴다는 것이다. 이 사례는 외래어가 상품의 사용 가치보다는 교환 가치를 높이는 데에 이용된다는 것을 보여 준다.

① 경제적 가치를 반영하는 방향
② 소비자의 이익을 위하는 방향
③ 토착어의 순수성을 지키는 방향
④ 의사소통의 공통성을 강화하는 방향

10 다음 글의 제목으로 가장 적절한 것은?

> 경제 주체들은 시장을 통해 필요한 재화를 얻거나 제공하며, 재화가 자신들에게 유리하게 배분되도록 노력한다. 그러나 시장을 통한 재화의 배분이 어렵거나 시장 자체가 존재하지 않는 경우도 있다. 이때, 시장 제도를 적절히 설계하면 경제 주체들의 이익을 최대한 충족시키면서 재화를 효율적으로 배분할 수 있는데, 이를 '시장 설계'라고 한다. 시장설계의 방법은 양방향 매칭과 단방향 매칭이 있다. 양방향 매칭은 두 집합의 경제 주체들을 서로에 대해 갖고 있는 선호도를 최대한 배려하여 쌍으로 맺어주는 것이다. 그리고 단방향 매칭은 경제 주체들이 지니고 있는 재화를 재분배하여 더 선호하는 재화를 선택할 수 있는 방법을 찾는 것이다. 결국 양방향 매칭은 경제 주체들 간의 매칭을, 단방향 매칭은 경제 주체에게 재화를 배분하는 매칭을 찾는 것이라고 할 수 있다.

① 시장 설계와 방법
② 재화 배분과 방법
③ 매칭의 선택과 방법
④ 경제 주체와 매칭

11 다음 중 아래 작품에 대한 설명으로 가장 옳지 않은 것은?

> 모란이 피기까지는,
> 나는 아직 나의 봄을 기다리고 있을 테요.
> 모란이 뚝뚝 떨어져 버린 날,
> 나는 비로소 나의 봄을 여읜 설움에 잠길 테요.
> 오월 어느 날, 그 하루 무덥던 날,
> 떨어져 누운 꽃잎마저 시들어 버리고는
> 천지에 모란은 자취도 없어지고,
> 뻗쳐 오르던 내 보람 서운케 무너졌느니,
> 모란이 지고 말면 그뿐, 내 한 해는 다 가고 말아,
> 삼백 예순 날 하냥 섭섭해 우옵내다.
> 모란이 피기까지는,
> 나는 아직 기다리고 있을 테요, 찬란한 슬픔의 봄을.
>
>   - 김영랑, <모란이 피기까지는>

① 이 시는 '기다림과 상실의 미학'을 노래한 작품이다.
② 이 시의 화자는 모란의 '영원한 아름다움'을 찬양하고 있다.
③ 화자는 모란이 지고 난 뒤의 봄날의 상실감으로 인해 설움에 잠기지만, 그 슬픔과 상실이 주는 역설적인 기다림의 아름다움을 노래하고 있다.
④ 이 시에서 화자는 '모란'의 아름다움이 '한 철'만 볼 수 있는 것이기에 '찬란한 슬픔'이라고 표현하고 있다.

12 다음 글을 이용하여 국어 문장 구조에 관한 수업을 진행하였다. 발표 내용으로 가장 적절하지 않은 것은?

> ㉠ 담징은 이마에 흐르는 땀을 씻었다.
> ㉡ 그가 착한 사람임을 모르는 사람은 거의 없다.
> ㉢ 그 사람은 아는 것도 없이 잘난 척을 해.

① 위 문장의 밑줄 친 부분은 모두 다른 문장 속에 안긴문장입니다.
② 그런데 ㉠, ㉡, ㉢에서 밑줄 친 부분은 각각 관형어, 목적어, 부사어의 구실을 하고 있습니다.
③ ㉠의 밑줄 친 부분에서 주어가 나타나 있지 않은데, 생략된 주어는 '담징'입니다.
④ ㉡에서는 밑줄 친 부분 뿐 아니라 '그가 착한'과 '그가 착한 사람임을 모르는'도 안긴 문장입니다.

13 다음 글의 전개 순서로 가장 적절한 것은?

> (가) 성선설은 '인간은 선하다'는 이론이다. 따라서 성선설을 주장하는 이들은 집안이든 나라든 모든 사회는 '인간'이 이끌어나가야 한다고 본다. 이들은 인간 안에서 '선한 요소'를 찾는데, 이들이 찾는 선한 요소란 곧 도덕 이성이라고 할 수 있다.
>
> (나) 인간을 규정하는 관점은 여러 가지가 있어 왔다. 죄나 업을 가진 존재라는 종교적 이해 방식도 있었고, 억압된 존재라는 심리적 이해 방식도 있었다. 하지만 이보다 훨씬 이전부터 인간을 애초부터 긍정적 혹은 부정적인 방식으로 규정해 오기도 했다. 다시 말해 인간은 선하다는 것과 악하다는 관점이 그러하다.
>
> (다) 반면, 성악설은 '인간이 악하다'고 보기 때문에 사회나 국가를 인간이 이끌어서는 안 된다고 보고, 인간의 바깥에서 국가 사회를 이끌 수 있는 원동력을 찾는다. 그것을 한비자는 법과 권력, 묵자는 하느님이라고 했다.
>
> (라) 이렇게 볼 때, 인간을 보는 관점은 인간이란 어떠하다는 인간론을 넘어서서, 누가 권력을 잡아야 하는가에 대한 논의로 연결된다. 그것이 사회 정치 이론의 받침돌이다.

① (라) - (가) - (나) - (다)
② (나) - (가) - (다) - (라)
③ (가) - (다) - (나) - (라)
④ (가) - (나) - (라) - (다)

14 다음 중 밑줄 친 한자의 독음이 가장 옳지 않은 것은?

① 상사의 <u>詰責</u>이 두려워 언제까지 진실을 숨기고 있을 수는 없다. - 질책
② 기자들은 김 의원 발언의 요점 <u>捕捉</u>을 위해 애를 썼다. - 포착
③ 대사는 신원을 알 수 없는 암살단에 의해대 사관에서 <u>被襲</u>을 받았다. - 피습
④ 한 유통업체가 특정 브랜드 상품 판매 <u>斡旋</u>에 앞장서 빈축을 사고 있다. - 알선

15 다음 중 아래 글에서 글쓴이가 말하는 '분수'에 대한 표현이나 의미로 적절하지 않은 것은?

> 서구의 도시에서 볼 수 있는 분수는 대개가 다 하늘을 향해 솟구치는 분수들이다. 화산이 불을 뿜듯이, 혹은 로켓이 치솟아 오르듯이, 땅에서 하늘로 뻗쳐 올라가는 힘이다. 분수는 대지의 중력을 거슬러 역류하는 물이다. 자연의 질서를 거역하고 부정하며 제 스스로의 힘으로 중력과 투쟁하는 운동이다. 물의 본성에 도전하는 물줄기이다. 높은 데서 낮은 데로 흐르는 천연의 성질, 그 물의 운명에 거역하여 그것은 하늘을 향해서 주먹질을 하듯이 솟구친다. 가장 물답지 않은 물, 가장 부자연스러운 물의 운동이다. 그들은 왜 분수를 좋아했는가? 어째서 비처럼 낙하하고 강물처럼 흘러내리는 그 물의 표정과 정반대의 분출하는 그 물줄기를 생각해 냈는가? 같은 힘이라도 폭포가 자연 그대로의 힘이라면 분수는 거역하는 힘, 인위적인 힘의 산물이다. 여기에 바로 운명에 대한, 인간에 대한, 자연에 대한 동양인과 서양인의 두 가지 다른 태도가 생겨난다.
> 그들이 말하는 창조의 힘이란 것도, 문명의 질서란 것도, 그리고 사회의 움직임이란 것도 실은 저 광장에서 내뿜고 있는 분수의 운동과도 같은 것이다. 중력을 거부하는 힘의 동력, 인위적인 그 동력이 끊어지면 분수의 운동은 곧 멈추고 만다. 끝없이 인위적인 힘, 모터와 같은 그 힘을 주었을 때만이 분수는 하늘을 향해 용솟음칠 수 있다. 이 긴장, 이 지속, 이것이 서양의 역사와 그 인간 생활을 지배해 온 힘이다.
>
> — 이어령, <폭포와 분수>

① 분수는 물의 본성에 도전하는 물줄기이다.
② 가장 물답지 않은 물, 가장 부자연스러운 물의 운동이다.
③ 서양인의 역사와 인간생활을 지배해 온 힘은 '분수'와 같은 거역하는 힘이다.
④ 분수와 같은 운명에 대한 지속적인 긴장은 그 힘의 한계에 부딪쳐 곧 멈추고 말 것이다.

16 다음 글의 제목으로 가장 적절한 것은?

> 당시 영국의 곡물법은 식량 가격의 인상을 유발하지 않으면서도 자국의 농업 생산을 장려하고자 하는 목적에서 제정된 것으로, 이 법에 따라 영국 정부는 수입 곡물에 대해 탄력적인 관세율을 적용하여 곡가(穀價)를 적정하게 유지하고자 하였다. 그런데 나폴레옹전쟁 이후 전시 수요는 크게 둔화된 반면, 대륙봉쇄가 풀리면서 곡물 수입이 활발해짐에 따라 식량 가격은 하락하기 시작했다. 이에 농부들은 수입 곡물에 대해 관세를 더욱 높일 것을 요구하였다. 아울러 이러한 요구는 국력의 유지와 국방의 측면을 위해서도 국내 농업생산 보호가 필요하다는 지주들의 주장에 의해 뒷받침되었다. 이와는 달리, 공장주들은 수입 곡물에 대한 관세 인상을 반대하였다. 관세가 인상되면 곡가가 오르고 임금도 오르게 되며, 그렇게 되면 이윤이 감소하고 제조품의 수출도 감소하여 마침내 제조업의 파멸을 초래하게 된다는 것이었다. 이에 공장주들은 영국의 미래는 농업이 아니라 공업의 확장에 달려 있다고 주장하면서 곡물법의 즉각적인 철폐를 요구하기에 이르렀다.

① 영국 곡물법의 개념
② 영국 곡물법의 철폐
③ 영국 곡물법에 대한 의견
④ 영국 곡물법의 제정과 변화

17 다음 중 수사(數詞)가 쓰이지 않은 것은?

① 사과 하나를 집었다.
② 열의 세 곱은 서른이다.
③ 한 사람도 오지 않았다.
④ 영희가 첫째로 도착하였다.

18 다음 글의 내용을 이해한 것으로 가장 적절한 것은?

> 1905년 아인슈타인의 특수 상대성 이론이 발표되기 전까지 물리학자들은 시간과 공간을 별개의 독립적인 물리량으로 보았다. 공간은 상대적인 물리량인 데 비해, 시간은 절대적인 물리량으로서 공간이나 다른 어떤 것의 변화에 의해 변하지 않는다는 것이다. 하지만 아인슈타인은 시간도 상대적인 물리량으로 보고, 시간과 공간을 합쳐서 4차원 공간, 즉 시공간(spacetime)이라고 하였다. 이 시공간은 시간과 공간으로 서로 구별되지 않는다. 다만 이 시공간은 시간에 해당하는 차원이 한 방향으로만 진행한다는 한계가 있기 때문에 제한적인 4차원 공간이라는 특징이 있다.

① 아인슈타인의 시공간은 시간과 공간으로 구별되어 존재했다.
② 아인슈타인 등장 전까지 시간과 공간은 독립적인 물리량이 아니었다.
③ 아인슈타인 등장 전까지 시간은 상대적인 물리량으로 변화 가능한 것이었다.
④ 아인슈타인의 시공간은 시간에 해당하는 차원이 한 방향으로만 진행되었다.

19 다음 밑줄 친 단어 중에서 품사가 다른 것은?

① 그 사람 이름은 잊었지만
② 천 년의 바람이 흐른다.
③ 여기 그 사람의 뼈를 묻고
④ 이 물건 말고 다른 것 주세요.

20 다음 중 아래 글의 내용에 대한 설명으로 가장 옳지 않은 것은?

> 신문학이란 말이 어느 때 누구의 창안으로 쓰이기 시작했는지는 알 수 없다.
> 그러나 현재 우리가 쓰는 의미의 개념으로 쓰이기는 육당(六堂), 춘원(春園) 이후에 비롯하지 않은가 한다.
> 그 전에는 비록 신문학이란 문자를 왕왕 대할 수 있다 하더라도 그것은 지금 우리가 사용하는 의미보다는 훨씬 광의로 사용되었다.
> 광무(光武) 3년* 10월 모(某)일 분의 『황성신문(皇城新聞)』*논설에 성(盛)히 문학이라는 말을 썼는데 그것은 현재 우리가 사용하는 의미의 문학은 아니었다. 즉 학문 일반의 의미로 문학이란 말이 사용되었다. 그러므로 신문학이란 말은 곧 신학문의 별칭이라 할 수 있었다. 이것은 지금 우리로서 보면 실로 가소로운 혼동이다. 그러나 문학이란 말을 literature의 역어(譯語)*로 생각지 않고 자의(字義)대로 해석하여 사용한 당시에 있어 이 현상은 극히 자연스러운 일이라 아니 할 수 없다. 이 '문학'('literature'의 역어) 가운덴, 시, 소설, 희곡, 비평을 의미하는 문학, 즉 예술문학까지가 포함되어 있는 것은 물론이다.
> 『황성신문』 신문논설을 보면 오히려 학문이란 말을 문학이란 문자로 표현하는 데 문장상의 참신미를 구한 흔적조차 발견할 수 있다.
> 거기에선 문학이란 말이 분명히 그대로 신학문이란 의미로 사용되고 있다.
> 이것은 문학이란 말에 대한 자의대로의 해석일뿐더러 문학에 대한 동양적 해석, 전통적 이해의 일 연장(延長)이라는 데도 의미가 있다.
>
> – 임화, <개설신문학사>
>
> *광무 3년: 대한제국의 연호. 1899년.
> *황성신문: 1898년 창간한 일간신문.
> *역어(譯語): 번역어. 외국어를 번역한 말.

① '신문학'이라는 말의 유래와 현재적 개념을 서술하고 있다.
② 현재 '신문학'이라는 말은 '신학문'이라는 말과 같은 의미로 사용된다.
③ '문학'은 육당, 춘원 이전의 과거에는 '학문일반'의 의미였기 때문에 『황성신문』에서 나타나는 '신문학'이라는 말은 곧, '신학문'의 별칭이다.
④ 현재 사용하는 '문학'이라는 말은 'literature'의 역어(譯語)다.

21 다음 중 버크의 견해로 가장 적절한 것은?

18세기 영국의 사상가 버크는 프랑스 혁명의 과정을 지켜보면서, 국민 대중에 대하여 회의를 갖게 되었다. 일반 국민이란 무지하고 교육을 받지 못한 다수를 의미하기 때문에 그다지 신뢰할 만하지 않다는 이유에서이다. 그래서 그는 계약에 의해 선출된 능력 있는 대표자가 국민을 대신하여 지도자로서 국가를 운영케 하는 방식의 대의제를 생각해 냈다. 재산이 풍족하여 교육을 충분히 받아 사리에 밝은 사람들이 그렇지 못한 다수 사람들의 이익을 위해 행동하는 편이 훨씬 효율적이라고 생각한 것이다. 그가 말하는 대의제란 지도자가 성숙한 판단과 계몽된 의식을 가지고 국민을 대신하여 일하는 것을 요체로 한다. 여기서 대의제의 본질은 국민을 대표하기보다 국민을 대신한다는 의미에 가깝다. 즉 버크는 대중이 그들 자신을 위한 유·불리의 이해관계를 알지 못한다는 가정을 전제로, 분별력 있는 지도자가 독립적 판단을 통해 국가를 이끌어가야 한다고 했던 것이다. 버크에 따르면 국민은 지도자와 상호 '신의 계약'을 체결했다기보다는 '신탁 계약'을 했다는 것이다. 그러므로 지도자에게는 개별 국민들의 요구와 입장을 성실하게 경청해야 할 의무 대신에, 국민 전체의 이익이 무엇인가를 스스로 판단해서 대신할 의무가 있다. 그는 만약 지도자가 국민의 의견을 좇아 자신의 판단을 단념한다면 그것은 국민에게 봉사하는 것이 아니라 국민을 배신하는 것이라고 했다.

① 지도자는 국민 다수의 의견을 따라야 한다.
② 국민은 지도자에게 자신의 모든 권리를 위임한다.
③ 성공적인 대의제를 위해서는 탁월한 지도자를 선택하는 국민의 자질이 중요하다.
④ 국민은 지도자를 선택한 이후에도 다수결을 통해 지도자의 결정에 대한 수용과 비판의 지속적인 태도를 보여주어야 한다.

22 다음 중 함축적 의미가 다른 하나는?

세상의 열매들은 왜 모두
둥글어야 하는가
가시나무도 향기로운 그의 탱자만은 둥글다

땅으로 땅으로 파고드는 뿌리는
날카롭지만,
하늘로 하늘로 뻗어가는 가지는
뾰족하지만
스스로 익어 떨어질 줄 아는 열매는
모가 나지 않는다

덥석
한입에 물어 깨무는
탐스런 한 알의 능금
먹는 자의 이빨은 예리하지만
먹히는 능금은 부드럽다

그대는 아는가,
모든 생성하는 존재는 둥글다는 것을
스스로 먹힐 줄 아는 열매는
모가 나지 않는다는 것을

- 오세영, <열매>

① 탱자　　　　② 가지
③ 모　　　　　④ 이빨

23 다음 밑줄 친 낱말 중 띄어쓰기가 옳은 것은?

① 세달이 지나도록
② 수업이 끝난 지도
③ 집에 갈 생각 뿐이었다.
④ 노력한만큼 이루어진다.

24 다음 중 '피동 표현'에서 '능동 표현'으로 바꿀 수 없는 것은?

① 그 문제가 어떤 수학자에 의해 풀렸다.
② 그 책은 많은 사람들에게 읽혔다.
③ 철수가 감기에 걸렸다.
④ 아이가 어머니에게 안겼다.

"㉠ 지식인일수록 불만이 많은 법입니다. 그러나 그렇다고 제 몸을 없애 버리겠습니까? 종기가 났다고 말이지요. 당신 한 사람을 잃는 건, 무식한 사람 열을 잃는 것보다 더 큰 민족의 손실입니다. 당신은 아직 젊습니다. 우리 사회에는 할 일이 태산 같습니다. 나는 당신보다 나이를 약간 더 먹었다는 의미에서, 친구로서 충고하고 싶습니다. 조국의 품으로 돌아와서, 조국을 재건하는 일꾼이 돼 주십시오. 낯선 땅에 가서 고생하느니, 그쪽이 당신 개인으로서도 행복이라는 걸 믿어 의심치 않습니다. 나는 당신을 처음 보았을 때, 대단히 인상이 마음에 들었습니다. 뭐 어떻게 생각지 마십시오. 나는 동생처럼 여겨졌다는 말입니다. 만일 남한에 오는 경우에, 개인적인 조력을 제공할 용의가 있습니다. 어떻습니까?"

명준은 고개를 쳐들고, 반듯하게 된 천막 천장을 올려다본다. 한층 가락을 낮춘 목소리로 혼잣말 외듯 나직이 말할 것이다.

"중립국."

설득자는, 손에 들었던 연필 꼭지로, 테이블을 툭 치면서, 곁에 앉은 미군을 돌아볼 것이다. 미군은, 어깨를 추스르며, 눈을 찡긋하고 웃겠지.

㉡ 나오는 문 앞에서, 서기의 책상 위에 놓인 명부에 이름을 적고 천막을 나서자, 그는 마치 재채기를 참았던 사람처럼 몸을 벌떡 뒤로 젖히면서, 마음껏 웃음을 터뜨렸다. 눈물이 찔끔 찔끔 번지고, 침이 걸려서 캑캑거리면서도 그의 웃음은 멎지 않았다.

준다고 바다를 마실 수는 없는 일. 사람이 마시기는 한 사발의 물. 준다는 것도 허황하고 가지거니 함도 철없는 일. 바다와 한 잔의 물. 그 사이에 놓인 골짜기와 눈물과 땀과 피. 그것을 셈할 줄 모르는 데 잘못이 있었다. ㉢ 세상에서 뒤진 가난한 땅에 자란 지식 노동자의 슬픈 환상. 과학을 믿은 게 아니라 마술을 믿었던 게지. 바다를 한 잔의 영생수로 바꿔 준다는 마술사의 말을. 그들은 뻔히 알면서 권력이라는 약을 팔려고 말로 속인 꼬임을. 어리석게 신비한 술잔을 찾아 나섰다가, 낌새를 차리고 항구를 돌아보자, 그들은 항구를 차지하고 움직이지 않고 있었다. 참을 알고 돌아온 바다의 난파자들을 그들은 감옥에 가둘 것이다.

못된 균을 옮기지 않기 위해서. 역사는 소걸음으로 움직인다. 사람의 커다란 모순과 업(業)에 비기면, 아무 자국도 못 낸 것이나 마찬가지다. 당대까지 사람이 만들어 낸 물질생산의 수확을 고르게 나누는 것만이 모든 시대에 두루 맞는 가능한 일이다. 마찬가지 아닌가. 벌써 아득한 옛날부터 사람 동네가 알아낸 슬기. 사람이라는 조건에서 비롯하는 슬픔과 기쁨을 고루 나누는 것. 그래 봐야, 사람의 조건이 아직도 풀어 나가야 할 어려움의 크기에 대면, 아무것도 아니다. 사람이 이루어놓은 것에 눈을 돌리지 않고, 이루어야 할 것에만 눈을 돌리면, 그 자리에서 그는 삶의 힘을 잃는다. 사람이 풀어야 할 일을 한눈에 보여 주는 것 — 그것이 '죽음'이다. 은혜의 죽음을 당했을 때, 이 명준 배에서는 마지막 돛대가 부러진 셈이다. 이제 이루어 놓은 것에 눈을 돌리면서 살 수 있는 힘이 남아 있지 않다. 팔자소관으로 빨리 늙는 사람도 있는 법이었다. 사람마다 다르게 마련된 몸의 길, 마음의 길, 무리의 길. ㉣ 대일 언덕 없는 난파꾼은 항구를 잊어버리기로 하고 물결 따라 나선다. 환상의 술에 취해 보지 못한 섬에 닿기를 바라며. 그리고 그 섬에서 환상 없는 삶을 살기 위해서. 무서운 것을 너무 빨리 본 탓으로 지쳐 빠진 몸이, 자연의 수명을 다하기를 기다리면서 쉬기 위해서. 그렇게 해서 결정한, 중립국행이었다.

- 최인훈, <광장>

① ㉠은 지식인인 주인공을 남한 사회에 남게 하려고 설득하는 내용이다.
② 주인공이 ㉡과 같은 행동을 보인 이유는 ㉢을 통해 드러나고 있다.
③ ㉢은 지식인들이 '권력'이라는 약에 취해서 전쟁을 일으킨 결과 결국 모두 감옥에 갇히게 될 것이라고 말하는 구절이다.
④ 주인공이 중립국을 선택한 이유는 ㉣에서 난파꾼에 비유된 지식인의 허무감과 ㉢에서 언급했던 '환상'에 대한 회의감 때문으로 나타난다.

01 다음 중 띄어쓰기가 가장 옳은 것은?

① 지난 달에 나는 딸도 만날겸 여행도 할겸 미국에 다녀왔어.
② 이 회사의 경비병들은 물 샐 틈없이 경비를 선다.
③ 저 사과들 중에서 좀더 큰것을 주세요.
④ 그 사람은 감사하기는 커녕 적게 주었다고 원망만 하더라.

02 다음 중 파생법으로 만들어진 단어가 아닌 것은?

① 교육자답다   ② 살펴보다
③ 탐스럽다   ④ 순수하다

03 다음 중 사자성어가 가장 적절하게 쓰이지 않은 것은?

① 견강부회(牽強附會)하지 말고 타당한 논거로 반박을 하세요.
② 그는 언제나 호시우보(虎視牛步) 하여 훌륭한 리더가 되었다.
③ 함부로 도청도설(道聽塗說)에 현혹되어 주책없이 행동하지 마시오.
④ 이번에 우리 팀이 크게 이긴 것을 전화위복(轉禍爲福)으로 여기자.

04 다음 중 밑줄 친 부분의 한자가 나머지 셋과 다른 것은?

① 오래된 나사여서 마모가 심해 빼기 어렵다.
② 평소 절차탁마에 힘써야 대기만성에 이를 수 있다.
③ 정신을 수양하고 심신을 연마하는 것이 진정한 배움이다.
④ 너무 열중하여 힘을 주다 보니 근육이 마비되었다.

05 밑줄 친 부분의 띄어쓰기가 잘못된 것은?

① 한번 실패했더라도 다시 도전하면 된다.
② 한번은 네거리에서 큰 사고를 낼 뻔했다.
③ 고 녀석, 울음소리 한번 크구나.
④ 심심한데 노래나 한번 불러 볼까?

[06-07] 다음 글을 읽고 물음에 답하시오.

　인류는 우주의 중심이 아니라 가장자리에 있으며, 인류의 기적 같은 진화는 유대, 기독교, 이슬람이 전제하고 있는 바와 같이 초월자의 선택에 의해 결정됐거나 힌두, 불교가 주장하고 있는 것과는 달리 자연의 우연한 산물이다. 우주적인 관점에서 볼 때 인류의 가치는 동물의 가치와 근원적으로 차별되지 않으며, 그의 존엄성은 다른 동물의 존엄성과 근본적으로 차등 지을 수 없다. 자연은 한없이 아름답고 자비롭다. 미국 원주민이 대지를 '어머니'라고 부르는 것으로 알 수 있듯이 자연은 모든 생성의 원천이자 젖줄이다. 그것은 대자연, 즉 산천초목이보면 볼수록 느끼면 느낄수록 생각하면 생각할수록 신선하고 풍요하기 때문이다. 자연은 무한히 조용하면서도 생기에 넘치고, 무한히 소박하면서도 환상적으로 아름답고 장엄하고 거룩한 모든 것들의 모체이자 그것들 자체이다. 자연은 영혼을 가진 인류를 비롯한 유인원, 그 밖의 수많은 종류의 식물과 동물들 및 신비롭고 거룩한 모든 생명체의 고향이자 거처이며, 일터이자 휴식처이고, 행복의 둥지이며, 영혼을 가진 인간이 태어났던 땅이기 때문이다. 자연은 모든 존재의 터전인 동시에 그 원리이며 그러한 것들의 궁극적 의미이기도 하다. 자연은 생명 그 자체의 활기, 존재 자체의 아름다움의 표상이다. 또한 그것은 인간이 배워야 할 진리이며 모든 행동의 도덕적 및 실용적 규범이며 지침이며 길이다. 자연은 정복과 활용이 아니라 감사와 보존의 대상이다.

06 다음 중 위 글을 통해 파악할 수 있는 글쓴이의 성격으로 가장 적절한 것은?

① 낭만주의자(浪漫主義者)
② 자연주의자(自然主義者)
③ 신비주의자(神秘主義者)
④ 실용주의자(實用主義者)

07 위 글의 구성 방식으로 가장 적절한 것은?

① 두괄식   ② 양괄식
③ 미괄식   ④ 중괄식

08 다음 중 아래의 글을 읽고 추론한 라캉의 생각과 가장 거리가 먼 것은?

라캉에 의하면, 사회화 과정에 들어서기 전의 거울 단계에서, 자기와 자기 영상, 혹은 자기와 어머니 같은 양자 관계에 새로운 타인, 다시 말해 아버지, 곧 법으로서의 큰 타자가 개입하는 삼자 관계, 즉 상징적 관계가 형성된다. 이 형성은 제3자가 외부에서 인위적으로 비집고 들어섬을 뜻하는 것이 아니다. 인간이 상징적 질서를 생각하게 되는 것은, 이미 그 질서가 구조적으로 인간에게 기능하게끔 되어 있기 때문이다. 인간이 후천적, 인위적으로 그 구조를 만들었다고 생각하는 것은 잘못이다. 인간은 단지 구조되어 있는 그 질서에 참여할 뿐이다.

말하자면 구조란 의식되지 않는 가운데 인간 문화의 기저에서 인간의 행위를 규정함을 뜻하는 것이다. 그러므로 라캉에게 있어서, 주체의 존재 양태는 무의식적인 것을 바탕으로 해서 가능하다. 주체 자체가 무의식적인 것으로서 형성된다. 그러므로 주체는 무의식적 주체이다.

라캉에게 나의 사유와 나의 존재는 사실상 분리되어 있다. 그는 나의 사유가 나의 존재를 확인시켜 주지 못한다고 주장한다. 라캉의 경우, '나는 생각한다'라는 의식이 없는 곳에서 '나는 존재'하고, 또 '내가 존재하는 곳'에서 '나는 생각하지 않는다'. 라캉은 무의식은 타자의 진술이라고 말한다. 바꾸어 말한다면 언어활동에서 우리가 보내는 메시지는 타자로부터 발원되어 우리에게 온 것이다. '무의식은 주체에 끼치는 기표의 영향'이라고 라캉은 말한다.

이런 연유에서 '인간의 욕망은 타자의 욕망'이라는 논리가 라캉에게 성립된다. 의식의 차원에서 '내가 스스로 주체적'이라고 말하는 것 같지만, 그것은 어디까지나 허상이다. 실상은, 나의 진술은 타자의 진술에 의해서 구성된다는 것이다. 나의 욕망도 타자의 욕망에 의해서 구성된다. 내가 스스로 원한 욕망이란 성립하지 않는다.

① 주체의 무의식은 구조화된 상징적 질서에 의해 형성된다.
② 주체의 의식적 사유와 행위에 의해 새로운 문화 질서가 창조된다.
③ 대중매체의 광고는 주체의 욕망이 형성되는 데 큰 영향을 미친다.
④ 데카르트의 '나는 생각한다. 고로 존재한다'라는 명제는 옳지 않다.

09 다음 중 아래 시의 주제로 가장 옳은 것은?

바람결보다 더 부드러운 은빛 날리는
가을 하늘 현란한 광채가 흘러
양양한 대기에 바다의 무늬가 인다.

한 마음에 담을 수 없는 천지의 감동 속에
찬연히 피어난 백일(白日)의 환상을 따라
달음치는 하루의 분방한 정념에 헌신된 모습

생의 근원을 향한 아폴로의 호탕한 눈동자같이
황색 꽃잎 금빛 가루로 겹겹이 단장한
아! 의욕의 씨 원광(圓光)에 묻힌 듯 향기에 익어 가니

한줄기로 지향한 높다란 꼭대기의 환희에서
순간마다 이룩하는 태양의 축복을 받는 자
늠름한 잎사귀들 경이(驚異)를 담아 들고 찬양한다.

-김광섭, <해바라기>

① 자연과 인간의 교감
② 가을의 정경과 정취
③ 생명에 대한 강렬한 의욕
④ 환희가 넘치는 삶

10 다음 중 아래 글의 제목으로 가장 옳은 것은?

방정식이라는 단어는 '정치권의 통합 방정식', '경영에서의 성공 방정식', '영화의 흥행 방정식' 등 다양한 분야에서 애용된다. 수학의 방정식은 문자를 포함하는 등식에서 문자의 값에 따라 등식이 참이 되기도 하고 거짓이 되기도 하는 경우를 말한다. 통합 방정식의 경우, 통합을 하는 데 여러 변수가 있고 변수에 따라 통합이 성공하거나 실패할 수 있으므로 방정식이라는 표현은 대체로 적절하다.

그런데 방정식은 '변수가 많은 고차 방정식', '국내·국제·남북 관계의 3차 방정식'이란 표현에서 보듯이 차수와 함께 거론되기도 한다. 엄밀하게 따지면 변수의 개수와 방정식의 차수는 무관하다. 변수가 1개라도 고차 방정식이 될 수 있고 변수가 많아도 1차 방정식이 될 수 있다. 따라서 상황에 영향을 미치는 변수의 개수에 따라 m원 방정식으로, 상황의 복잡도에 따라 n차 방정식으로 구분할 필요가 있다. 또 4차 방정식까지는 근의 공식, 즉 일반해가 존재하므로 해를 구할 수 없을 정도의 난맥상이라면 5차 방정식 이상이라는 표현이 안전하다.

① 수학 용어의 올바른 활용
② 실생활에서의 수학 공식의 적용
③ 방정식의 정의와 구성 요소
④ 수학 용어의 추상성과 엄밀성

11 다음 중 ㉠~㉢에 알맞은 말을 순서대로 나열한 것은?

> 먼 곳의 물체를 볼 때 물체에서 반사되어 나온 빛이 눈 속으로 들어가면서 각막과 수정체에 의해 굴절되어 망막의 앞쪽에 초점을 맺게 되면 망막에는 초점이 맞지 않는 상이 맺힘으로써 먼 곳의 물체가 흐리게 보인다. 이것을 근시라고 한다.
> 근시인 눈에서 보고자 하는 물체가 눈에 가까워지면 망막의 (㉠)에 맺혔던 초점이 (㉡)으로 이동하여 망막에 초점이 맺혀 흐리게 보이던 물체가 선명하게 보인다. 그리고 이 지점보다 더 가까운 곳의 물체는 조절 능력에 의하여 계속 잘 보인다.
> 이와 같이 근시는 먼 곳의 물체는 잘 안 보이고 가까운 곳의 물체는 잘 보이는 것을 말한다. 근시의 정도가 심하면 심할수록 눈 속에 맺히는 초점이 망막으로부터 (㉢)으로 멀어져 가까운 곳의 잘 보이는 거리가 짧아지고 근시의 정도가 약하면 꽤 먼 곳까지 잘 볼 수 있다.

	㉠	㉡	㉢
①	앞쪽	뒤쪽	앞쪽
②	뒤쪽	앞쪽	앞쪽
③	앞쪽	뒤쪽	뒤쪽
④	뒤쪽	앞쪽	뒤쪽

12 다음 중 ㉠을 가리키기에 적절하지 않은 것은?

> "허, 참, 세상 일두······."
> 마을 갔던 아버지가 언제 돌아왔는지,
> "윤초시댁두 말이 아니어. ㉠ 그 많든 전답을 다 팔아 버리구, 대대루 살아오든 집마저 남의 손에 넘기드니, 또 악상꺼지 당하는 걸 보면······."
> 남폿불 밑에서 바느질감을 안고 있던 어머니가,
> "증손이라곤 기집애 그 애 하나뿐이었지요?"
> "그렇지. 사내애 둘 있든 건 어려서 잃구······."
> "어쩌믄 그렇게 자식복이 없을까."
>
> - 황순원, <소나기>

① 雪上加霜
② 前虎後狼
③ 禍不單行
④ 孤掌難鳴

13 밑줄 친 말이 한자어와 고유어의 결합이 아닌 것은?

① 이번 달은 예상외로 가욋돈이 많이 나갔다.
② 앞뒤 사정도 모르고 고자질을 하면 안 된다.
③ 불이 나자 순식간에 장내가 아수라장으로 변했다.
④ 두통이 심할 때 관자놀이를 문지르면 도움이 된다.

14 다음 중 아래의 작품과 내용 및 주제가 가장 비슷한 것은?

> 동풍(東風)이 건듯 부러 적설(積雪)을 헤텨 내니
> 창 밧긔 심근 매화 두세 가지 피여셰라
> 굿득 냉담(冷淡)ᄒ디 암향(暗香)은 므ᄉ일고
> 황혼의 달이 조차 벼마틔 빗최니
> 늣기난 닷 반기난 닷 님이신가 아니신가
> 뎌 매화 것거 내여 님 겨신 디 보내오져
> 님이 너를보고 엇더타 너기실고
>
> 곳디고 새 닙 나니 녹음이 실렷ᄂ디
> 나위(羅幃) 적막ᄒ고 수막(繡幕)이 뷔여 잇다
> 부용(芙蓉)을 거더 노코 공작(孔雀)을 둘러 두니
> 굿득 시름한디 날은 엇디 기돗던고
> 원앙금(鴛鴦錦) 버혀 노코 오색선 플텨 내여
> 금자히 견화이셔 님의 옷 지어내니
> 수품(手品)은 ᄏ니와 제도도 ᄀ줄시고
> 산호수 지게 우히 백옥함의 다마 두고
> 님의게 보내오려 님 겨신 디 ᄇ라보니
> 산인가 구름인가 머흐도 머흘시고
> 천리 만리 길히 뉘라셔 ᄎ자갈고
> 니거든 여러 두고 날인가 반기실가
>
> - 정철, <사미인곡>

① 고인도 날 몯 보고 나도 고인 몯 뵈
　고인을 몯 뵈도 녀던 길 알픠잇니
　녀던 길 알픠 잇거든 아니 녀고 엇뎔고
② 삼동에 베옷 입고 암혈(巖穴)에 눈비 맞아
　구름 낀 볕뉘도 쬔 적이 없건마는
　서산에 해 지다 하니 눈물 겨워 하노라
③ 묏버들 갈히 것거 보내노라 님의손디
　자시는 창 밧긔 심거두고 보쇼셔
　밤비예 새 닙 곳 나거든 날인가도 너기쇼셔
④ 반중(盤中) 조홍(早紅) 감이 고아도 보이ᄂ다
　유자 안이라도 품엄즉도 ᄒ다마ᄂ
　품어 가 반기 리 업슬새 글노 설워ᄒᄂ이다

15 다음 중 표준어가 아닌 것은?

① 발가숭이
② 깡총깡총
③ 뻗정다리
④ 오뚝이

16 다음 중 아래 글의 내용을 포괄하여 설명하기에 가장 적절한 것은?

> 주체 경어법은 용언에 선어말 어미 '-시-'를 넣음으로써 이루어진다. 만약 여러 개의 용언이 함께 나타나는 경우라면 일률적인 규칙을 세우기는 어렵지만 대체로 문장의 마지막 용언에 선어말어미 '-시-'를 쓴다. 또한 여러 개의 용언 가운데 어휘적으로 높임의 용언이 따로 있는 경우에는 반드시 그 용언을 사용해야 한다.

① 할머니, 어디가 어떻게 편찮으세요?
② 어머님께서 돌아보시고 주인에게 부탁하셨다.
③ 선생님께서 책을 펴며 웃으셨다.
④ 할아버지께서 주무시고 가셨다.

17 아래의 글에 나타나지 않는 설명 방식은?

> 텔레비전에서는 여러 종류의 자막이 쓰인다. 뉴스의 경우, 앵커가 기사를 소개할 때에는 앵커의 왼쪽 위에 기사 전체의 내용을 요약하거나 핵심을 추려 제목 자막을 쓴다. 보도 중간에는 화면의 하단에 기사의 제목이나 소제목을 자막으로 보여 준다. 그리고 보도 내용을 이해하는 데 꼭 필요한 핵심적인 내용이나 세부 자료도 자막으로 보여준다.
> 관객이나 시청자가 읽을 수 있도록 화면에 보여 주는 글자라는 점에서 영화에서 쓰이는 자막도 텔레비전 자막과 비슷하게 활용된다. 그런데 영화의 자막은 타이틀과 엔딩 크레디트 그리고 번역 대사가 전부이다. 이는 모두 영화 제작과 관련된 정보를 알려주는 제한된 용도로만 사용된다. 번역 대사는 더빙하지 않은 외국영화의 대사를 보여주기 위한 수단으로 사용된다.
> 텔레비전에서는 영화에서 쓰는 자막을 모두 사용할 뿐 아니라 각종 제목과 요약 내용을 나타내기도 하고 시청자의 흥미를 돋우기 위해 말과 감탄사를 표현하기도 한다. 음성으로 전달할 수 없는 다양한 정보를 제작자의 의도에 맞게끔 자막을 활용하여 제공하는 것이다.

① 정의   ② 유추
③ 예시   ④ 대조

18 다음 중 (가)~(다)를 문맥에 맞는 순서대로 나열한 것은?

> 최근 수십 년간 세계 각국의 정부들은 공격적인 환경보호 조치들을 취해 왔다. 대기오염과 수질오염, 살충제와 독성 화학 물질의 확산, 동식물의 멸종 위기 등을 우려한 각국의 정부들은 인간의 건강을 증진하고 인간 활동이 야생 및 원시 지역에서 만들어 낸 해로운 결과를 줄이기 위해 상당한 자원을 투자해 왔다.
> (가) 그러나 이러한 규제 노력 가운데는 막대한 비용을 헛되이 낭비한 것들도 상당수에 달하며, 그중 일부는 해결하고자 했던 문제를 오히려 악화시키기도 했다.
> (나) 이 중 많은 조치들이 커다란 성과를 거두었다. 이를테면 대기오염을 줄이려는 노력으로 수십만 명의 조기 사망과 수백만 가지의 질병을 예방할 수 있었다.
> (다) 예를 들어, 새로운 대기 오염원을 공격적으로 통제할 경우, 기존의 오래된 오염원의 수명이 길어져서 적어도 단기적으로는 대기오염을 가중시킬 수 있다.

① (나) → (가) → (다)
② (나) → (다) → (가)
③ (다) → (가) → (나)
④ (다) → (나) → (가)

19 다음 중 밑줄 친 부분과 같은 수사법이 쓰인 것은?

> <u>흰 수건</u>이 검은 머리를 두르고
> <u>흰 고무신</u>이 거친 발에 걸리우다.
>
> <u>흰 저고리 치마</u>가 슬픈 몸집을 가리고
> <u>흰 띠</u>가 가는 허리를 질끈 동이다.
>
>   - 윤동주, <슬픈 족속>

① 내 누님같이 생긴 꽃이여
② 나의 마음은 고요한 물결
③ 파도가 아가리를 쳐들고 달려드는 곳
④ 의(義) 있는 사람은 옳은 일을 위하여는 칼날을 밟습니다

20 밑줄 친 말의 표기가 잘못된 것은?

① 배가 고파서 <u>공기밥</u>을 두 그릇이나 먹었다.
② 선출된 임원들이 차례로 <u>인사말</u>을 하였다.
③ 사고 <u>뒤처리</u>를 하느라 골머리를 앓았다.
④ 이메일보다는 손수 쓴 <u>편지글</u>이 더 낫다.

21 다음 중 아래 글에 대한 이해로 가장 적절하지 않은 것은?

> 어떤 사람은 이곳이 옛 전쟁터였기 때문에 물소리가 그렇다고 말하나 그래서가 아니라 물소리는 듣기 여하에 달린 것이다.
> 나의 집이 있는 산속 바로 문 앞에 큰 내가 있다. 해마다 여름철 폭우가 한바탕 지나가고 나면 냇물이 갑자기 불어나 늘 수레와 말, 대포와 북의 소리를 듣게 되어 마침내 귀에 못이 박힐 정도가 되어 버렸다.
> 나는 문을 닫고 드러누워 그 냇물 소리를 구별해서 들어 본 적이 있었다. 깊숙한 솔숲에서 울려 나오는 솔바람 같은 소리, 이 소리는 청아하게 들린다. 산이 찢어지고 언덕이 무너지는 듯한 소리, 이 소리는 격분해 있는 것처럼 들린다. 뭇 개구리들이 다투어 우는 듯한 소리, 이 소리는 교만한 것처럼 들린다. 수많은 축(筑)이 번갈아 울리는 듯한 소리, 이 소리는 노기에 차 있는 것처럼 들린다. 별안간 떨어지는 천둥 같은 소리, 이 소리는 놀란 듯이 들린다. 약하기도 세기도 한 불에 찻물이 끓는 듯한 소리, 이 소리는 분위기 있게 들린다. 거문고가 궁조(宮調)·우조(羽調)로 울려 나오는 듯한 소리, 이 소리는 슬픔에 젖어 있는 듯이 들린다. 종이 바른 창문에 바람이 우는 듯한 소리, 이 소리는 회의(懷疑)스러운 듯 들린다. 그러나 이 모두가 똑바로 듣지 못한 것이다. 단지 마음속에 품은 뜻이 귀로 소리를 받아 들여 만들어 낸 것일 따름이다.
>
> — 박지원, <일야구도하기>

① 직유와 은유를 활용하여 대상을 묘사하였다.
② 세심한 관찰을 통해 사물의 본질을 이해할 수 있음을 역설하였다.
③ 일상에서의 경험을 자기 생각의 근거로 제시하였다.
④ 다른 이의 생각을 반박하기 위하여 서술하였다.

22 밑줄 친 '보다'의 활용형이 지닌 의미가 나머지 셋과 다른 것은?

① 어쩐지 그의 행동을 실수로 볼 수가 없었다.
② 손해를 보면서 물건을 팔 사람은 없다.
③ 그는 상대를 만만하게 보는 나쁜 버릇이 있다.
④ 날씨가 좋을 것으로 보고 우산을 놓고 나왔다.

23 다음 중 '을'이 '동의의 격률'에 따라 대화를 한 것은?

① 갑: 저를 좀 도와주실 수 있어요?
   을: 무슨 일이지요? 지금 급히 해야 할 일이 있어요.
② 갑: 글씨를 좀 크게 써 주세요.
   을: 귀가 어두워서 잘 들리지 않는데 좀 크게 말씀해 주세요.
③ 갑: 여러 모로 부족한 점이 많은데, 앞으로 잘 부탁합니다.
   을: 저는 매우 부족한 사람이라서 제대로 도와 드릴 수 있을지 걱정입니다.
④ 갑: 여러 침대 중에 이것이 커서 좋은데 살까요?
   을: 그 침대가 크고 매우 우아해서 좋군요.
   그런데 좀 커서 우리 방에 들어가지 않을 것 같아요.

24 아래의 글에서 밑줄 친 단어들 중 고유어에 해당하는 것은?

> 절간의 여름 수도(修道)인 하안거(夏安居)가 끝나면 스님들은 바랑을 메고 바리를 들고서 동냥 수도에 나선다. 이 동냥이 경제적인 구걸로 타락된 적도 없지 않지만 원래는 중생으로 하여금 자비를 베풀 기회를 줌으로써 업고(業苦)를 멸각시키려는 수도 행사였다.

① 동냥   ② 구걸
③ 중생   ④ 자비

25 다음 중 밑줄 친 단어를 <로마자 표기법>에 맞게 표기한 것은?

> • 내 이름은 복연필이다.
> • 어제 우리는 청와대를 다녀왔다.
> • 작년에 나는 한라산을 등산하였다.
> • 다음 주에 나는 북한산을 등산하려고 한다.

① 복연필 - Bok Nyeonphil
② 청와대 - Chungwadae
③ 한라산 - Hanrasan
④ 북한산 - Bukhansan

정답·해설 90p

01 띄어쓰기 규정에 맞지 않는 것은?

① 강물에∨떠내려가∨버렸다.
② 그가∨떠난∨지∨오래다.
③ 열∨내지∨스물
④ 십이∨억∨오십육∨만∨개

02 표준어가 아닌 것은?

① 숫염소   ② 강낭콩
③ 윗어른   ④ 유기장이

03 다음 설명문의 전개 방식으로 옳은 것은?

> 알타이어족에는 터키어 · 몽골어 · 만주어 · 퉁구스어 · 한
> 국어 · 일본어 등의 언어가 속한다.

① 분류   ② 분석
③ 구분   ④ 정의

04 다음 시의 특징에 대한 설명으로 가장 적절한 것은?

> 허공 속에 발이 푹푹 빠진다
> 허공에서 허우적 발을 빼며 걷지만
> 얼마나 힘 드는 일인가
> 기댈 무게가 없다는 것은
> 걸어온 만큼의 거리가 없다는 것은
>
> 그동안 나는 여러 번 넘어졌는지 모른다
> 지금은 쓰러져 있는지도 모른다
> 끊임없이 제자리만 맴돌고 있거나
> 인력(引力)에 끌려 어느 주위를 공전하고 있는지도 모
> 른다
>
> 발자국 발자국이 보고 싶다
> 뒤꿈치에서 퉁겨 오르는
> 발걸음의 힘찬 울림을 듣고 싶다
> 내가 걸어온
> 길고 삐뚤삐뚤한 길이 보고 싶다

① 허구적 상상을 통해 현실의 고난을 극복하고 있다.
② 시어의 반복을 통해 화자의 정서를 강조하고 있다.
③ 시적 화자의 옛 경험을 사실적으로 묘사하고 있다.
④ 과거로 돌아가고 싶은 화자의 소망을 전하고 있다.

05 다음의 글들이 공히 추모하는 사람으로 옳은 것은?

> 만 섬의 끓는 피여 열 말의 담력이여
> 벼르고 벼른 기상 서릿발이 시퍼렇다
> 별안간 벼락치듯 천지를 뒤흔드니
> 총탄이 쏟아지는데 늠름한 그대 모습이여
> — 한용운
>
> 황해도 장사 두 눈을 부릅뜨고
> 나라 원수 죽였다네 염소 새끼 죽이듯이
> 안 죽고 살았다가 이 기쁜 소식 들을 줄이야
> 덩실덩실 춤노래 한 바탕, 국화조차 우쭐거리네
> — 김택영
>
> 평생을 벼르던 일 이제야 끝났구려
> 죽을 땅에서 살려는 건 장부가 아니오
> 비록 몸은 대한에 있어도 만방에 이름 떨쳤소
> 살아 백 살을 못 넘기는데 죽어 천년을 빛내는구려
> — 위안스카이(袁世凱)
>
> 공은 삼한을 덮고 이름은 만국에 떨치니
> 살아 백세가 못되는데 죽어 천추에 빛나는구려
> 약한 나라 죄인이요 강국에서는 재상이라
> 그래 처지를 바꾸어 놓으니 이토도 죄인이구나
> — 쑨원(孫文)

① 이순신　　　　　　② 권율
③ 김좌진　　　　　　④ 안중근

06 다음 가사를 읊은 지은이의 심정을 가장 잘 드러낸 것은?

> 쇼양강(昭陽江) 느린 믈이 어드러로 든단 말고
> 고신거국(孤臣去國)에 백발(白髮)도 하도할샤
> 동쥐(東州) 밤 계오 새와 븍관뎡(北寬亭)의 올나ᄒ니
> 삼각산(三角山) 뎨일봉(第一峯)이 ᄒ마면 뵈리로다

① 한양을 떠나는 슬픔
② 임금을 향한 충정
③ 여행길의 고달픔
④ 자연경관에 대한 감탄

07 다음 설명에 해당하는 작품으로 옳은 것은?

> 　작가가 자연 속에 살면서 느낀 흥취를 밝고 맑은 분위기로 형상화한 가사이다. 양반 지식인이 자연 속에서 물아일체의 정감과 흥취를 어떠한 모습으로 표출했는가 하는 점을 잘 보여주고 있다. 우리 조상들이 자연을 어떻게 인식하였으며, 자연이 주는 즐거움과 흥취를 어떠한 문학 형식으로 표현하였는지를 잘 보여주는 작품이다. 이를 통해 우리는 한국 문학의 자연친화적 전통이 어떻게 형성되었는지를 이해할 수 있다.

① 상춘곡　　　　　　② 사미인곡
③ 관동별곡　　　　　④ 도산십이곡

08 다음 글의 ㉠~㉣ 중 내포하는 의미가 다른 것은?

> 나는 시방 위험(危險)한 짐승이다.
> 나의 손이 닿으면 너는
> ㉠ 미지(未知)의 까마득한 어둠이 된다.
>
> 존재(存在)의 흔들리는 가지 끝에서
> 너는 ㉡ 이름도 없이 피었다 진다.
> 눈시울에 젖어드는 이 무명(無名)의 어둠에
> 추억(追憶)의 한 접시 불을 밝히고
> 나는 한밤 내 운다.
>
> 나의 울음은 차츰 ㉢ 아닌 밤 돌개바람이 되어
> 탑(塔)을 흔들다가
> 돌에까지 스미면 금(金)이 될 것이다.
>
> …… ㉣ 얼굴을 가리운 나의 신부(新婦)여,
> — 김춘수, <꽃을 위한 서시>

① ㉠　　　　　　　　② ㉡
③ ㉢　　　　　　　　④ ㉣

09 다음 중 밑줄 친 외래어 표기가 옳은 것은?

① 할머니는 매일 <u>트롯(trot)</u>만 듣고 계신다.
② 사실 <u>컨퍼런스(conference)</u>의 진수는 토론과 질의응답에 참여하는 것이다.
③ 기름기가 도는 노란 액체가 흰 <u>글래스(glass)</u>에 차오를 때의 투명한 소리를 상기했다.
④ 이로써 기업 고객에게 보다 최적화된 <u>설루션(solution)</u>을 제공할 수 있게 되었다.

10 속담에 대한 설명이 적절하지 않은 것은?

① 가난한 집 족보 자랑하기다.
 - 실속은 없으면서 허세만 부린다.
② 사또 덕분에 나팔 분다.
 - 남의 덕으로 분에 넘치는 행세를 한다.
③ 아쉬운 감 장수 유월부터 한다.
 - 돈이 아쉬워서 물건답지 못한 것을 미리 내다 판다.
④ 하늘 보고 손가락질한다.
 - 강한 상대에게도 용기 있게 달려든다.

11 띄어쓰기 규정에 맞지 않는 것은?

① 그는∨재산이∨많을뿐더러∨재능도∨남에게∨뒤질∨것∨없는∨사람이다.
② 나는∨매일∨저녁∨반신욕을∨해서∨불면증을∨완화하는데∨효과를∨보았다.
③ 지난여름에∨휩쓸고∨지나간∨전염병으로∨이∨지역의∨축산∨농가가∨큰∨타격을∨입었다.
④ 아버지는∨우리들에게∨유산은커녕∨빚만∨잔뜩∨남기고∨떠나셨다.

12 다음 중 밑줄 친 단어가 의미에 맞게 사용되지 않은 것은?

① 또다시 생각이 빗먹거나 하면, 난들 이때까지 애쓴 보람이 무어겠소.
② 어른에게 함부로 그런 상없는 소리를 하지 마라.
③ 그는 술자리에서 상관을 치살리며 환심을 사려 했다.
④ 그 문제를 데알고 덤비다가 망신만 당했다.

13 다음 글의 제목으로 가장 적절한 것은?

박목월 시인이 1959년에 쓴 작품이다. 그때 한국의 1인당 국민소득은 81달러였고 한국사회는 전반적으로 가난했다. 시인은 협소한 방에서 밤이 깊도록 글을 쓴다. 원고료를 벌기 위해 의무적으로 쓰는 글이다. 용변을 보려고 복도를 지나는데 단칸방에 옹기종기 모여 잠을 자고 있는 식구들이 보인다. 그들의 잠은 깊고 평화롭지만 어딘지 서글퍼 보인다. 난방이 제대로 안 된 방에서 잠자는 어린 것들의 발이 "포름쪽쪽"하게 얼어 있다. 이 말에 아버지의 연민이 담겨 있다. 자신도 "눈과 얼음의 길을 걸어" 여기까지 왔다고 말한다. 가족들을 위해 생활에 몸을 굽히고 굴욕을 감내하는, 그러면서도 미소를 지을 수밖에 없는 아버지의 모습을 솔직하게 표현했다. 그러면서도 자신의 감정을 과장되게 드러내지 않았다. 자연이 시의 주제가 되는 것은 흔한 일이지만 가난이 시의 주제가 되는 것은 드문 일이다. 박목월은 가난을 인간적 훈기로 감싸 안으면서 연민의 어조를 통해 시인의 격조가 어떠해야 하는지를 보여주었다.

① 시인의 진심과 격조
② 자연의 시와 가난의 시
③ 가난이 주는 굴욕감
④ 연민과 평화의 정신

14 다음 글의 ㉠~㉣에 대한 한자 표기가 옳지 않은 것은?

일제 강점기 저항문학 작품의 수가 적고 저항의 ㉠ 강도가 그리 높지 않은 것은 일제의 사상 ㉡ 통제에 원인이 있다. 그래서 우리는 작품의 ㉢ 행간에 감추어져 있는 작가의 의식을 끌어내서 작가가 하고 싶었으나 제대로 표현하지 못한 내용의 ㉣ 단서를 찾아내는 작업을 해야 한다. 검열의 틈을 뚫고 자신의 진실을 드러내고자 애쓴 일제 강점기 문학인들의 고민과 고충을 이해하고 작품 속에 내재된 의미를 찾아서 정당하게 해석해야 할 의무가 우리에게 있다.

① ㉠ 강도 - 强道 ② ㉡ 통제 - 統制
③ ㉢ 행간 - 行間 ④ ㉣ 단서 - 端緖

15 다음 시의 밑줄 친 말과 가장 근접한 시어로 적절한 것은?

> 폭포는 곧은 절벽을 무서운 기색도 없이 떨어진다.
>
> 규정할 수 없는 물결이
> 무엇을 향하여 떨어진다는 의미도 없이
> 계절과 주야를 가리지 않고
> 고매한 정신처럼 쉴 사이 없이 떨어진다
>
> 금잔화도 인가도 보이지 않는 밤이 되면
> 폭포는 곧은 소리를 내며 떨어진다
>
> 곧은 소리는 소리이다
> 곧은 소리는 곧은
> 소리를 부른다
>
> 번개와 같이 떨어지는 물방울은
> 취할 순간조차 마음에 주지 않고
> **나타(懶惰)**와 안정을 뒤집어 놓은 듯이
> 높이도 폭도 없이
> 떨어진다
>
> - 김수영, <폭포>

① 고매한 정신
② 쉴 사이
③ 곧은 소리
④ 물방울

16 고사성어의 쓰임이 적절하지 않은 것은?

① 그는 전후 상황을 不問曲直하고 나를 보자마자 대뜸 멱살을 잡았다.
② 임꺽정이 이야기를 나도 많이 듣긴 들었네만 道聽塗說을 준신할 수 있나?
③ 날이 갈수록 예의를 모르는 후배들이 점점 많아져 後生可畏라는 말을 실감하게 된다.
④ 덕으로써 사람을 따르게 하지 않고 힘으로써 사람을 따르게 하면 자연히 面從腹背하는 자가 생기기 마련이다.

17 단어의 발음이 잘못 표기된 것은?

① 태권도 - [태꿘도]
② 홑이불 - [혼니불]
③ 홑옷 - [호돈]
④ 공권력 - [공꿜력]

18 지명을 로마자로 표기한 것이 옳은 것은?

① 가평군 - Gapyeong-goon
② 갈매봉 - Galmaibong
③ 마천령 - Macheollyeong
④ 백령도 - Baeknyeongdo

19 밑줄 친 한자어를 쉬운 표현으로 바꾼 것으로 적절하지 않은 것은?

① 목록에 게기된 서류를 붙인다.
→ 목록에 기재된 서류를 붙인다.
② 변경 사항을 주말하였다.
→ 변경 사항을 붉은 선으로 표시했다.
③ 일반 회계와 구분하여 계리하였다.
→ 일반 회계와 구분하여 회계처리하였다.
④ 재산 관리인을 개임하는 처분을 하다.
→ 재산 관리인을 교체 임명하는 처분을 하다.

20 다음 글에 대한 설명으로 옳지 않은 것은?

> 정월의 냇물은 아! 얼었다 녹았다 정다운데
> 누리 가운데 나고는 이 몸은 홀로 지내누나.
> 아으 동동다리
>
> 이월 보름에 아! 높이 켠 등불 같아라.
> 만인 비치실 모습이로다.
> 아으 동동다리
>
> 삼월 나면서 핀 아! 늦봄 진달래꽃이여
> 남이 부러워할 자태를 지니고 나셨도다.
> 아으 동동다리
>
> 사월 아니 잊고 아! 오셨네, 꾀꼬리여.
> 무슨 일로 녹사(錄事)님은 옛 나를 잊고 계신가.
> 아으 동동다리
>
> 오월 오일에 아! 수릿날 아침 약은
> 천 년을 길이 사실 약이라고 받치옵니다.
> 아으 동동다리
>
> 유월 보름에 아! 벼랑 가에 버린 빗 같아라.
> 돌보실 님을 잠시라도 쫓아가겠습니다.
> 아으 동동다리

① 궁중에서 연주된 가사로 국가의 번영을 찬양하는 내용이다.
② 월령체(月令體) 형식으로 각 달의 소재에 따라 다른 내용을 노래했다.
③ '동동(動動)'이라는 제목은 "아으 동동다리"라는 후렴구에서 따온 것이다.
④ 고려시대 구전되던 것을 조선시대에 한글로 기록했다.

21 다음 소설의 내용으로 볼 때 제목의 뜻을 가장 잘 설명한 것은?

> 그 후 그들은 자주 우리 집에 드나들었다. 그 중엔 보위부 군관도 있었는데 오빠에 대해 뭔가 눈치 채고 있는 것 같았다. 우리들하고 천연덕스럽게 고향 얘기나 처자식 얘기를 하다가도 갑자기 오빠를 노려보면서 딴사람같이 카랑카랑한 목소리로 동무 혹시 인민군대에서 도주하지 않았소? 한다든가 동무, 혹시 국방군에서 낙오한 게 아니오? 하면 간이 콩알만큼 오그라들었다. (중략) 마침내 보위군관이 작별하러 왔다. 그의 작별 방법은 특이했다.
> "내가 동무들같이 간사한 무리들한테 끝까지 속을 것 같소. 지금이라도 바른 대로 대시오. 이래도 바른 소리를 못하겠소?"
> 그가 허리에 찬 권총을 빼 오빠에게 겨누며 말했다.
> "안 된다. 안 돼. 이 노옴 너도 사람이냐? 이 노옴."
> 어머니가 외마디 소리를 지르며 그의 팔에 매달렸다. 그가 어머니를 획 뿌리쳤다.
> "이래도 이래도 바른 말을 안 할 테냐? 이래도."
> 총성이 울렸다. 다리였다. 오빠는 으, 으, 으, 으, 같은 소리밖에 못 냈다. 또 총성이 울렸다. 같은 말과 총성이 서너 번이나 되풀이됐다. 잔혹하게도 그 당장 목숨이 끊어지지 않게 하체만 겨냥하고 쐈댔다. 오빠는 유혈이 낭자한 가운데 기절해 꼬꾸라지고 어머니도 그가 뿌리쳐 나동그라진 자리에서 처절한 외마디 소리만 지르다가 까무라쳤다.
> "죽기 전에 바른말 할 기회를 주기 위해 당장 죽이진 않겠다."
> 그 후 군관은 다시 나타나지 않았다. 며칠 만에 세상은 또 바뀌었다. 오빠의 총상은 다 치명상이 아니었는데도 며칠 만에 운명했다. 출혈이 심한데다 적절한 치료를 받을 수가 없었기 때문이다.
>
> – 박완서, <엄마의 말뚝 2>

① 과거의 고통이 현재의 삶에 영향을 주고 있음을 의미한다.
② 엄마의 상처가 가슴에 깊은 뿌리를 내리고 있음을 의미한다.
③ 엄마의 의지가 뿌리 깊은 나무처럼 흔들리지 않음을 의미한다.
④ 오빠와 엄마가 같은 뿌리를 지니고 있음을 의미한다.

22 다음 글의 ( )에 들어갈 말로 적절하지 않은 것은?

> 이 시인은 사람들의 관심 밖에 놓여 있는 미미한 대상을 정밀하게 관찰하고 거기에 시적 의미를 부여함으로써 (①) 풍경을 서정적 수채화로 변형시킨다. 대상을 정확히 관찰한다는 점에서는 (②)인데, 서정의 윤기를 입힌다는 점에서 그는 분명 로맨티스트이다. 대상의 배면에서 전해오는 사물의 축축한 습기라든가 무정한 듯 펼쳐진 정경에서 배어나오는 생의 슬픔 같은 것을 즐겨 그려내는데, 생의 (③)에서 떠나 있는 듯한 그 애잔한 질감이 결국은 생의 문제와 결부되어 있음을 느끼게 하는 데 그의 특색이 있다. 그의 시집은 아련한 빛의 파문 속에 명멸하는 따스하면서도 (④) 생의 영상들을 쌓아놓았다.

① 평범한
② 모럴리스트
③ 현장
④ 서글픈

23 다음 중 밑줄 친 단어의 표준 발음이 옳은 것을 모두 고른 것은?

> ㉠ 창고[창꼬]에 처박혀 있던 고문서 더미를 발견했다.
> ㉡ 아무도 없이 혼자 산다고 이렇게 홀대[홀때]를 하면 안 되지.
> ㉢ 같은 약이라도 환자의 상태에 따라 치료 효과[효:꽈]가 다를 수 있다.
> ㉣ 책꽂이에는 교과서[교:꽈서] 외에도 소설책과 시집이 빽빽이 꽂혀 있었다.

① ㉠, ㉡
② ㉢, ㉣
③ ㉠, ㉢, ㉣
④ ㉡, ㉢, ㉣

24 다음 글을 논리적 순서에 맞게 나열한 것은?

> (가) 그 위계를 정하는 데 나이는 매우 결정적인 요인이 된다.
> (나) 그래서 우리는 사람들을 만나면 상대와 나의 위계를 자기도 모르게 측정하게 된다.
> (다) 그 위계를 따져서 말을 하지 않으면 상대를 기분 나쁘게 할 수도 있고 상대를 불편하게 만들 수도 있다.
> (라) 한국어에서 높임법을 결정하는 요인에는 앞서 언급한 나이 외에도 직업, 지위, 친밀감, 공식성 등이 있다.
> (마) 한국어로 말을 하려면 늘 상대와 나와의 위계부터 따져야 한다.

① (라) - (마) - (가) - (다) - (나)
② (라) - (다) - (가) - (마) - (나)
③ (마) - (다) - (나) - (가) - (라)
④ (마) - (나) - (다) - (가) - (라)

25 밑줄 친 부분의 맞춤법이 옳은 것은?

① 두 가지 의론이 맞서서 결론이 나지 않는다.
② 꽁꽁 묶인 손이 퍼래지더니 퉁퉁 부어올랐다.
③ 밥을 먹었다. 그리고는 물을 마셨다.
④ 그는 젊은 나이임에도 불구하고 이마와 눈가에 잘다랗게 주름이 잡혔다.

정답·해설 96p

01 밑줄 친 단어 중 어법에 맞지 않는 것은?

① 오늘 이것으로 치사를 갈음하고자 합니다.
② 내노라하는 재계의 인사들이 한곳에 모였다.
③ 예산을 대충 겉잡아서 말하지 말고 잘 뽑아 보시오.
④ 그가 무슨 잘못을 저질렀는지 나와 눈길을 부딪치기를 꺼려했다.

02 띄어쓰기 규정에 맞지 않는 것은?

① 모르는 척하고 넘어갈 만도 하다.
② 내가 몇 등일지 걱정이 가득했다.
③ 그 책을 다 읽는 데 삼 일이 걸렸다.
④ 그는 돕기는 커녕 방해할 생각만 한다.

03 밑줄 친 ㉠~㉢에 해당하는 한자로 적절하지 않은 것은?

> 목판이 오래되어 ㉠ 훼손되거나 분실된 경우에는 판목을 다시 만들어 보충하는 경우가 있다. 이것을 ㉡ 보판 혹은 보수판이라고 한다. 판목의 일부분에서 수정이 필요한 경우, 그 부분을 깎아 내고 대신 다른 나무판을 박아 글자를 새기는 경우가 있다. 이 나무판을 ㉢ 매목이라고 하고, 매목에 글자를 새로 새긴 것을 ㉣ 상감이라고 한다.

① ㉠: 毀損   ② ㉡: 保版
③ ㉢: 埋木   ④ ㉣: 象嵌

[04-05] 다음은 어떤 사전에 제시된 '고르다'의 내용이다.

> ■ 고르다[1] [고르다]. 골라[골라], 고르니[고르니].
> 「동사」【…에서 …을】여럿 중에서 가려내거나 뽑다.
>
> ■ 고르다[2] [고르다]. 골라[골라], 고르니[고르니].
> 「동사」【…을】
> 「1」울퉁불퉁한 것을 평평하게 하거나 들쭉날쭉한 것을 가지런하게 하다.
> 「2」붓이나 악기의 줄 따위가 제 기능을 발휘하도록 다듬거나 손질하다.
>
> ■ 고르다[3] [고르다]. 골라[골라], 고르니[고르니].
> 「형용사」
> 「1」여럿이 다 높낮이, 크기, 양 따위의 차이가 없이 한결같다.
> 「2」상태가 정상적으로 순조롭다.

04 위 사전에 대한 설명으로 가장 옳지 않은 것은?

① '고르다[1]', '고르다[2]', '고르다3'은 서로 동음이의어이다.
② '고르다[1]', '고르다[2]', '고르다[3]'은 모두 불규칙 활용을 한다.
③ '고르다[2]'와 '고르다[3]'은 다의어이지만 '고르다[1]'은 다의어가 아니다.
④ '고르다[1]', '고르다[2]', '고르다[3]'은 모두 현재 진행형으로 사용할 수 있다.

05 다음 밑줄 친 '고르다'가 위 사전의 '고르다[2]'의 「2」에 해당하는 것은?

① 울퉁불퉁한 곳을 흙으로 메워 판판하게 골라 놓았다.
② 요즘처럼 고른 날씨가 이어지면 여행을 가도 좋겠어.
③ 그는 이제 가쁘게 몰아쉬던 숨을 고르고 있다.
④ 이 문장의 서술어는 저 사전에서 골라 써.

06 아래의 문장이 들어가기에 가장 적절한 위치로 옳은 것은?

> 문학의 범위를 좁게 잡는 것은 나중에 나타난 새로운 관습 이다.

(가) 문학의 범위는 시대에 따라서 달라져왔다. 한문학에서 '문(文)'이라고 하던 것은 '시(詩)'와 함께 참으로 큰 비중을 차지하고 실용적인 글도 적지 않게 포함했다.

(나) 시대가 변하면서 '문'이라는 개념은 뒷전으로 밀려나고, 시·소설·희곡이 아닌 것 가운데는 수필이라고 이름을 구태여 따로 붙이는 글만 문학세계의 준회원 정도로 인정하기에 이르렀다.

(다) 근래에 와서 사람이 하는 활동을 세분하면서 무엇이든지 전문화할 때 문학 고유의 영역을 좁게 잡았다.

(라) 문학의 범위를 좁게 잡는 오늘날의 관점으로 과거의 문학을 재단하지 말고, 문학의 범위에 관한 오늘날의 통념을 반성해야 한다.

① (가)문단 뒤　　② (나)문단 뒤
③ (다)문단 뒤　　④ (라)문단 뒤

07 한글 맞춤법 규정에 맞는 문장으로 옳은 것은?

① 아무래도 나 자리 뺐겼나 봐요.
② 오늘 하룻동안 해야 할 일이 엄청나네.
③ 그런 일에 발목 잡혀 번번히 주저앉았지.
④ 저희 아이의 석차 백분율이 1%만 올라도 좋겠습니다.

08 아래 글의 (㉠)과 (㉡)에 들어갈 가장 적절한 접속어로 옳은 것은?

> 히포크라테스가 분류한 네 가지 기질이나 성격 유형에 대한 고대의 개념으로 성격에 대한 논의를 시작하는 것이 일반적인 방식이지만, 나는 여기에서 1884년 《포트나이트리 리뷰》에 실렸던 프랜시스 골턴 경의 논문 〈성격의 측정〉으로 이야기를 시작하겠다.
> 찰스 다윈의 사촌이었던 골턴은 초기 진화론자로서 진화가 인간에게도 영향을 끼쳤다고 주장한 사람이다. (㉠) 그의 관념은 빅토리아 시대적 편견을 가지고 있었고, (㉡) 그의 주장이 오늘날에는 설득력이 떨어진다. 그럼에도 불구하고 결국에는 자연 선택 이론이 인간을 설명하는 지배적인 학설이 될 것이라는 그의 직관은 옳았다.

	㉠	㉡
①	그래서	그리하여
②	그리고	그래서
③	그러나	따라서
④	그런데	그리고

09 밑줄 친 단어 중 외래어 표기법이 모두 맞는 문장으로 옳은 것은?

① 리모콘에 있는 버턴의 번호를 눌러주세요.
② 벤젠이나 시너, 알코올 등으로 닦지 마세요.
③ 전원 코드를 컨센트에 바르게 연결해 주세요.
④ 썬루프 안쪽은 수돗물을 적신 스폰지로 닦아 냅니다.

[10-11] 다음 글을 읽고 물음에 답하시오.

> 紅塵에 뭇친 분네 이 내 生涯 엇더ᄒ고
> 넷사ᄅᆞᆷ 風流를 미ᄎᆞᆯ가 못 미ᄎᆞᆯ가
> 天地間 男子 몸이 날만ᄒᆞᆫ 이 하건마ᄂᆞᆫ
> 山林에 뭇쳐 이셔 至樂을 ᄆᆞᄅᆞᆯ 것가
> 數間 茅屋을 碧溪水 앏픠두고
> 松竹 鬱鬱裏예 風月主人 되여셔라
> 엇그제 겨을 지나 새 봄이 도라오니
> 桃花杏花ᄂᆞᆫ 夕陽裏예 퓌여 잇고
> 綠楊芳草ᄂᆞᆫ 細雨 中에 프르도다
> 칼로 ᄆᆞᆯ아 낸가 붓으로 그려낸가
> 造化神功이 物物마다 헌ᄉᆞ롭다
> (가) 수풀에 우ᄂᆞᆫ 새는 春氣를 ᄆᆞᆺ내 계워 소ᄅᆡ마다 嬌態로다
> 物我一體어니 興이이 다ᄅᆞᆯ소냐
> 柴扉예 거러 보고 亭子애 안자 보니
> 逍遙吟詠ᄒᆞ야 山日이 寂寂ᄒᆞᆫ듸
> 閒中眞味를 알 니 업시 호재로다
> 이바 니웃드라 山水 구경 가쟈스라
>
> － 정극인, 〈상춘곡〉

10 이 글에 대한 설명으로 가장 적절한 것은?

① '홍진에 묻힌 분'과 묻고 대답하는 형식이다.
② '나'의 공간 이동에 따라 시상을 전개하고 있다.
③ '이웃'을 끌어들임으로써 봄의 아름다움을 객관화하고 있다.
④ 서사 - 본사 - 결사가 진행되는 가운데 여음을 삽입하여 흥을 돋운다.

11 (가)에 나타난 화자의 정서로 가장 적절한 것은?

① 화자와 산수자연 사이에 가로놓인 방해물에 대한 불만
② 산수자연 속의 모든 존재들과 합일하는 흥겨움의 마음
③ 산수자연의 즐거움을 혼자서만 누리는 것에 대한 안타까움
④ 산수자연에 제대로 몰입하지 못하는 자신의 처지에 대한 회한

12 밑줄 친 ㉠~㉣에 대한 설명으로 가장 적절하지 않은 것은?

> 잠자코 앉아 있노라면 한 큼직한 사람이 느릿느릿 돌계단을 밟고 올라와서는 탑을 지나 종루의 문을 열고 무거운 망치를 꺼내어 들었다. 그는 한참동안 멍하니 서서는 음향에 귀를 ㉠기울였다. 음향이 끝나자마자 그는 망치를 ㉡매어 들며 큰 종을 두들겼다. 그 소리는 산까지 울리며 떨리었다. 우리는 그 ㉢종루지기를 둘러싸고 모여 몇 번이나 치는지 헤아려 보았다. 그러면 열이 되고 그래서 우리는 오른손으로 다시 열까지 셀 수 있도록 곧 왼손의 ㉣엄지손가락을 굽혔다

① ㉠: '기울다'의 피동사이다.

② ㉡: '메어'로 표기되어야 한다.

③ ㉢: 접미사 '-지기'는 "그것을 지키는 사람"을 뜻한다.

④ ㉣: 가장 짧고 굵은 손가락으로 '무지(拇指)'라고도 한다.

13 다음 로마자 표기법 중 옳은 것은?

① 순대 sundai

② 광희문 Gwanghimun

③ 왕십리 Wangsibni

④ 정릉 Jeongneung

14 대괄호의 사용이 적절하지 않은 것은?

① 말소리[音聲]의 특징을 알아보자.

② 모두가 건물[에, 로, 까지] 달려갔다.

③ 이윽고 겨울이 오면 초록은 실색한다. [이상 전집3(1958), 235쪽 참조]

④ 난 그 이야기[합격 소식]를 듣고 미소 짓기 시작했다.

[15-17] 다음 글을 읽고 물음에 답하시오.

(가) (㉠)의 확산은 1930년에 접어들어 보다 빠른 속도로 경성의 거리를 획일적인 풍경으로 바꿔 놓았는데, 뉴욕이나 파리의 (㉠)은 경성에서도 거의 동시에 (㉠)했다. 이는 물론 영화를 비롯한 근대 과학기술의 덕택이었다.

(나) 하지만 뉴욕과 경성의 (㉠)이 모두 동일한 것은 아니었다. 뉴욕걸이나 할리우드 배우들이나 경성의 모던걸이 입은 패션은 동일해도, 그네들 주변의 풍경은 근대적인 빌딩 숲과 초가집만큼 차이가 났기 때문이다. 경성 모던걸의 (㉠)은 이 같은 근대와 전근대의 아이러니를 내포하고 있었다.

(다) (㉠)은 "일초 동안에 지구를 네박휘"를 돈다는 전파만큼이나 빨라서, 1931년에 이르면 뉴욕이나 할리우드에서 (㉠)하던 파자마라는 '침의패션'은 곧 바로 서울에서도 (㉠)했다. 서구에서 시작한 (㉠)이 일본을 거쳐 한국으로 전달되는 속도는 너무나 빨라 거의 동시적이었다.

(라) 폐쇄된 규방에만 있었던 조선의 여성이 신문과 라디오로, 세계의 동태를 듣게 되면서부터, 지구 한 모퉁이에서 일어나는 일이 그 지구에 매달려 사는 자기 자신에도 큰 파동을 끼치고 있다는 사실을 깨닫게 되었다. 규방 여성이 근대여성이 되기까지는 그리 오랜 시간이 필요하지 않았다. 신문이나 라디오 같은 미디어를 통해 속성 세계인이 될 수 있었기 때문이다. 동시에 미디어는 식민지 조선 여성에게 세계적인 불안도 함께 안겨주었다. 자본주의적 근대의 환상과 그 이면의 불안을 동시에 던져 주었던 것이다.

(마) 근대로 이행하는 데 필요한 절대적인 시간을 뛰어넘어 조선에 근대가 잠입해 올 수 있었던 것은 한편으로 미디어 덕분이었다. 미디어는 근대를 향한 이행을 식민지 조선에 요구했고, 단기간에 조선 사람들을 '속성 세계인'으로 변모시키는 역할을 했다.

15 문맥상 ㉠에 들어갈 단어로 가장 적절한 것은?

① 성행(盛行)　　② 편승(便乘)

③ 기승(氣勝)　　④ 유행(流行)

16 내용에 따른 (나)~(마)의 순서 배열로 가장 적절한 것은?

① (나) - (다) - (라) - (마)

② (나) - (라) - (다) - (마)

③ (다) - (나) - (마) - (라)

④ (마) - (다) - (라) - (나)

17 위 글을 이해한 내용으로 가장 적절하지 않은 것은?

① 모던걸의 패션은 뉴욕걸이나 할리우드 배우들과 동일했다.

② 신문이나 라디오는 조선 사람이 속성 세계인이 되도록 해 주었다.

③ 파자마 '침의패션'은 뉴욕과 할리우드보다 일본에서 먼저 시작되었다.

④ 식민지 조선 여성은 근대적 환상과 그 이면의 불안을 함께 안고 있었다.

18 다음 밑줄 친 합성어를 구성하는 성분이 모두 고유어인 것은?

① 비지땀을 흘리며 공부하는구나.

② 이분을 사랑채로 안내해 드려라.

③ 이렇게 큰 쌍동밤을 본 적 있어?

④ 아궁이에는 장작불이 활활 타올랐다.

[19-20] 다음 글을 읽고 물음에 답하시오.

정 씨 옆에 앉았던 노인이 두 사람의 행색과 무릎 위의 배낭을 눈여겨 살피더니 말을 걸어왔다.

"어디 일들 가슈?" / "아뇨, 고향에 갑니다." / "고향이 어딘데……." / "삼포라구 아십니까?" / "삼포에서요? 거 어디 공사 벌릴 데나 됩니까? 고작해야 ㉠ 고기잡이나 하구 ㉡ 감자나 매는데요." / "어허! 몇 년 만에 가는 거요?" / "십 년."

노인은 그렇겠다며 고개를 끄덕였다.

"말두 말우. 거긴 지금 육지야. 바다에 방둑을 쌓아 놓구, 트럭이 수십 대씩 돌을 실어 나른다구." / "뭣 땜에요?" / "낸들 아나. 뭐 관광 호텔을 여러 채 짓는담서, 복잡하기가 말할 수 없네." / "동네는 그대로 있을까요?" / "그대루가 뭐요. 맨 천지에 공사판 사람들에다 장까지 들어섰는걸." / "그럼 ㉢ 나룻배두 없어졌겠네요." / "바다 위로 ㉣ 신작로가 났는데, 나룻배는 뭐에 쓰오. 허허, 사람이 많아지니 변고지. 사람이 많아지면 하늘을 잊는 법이거든."

작정하고 벼르다가 찾아가는 고향이었으나, 정 씨에게는 풍문마저 낯설었다. 옆에서 잠자코 듣고 있던 영달이가 말했다.

"잘 됐군. 우리 거기서 공사판 일이나 잡읍시다."

그때에 기차가 도착했다. 정 씨는 발걸음이 내키질 않았다. 그는 마음의 정처를 방금 잃어버렸던 때문이었다. 어느 결에 정 씨는 영달이와 똑같은 입장이 되어 버렸다.

기차는 눈발이 날리는 어두운 들판을 향해서 달려갔다.

— 황석영, <삼포 가는 길>

19 문맥적 성격이 다른 하나는?

① ㉠　　　　　② ㉡

③ ㉢　　　　　④ ㉣

20 이 글의 주제를 표현한 시구로 가장 적절한 것은?

① 빼앗긴 들에도 봄은 오는가.

② 죽어도 아니 눈물 흘리우리다.

③ 내가 사랑했던 자리마다 모두 폐허다.

④ 님은 갔지마는 나는 님을 보내지 아니하였습니다.

21 다음 시의 주된 정조를 가장 잘 나타내는 것은?

> 神策究天文 妙算窮地理
> 戰勝功既高 知足願云止
>
> — 乙支文德, 與隋將于仲文 —

① 悠悠自適　　　　② 戀戀不忘

③ 得意滿面　　　　④ 山紫水明

22 다음 예문의 밑줄 친 ㉠에 들어갈 말로 가장 적절한 것은?

> 시집갈 때 혼수를 간소하게 하라는 간절한 요청은 ㉠ 부잣집과 사돈을 맺는 데 따르는 부담감을 일시에 벗겨주었다.
>
> — 박완서, <아주 오래된 농담>

① 불감청이언정 고소원이어서

② 배보다 배꼽이 더 크다고

③ 미운 자식 떡 하나 더 준다고

④ 똥 묻은 개가 겨 묻은 개를 나무라는 격이라

23 다음 시에 대한 설명으로 가장 옳은 것은?

> 차운 산 바위 위에
> 하늘은 멀어
> 산새가 구슬피
> 울음 운다
>
> 구름 흘러가는
> 물길은 칠백 리
>
> 나그네 긴 소매
> 꽃잎에 젖어
> 술 익는 강마을의
> 저녁노을이여
>
> 이 밤 자면 저 마을에
> 꽃은 지리라
>
> 다정하고 한 많음도
> 병인 양하여
> 달빛 아래 고요히
> 흔들리며 가노니……
>
> — 조지훈, <완화삼>

① '구름, 물길'은 정처 없이 유랑하는 내적 현실을 암시 한다.
② '강마을'은 방황하던 서정적 자아가 정착하고자 하는 공 간이다.
③ '나그네'는 고향을 떠남으로써 현실의 질곡을 벗어나려 는 의지를 상징한다.
④ '한 많음'은 민중적 삶 속에 구현된 전통적 미학에 맞닿 아 있는 정서를 대변한다.

24 다음 한자어의 발음 중 표준 발음으로 옳지 않은 것은?

① 마천루(摩天樓) - [마천누]
② 공권력(公權力) - [공꿘녁]
③ 생산력(生産力) - [생산녁]
④ 결단력(決斷力) - [결딴녁]

25 다음 글의 중심 내용으로 가장 옳은 것은?

> 이제 우리는 세계의 변방이 아니다. 세계화는 점점 더, 과거와는 분명 다르게 우리가 주목과 관심의 대상이 되는 방향으로 진행되고 있다. 이제 한국은 더 이상 '작은 나라' 라고만 생각하지 않게 되었다. 한국인의 예술성을 세계에 서 인정하고 있는 지금 이 시기에 가장 중요한 것은 무엇 일까? 그 무엇보다 시급한 것이 바로 '전략'이다. 지금이 야말로 세계 시장에 우리의 예술을 알릴 수 있는 기회가 왔고, 우리만의 전략이 필요한 시기가 왔다. 한국인의 끼 는 각별하다. 신바람, 신명풀이가 문화유전자로 등록되어 있는 민족이다. 게다가 신이 나면 어깨춤 덩실덩실 추던 그 어깨 너머로 쓱 보고도 뚝딱 뭔가 만들어낼 줄 아는 재 주와 감각도 있고, 문화선진국의 전문가들도 감탄하는 섬 세한 재능과 디테일한 예술적 취향도 있다. 문화예술의 시대를 맞은 오늘날, 우리가 먹거리로 삼을 수 있고 상품 화할 수 있는 바탕들이 다 갖추어진 유전자들이다. 선진 이 선진이고 후진이 후진이면 역사는 바뀌지 않는다. 선 진이 후진 되고 후진이 선진 될 때 시대가 바뀌고 새로운 역사가 시작되는 법이다. 우리 앞에 그런 전환점이 놓여 있다.

① 주어진 현실에 안주하는 실리감각
② 다가오는 미래에 대한 희망찬 포부
③ 냉엄한 국제질서에 따른 각박한 삶
④ 사라져 가는 미풍양속에 대한 아쉬움

정답·해설 105p

01 좋은 글을 선택하는 기준으로 가장 적절하지 않은 것은?

① 독자
② 맥락
③ 필자
④ 글의 내용

02 다음 글의 ㉠~㉣ 중 문맥상 적절하지 않은 말은?

공주·부여와 익산 일대의 백제역사유적지구가 세계 유산으로 등재되면서 이를 체계적으로 ㉠ 보존 활용하기 위해서는 국비 지원이 절실하다는 여론이 탄력을 얻고 있다.

충청남도가 백제역사유적지구의 세계 유산 등재 1개월을 맞아 공주·부여 유적지를 ㉡ 탐사한 관람객을 조사해 보니 지난 해 같은 기간보다 2배 가까이 급증한 것으로 나타났다. 백제 역사 문화의 우수성이 전 세계에 확인된 것을 계기로 관람객들이 증가하면서, 백제역사유적지구가 세계적인 관광 명소로 거듭나기 위한 보존 관리의 필요성이 요구되고 있는 것이다.

이와 함께 유네스코 세계유산위원회 자문 기구인 이코모스가 충청남도에 대해 백제역사유적지구의 체계적인 관리 방안을 권고한 것도 주목할 일이다. 이코모스는 지구의 ㉢ 개별 관광 관리 계획 및 유산별 방문객 관리 계획 수립·시행, 등재 유적 보호를 위한 지구 내 사유 토지 공공 관리, 송산리·능산리 고분벽화 모니터링 주기를 5년에서 3년으로 단축할 것 등을 권고 했다.

중앙 정부와 국회는 충청남도가 백제역사유적지구 보존·관리를 위한 국비 확보에 총력을 ㉣ 경주하는 것을 지역이기주의적인 시각으로 보아서는 안 된다. 백제역사유적지구가 세계 유산으로 등재된 것은 비단 특정 지역만이 아닌 국가적인 쾌거다. 이를 잘 보존·관리하며 세계적인 관광지로 가꾸는 일은 국가 차원의 목표가 되어야 한다.

① ㉠, ㉡
② ㉡, ㉢
③ ㉡, ㉣
④ ㉢, ㉣

03 속담의 뜻을 잘못 풀이한 것은?

① 남의 말이라면 쌍지팡이 짚고 나선다.
→ 남의 허물에 대해서 시비하기를 좋아한다.
② 말 안 하면 귀신도 모른다.
→ 마음속으로만 애태울 것이 아니라 시원스럽게 말을 하여야 한다.
③ 말 같지 않은 말은 귀가 없다.
→ 이치에 맞지 않은 말은 널리 퍼진다.
④ 남의 말도 석 달
→ 소문은 시일이 지나면 흐지부지 없어지고 만다.

04 다음 글에서 ㉠, ㉡에 알맞은 단어를 순서대로 나열한 것은?

인도의 오랜 고전 『우파니샤드』에는 이런 말이 전해지고 있다.

말이 없다면 옳은 것도 틀린 것도 알 수 없으며 참과 거짓, 유쾌한 것과 불쾌한 것을 알 수 없다. 말은 이 모든 것을 우리에게 알려준다. 말에 대해 (㉠)하라.

진실로 언어가 없다면 세계가 없고 따라서 인생이 없는 것이다. 언어에 대한 이렇듯 오래고도 깊은 사념은 인간의 문화에 대한 모든 비평 속에서 계속하여 심각하게 다루어져 왔다. 인류 문화와 사고의 역사는 결국 언어에 대한 문제를 싸고돌면서 전개된 것에 불과하다. 언어의 내면적인 (㉡)이 깊이를 더할 때 많은 학구적 업적이 시대를 따라 변천하여 왔던 것이다.

	㉠	㉡
①	默想	考察
②	墨床	古刹
③	默想	古刹
④	墨床	考察

05 다음 중 '잇몸소리'이면서 '파열음'인 것은?

① ㄴ
② ㄷ
③ ㅅ
④ ㅈ

[06-08] 다음 글을 읽고 물음에 답하시오.

> 내 마음은 한 폭의 기(旗)
> ㉠ 보는 이 없는 시공(時空)에
> 없는 것 모양 걸려 왔더니라.
>
> 스스로의
> ㉡ 혼란과 열기를 이기지 못해
> 눈 오는 네거리에 나서면
>
> 눈길 위에
> ㉢ 연기처럼 덮여 오는 편안한 그늘이여.
> 마음의 기(旗)는
> 눈의 음악이나 듣고 있는가.
>
> 나에게 원이 있다면
> 뉘우침 없는 일몰(日沒)이
> 고요히 꽃잎인 양 쌓여가는
> 그 일이란다.
>
> ㉣ 황제의 항서(降書)와도 같은 무거운 비애(悲哀)가
> 맑게 가라앉은
> 하얀 모랫벌 같은 마음씨의
> 벗은 없을까.
>
> 내 마음은
> 한 폭의 기(旗)
>
> ㉤ 보는 이 없는 시공(時空)에서
> 때로 울고
> 때로 기도드린다.

06 위의 시에서 '기(旗)'가 표상하는 바와 가장 거리가 먼 것은?

① 순수한 삶　　② 절제된 사랑
③ 기도하는 마음　　④ 시적 자아의 희원

07 ㉠에 나타난 시적 자아의 자세로 가장 적절한 것은?

① 자성　　② 자책
③ 체념　　④ 회한

08 ㉡~㉤ 중 시적 자아의 흔들리는 내면을 표출한 것은?

① ㉡　　② ㉢
③ ㉣　　④ ㉤

09 다음 글에서 ㉠, ㉡에 들어갈 알맞은 말은?

> 일의 시간은 오늘날 시간 전체를 잠식해 버렸다. 우리는 휴가 때뿐만 아니라 잠잘 때에도 일의 시간을 데리고 간다. 지쳐 버린 성과 주체는 마비되는 것처럼 그렇게 잠이 든다. 긴장의 이완 역시 노동력의 재충전에 기여한다는 점에서 일의 한 양태에 지나지 않는다. 이른바 [㉠]도, 다른 시간을 만들어내지도 못한다. 그것 역시 가속화된 일의 시간이 낳은 결과일 뿐이다. 일반적으로 받아들여지고 있는 견해와는 달리, [㉡]는 오늘날 당면한 시간의 위기, 시간의 질병을 극복할 수 없다. 오늘날 필요한 것은 다른 시간, 일의 시간이 아닌 새로운 시간을 생성하는 시간 혁명이다.

	㉠	㉡
①	빠르게 살기	빠르게 살기
②	느리게 살기	느리게 살기
③	빠르게 살기	느리게 살기
④	느리게 살기	빠르게 살기

10 제시된 단어들의 발음이 적절하게 연결된 것은?

㉠ 짧네요	㉡ 맑거나	㉢ 떫지

	㉠	㉡	㉢
①	[짤레요]	[막꺼나]	[떱:찌]
②	[짤레요]	[말꺼나]	[떨:찌]
③	[짭네요]	[막꺼나]	[떨:찌]
④	[짭네요]	[말꺼나]	[떱:찌]

11 다음은 어순 병렬의 원리에 대한 설명이다. 이와 가장 부합하지 않는 어순을 보이는 것은?

> 국어에는 언어 표현이 병렬될 때 일정한 규칙이 반영된다. 시간 용어가 병렬될 때 일반적으로는 자연시간의 순서를 따르거나 화자가 말하는 때를 기준으로 가까운 쪽이 앞서고 멀어질수록 뒤로 간다. 공간 관련 용어들은 일반적으로 위쪽이나 앞쪽 그리고 왼쪽과 관련된 용어가 앞서고 아래쪽이나 뒤쪽 그리고 오른쪽과 관련된 용어들이 나중에 온다.

① 꽃이 피고 지고 한다.
② 수입과 지출을 맞추어 보다.
③ 머리끝부터 발끝까지 달라졌다.
④ 문 닫고 들어와라.

12 문장의 확장 방식이 다른 것은?

① 담배를 피우는 사람이 점점 줄어들고 있다.
② 철수가 말도 없이 가버렸다.
③ 나는 그가 귀국했다고 들었다.
④ 봄이 오면 꽃이 핀다.

13 밑줄 친 ㉠, ㉡, ㉢을 한자로 바르게 바꾼 것은?

> 문인(文人)들이 흔히 대단할 것도 없는 신변잡사(身邊雜事)를 즐겨 쓰는 이유가 무엇인가. 인생의 편모(片貌)와 생활의 정회(情懷)를 새삼 느꼈기 때문이다. 속악(俗惡)한 시정잡사(市井雜事)도 때로는 꺼리지 않고 쓰려는 것은 무슨 까닭인가. 인생의 모순과 사회의 ㉠ 부조리를 여기서 뼈아프게 느꼈기 때문이다.
> 자연은 자연 그대로의 자연이 아니오. 내 프리즘으로 통하여 재생된 자연인 까닭에 새롭고, 자신은 주관적인 자신이 아니요 ㉡ 응시해서 얻은 객관적인 자신일 때 하나의 인간상으로 떠오르는 것이다. 감정은 ㉢ 여과된 감정이라야 아름답고, 사색은 발효된 사색이라야 정이 서리나니, 여기서 비로소 사소하고 잡다한 모든 것이 모두 다 글이 되는 것이다.

	㉠	㉡	㉢
①	不條理	凝視	濾過
②	不條理	鷹視	勵果
③	否條理	凝視	勵果
④	否條理	鷹視	濾過

14 다음 중 단어의 의미 변화를 잘못 나타낸 것은?

① 겨레: [종족] → [민족]
② 놈: [평칭] → [비칭]
③ 얼굴: [안면] → [형체]
④ 끼: [시간] → [식사]

15 다음 중 인성적 설득 전략에 해당하는 것은?

① 청자의 어떤 감정에 호소할 것인가?
② 신뢰성을 높이기 위해 어떤 태도로 말할 것인가?
③ 주장이 분명하고 근거가 이를 논리적으로 뒷받침하는가?
④ 구체적 사례, 객관적 통계 자료, 전문가의 의견 등을 어떻게 근거로 활용할 것인가?

16 맥락을 고려할 때, ㉠~㉣에 들어갈 말로 가장 적절하게 묶인 것은?

> 영화를 보면 어떤 물체를 3차원 입체 스캐너에 집어넣고 레이저를 이용해서 쓰윽 스캔을 한 뒤 기계가 왔다 갔다 왕복운동을 하면, 무에서 유를 창조하듯 스캐닝 했던 물체와 똑같은 물체가 만들어지는 (㉠)이 나온다. 공상 과학 영화에서나 나오는 이런 허구 같은 상황, 그것이 실제로 일어났다. 물체를 3차원 스캔하거나 3D 모델링 프로그램으로 설계해서 입체 모형으로 만들어내는 이 마법 같은 기계인 3D 프린터가 어느새 우리 생활 속으로 들어왔다.
> 3D 프린터가 가장 많이 사용되는 곳은 (㉡) 생산이다. 그간 제품을 개발할 때에는 금형을 만들어서 샘플을 찍어내거나 수작업으로 모형을 만들어냈고, 이후에 수정하거나 설계를 변경하게 되면 엄청난 시간과 비용이 소요되었다. 그러나 3D 프린터로 샘플을 만들어 문제점과 개선점을 확인한 후에 금형을 만들고 제품을 생산하면, 비용 절감은 물론 개발 기간 단축에도 큰 도움이 된다.
> 3D 프린터는 (㉢)으로도 유용하게 사용되고 있다. 인체에 무해한 종류의 금속이나 플라스틱 수지 또는 인공뼈 소재를 이용해서 유실된 뼈 부분을 대신하는 용도로 사용되고 있으며, 아주 복잡하고 위험한 수술 전에 실제와 거의 동일한 인체 구조물로 미리 연습을 하도록 돕기도 한다. 또한 큰 사고로 얼굴의 일부가 크게 손상되거나 유실된 환자를 위해 정교하게 제작된 일종의 부분 가면을 만드는 것도 가능하다.
> 아직은 3D 프린터가 일반 가정이나 우리의 실생활에 깊게 들어왔다고 보기에는 다소 이르지만 (㉣) 우리 생활에 정말로 녹아든 시대가 올 것이다. 그러나 한국의 3D 프린터 산업은 여전히 걸음마 단계이다. 정부와 대기업의 관심도 아직 미진하여 교육기관의 3D 프린터 도입은 전혀 준비되지 않았다. 더 늦기 전에 우리도 처음 큰 한걸음을 내딛어 경쟁력을 갖춰 나가야 한다.

	㉠	㉡	㉢	㉣
①	상황	완제품	산업용	언젠가
②	상황	시제품	산업용	조만간
③	장면	완제품	의료용	언젠가
④	장면	시제품	의료용	조만간

17 밑줄 친 ㉠의 예에 해당하는 것은?

> 합성어의 유형을 통사적 합성어와 비통사적 합성어로 분류하기도 한다. 이것은 합성어의 형성 절차가 국어의 일반적인 단어 배열법을 따르고 있는지 아니면 그렇지 않은지에 따라 나눈 것이다. 통사적 합성어에는 '명사+명사'의 구성을 취하거나 '용언의 관형사형+명사'나 ㉠ '용언의 연결형+용언 어간'의 구성을 취하는 것이 포함된다. 비통사적 합성어는 국어의 일반적인 단어 배열법과 달리 어간이 어미 없이 바로 명사나 다른 용언 어간에 연결되는 경우가 해당된다.

① 들어가다   ② 부슬비
③ 불고기   ④ 높푸르다

18 주제 통합적 읽기의 절차와 방법을 순서대로 제시한 것은?

① 다양한 글과 자료의 선정 → 자신의 관점 재구성 → 선정한 글과 자료의 관점 정리 → 관심 있는 화제, 주제, 쟁점 확인 → 관점의 비교, 대조와 평가

② 관점의 비교, 대조와 평가 → 자신의 관점 재구성 → 다양한 글과 자료의 선정 → 관심 있는 화제, 주제, 쟁점 확인 → 선정한 글과 자료의 관점 정리

③ 선정한 글과 자료의 관점 정리 → 관점의 비교, 대조와 평가 → 다양한 글과 자료의 선정 → 자신의 관점 재구성 → 관심 있는 화제, 주제, 쟁점 확인

④ 관심 있는 화제, 주제, 쟁점 확인 → 다양한 글과 자료의 선정 → 선정한 글과 자료의 관점 정리 → 관점의 비교, 대조와 평가 → 자신의 관점 재구성

19 밑줄 친 단어 중 외래어 표기법에 어긋나는 것은?

① 나는 그 팀의 우승을 축하하는 리셉션(reception)에 참석할 거야.
② 저 타우어(tower)는 우리나라에서 가장 높은 거야.
③ 이 광고의 콘셉트(concept)는 뭐니?
④ 그는 회사에서 프레젠테이션(presentation)을 가장 잘해.

20 다음 글에서 두드러지게 사용된 표현 방식과 거리가 먼 것은?

> 남원(南原)에 양생(梁生)이란 사람이 있었다. 어린 나이에 부모를 여의고 만복사(萬福寺) 동쪽에서 혼자 살았다. 방 밖에는 배나무 한 그루가 있었는데, 바야흐로 봄을 맞아 배꽃이 흐드러지게 핀 것이 마치 옥나무에 은이 매달린 듯하였다. 양생은 달이 뜬 밤이면 배나무 아래를 서성이며 낭랑한 목소리로 이런 시를 읊조렸다.
>
> 쓸쓸히 한 그루 나무의 배꽃을 짝해
> 달 밝은 이 밤 그냥 보내다니 가련도 하지.
> 청춘에 홀로 외로이 창가에 누었는데
> 어디서 들려오나 고운 님 피리 소리
>
> 외로운 비취새 짝없이 날고
> 짝 잃은 원앙새 맑은 강에 몸을 씻네.
> 내 인연 어딨을까 바둑알로 맞춰 보고
> 등불로 점을 치다 시름겨워 창에 기대네
>
>   - 김시습, <만복사저포기>에서

① 대상에 빗대어 인물의 처지를 드러내고 있다.
② 계절의 배경과 인물의 정서가 밀접하게 관련되어 있다.
③ 인물이 처한 상황과 정조는 이별에서 비롯된 것이다.
④ 우연과 같은 운명에 기대어 살아가는 인물의 태도가 나타나 있다.

21 다음 풀이한 말에 해당하는 표제어로 가장 적절한 것은?

> 『천문』 가스 상태의 빛나는 긴 꼬리를 끌고 태양을 초점으로 긴 타원이나 포물선에 가까운 궤도를 그리며 운행하는 천체. 핵, 코마, 꼬리 부분으로 이루어져 있다.

① 별똥별   ② 떠돌이별
③ 샛별   ④ 살별

철학자 쇼펜하우어는 세상의 모든 책을 별에 비유하여 세 가지로 구분했다. 언제나 그 자리를 지키며 다른 별들의 중심이 되어 주는 ⊙ 항성 같은 책이 있는가 하면, 항성 주위의 궤도를 규칙적으로 도는 ⓒ 행성 같은 책이나 잠시 반짝 나타났다가 금방 사라져 버리는 ⓒ 유성 같은 책도 있다는 것이다. 항성과 행성은 언제나 밤하늘을 지키지만, 유성은 휙 소리를 내며 은하계의 어느 한 구석으로 자취를 감추어 버린다. ⓔ 북극성이 길 잃은 사람에게 방향을 제시하듯 항성과 같은 책은 삶의 영원한 길잡이가 되지만, 반짝하고 나타나는 유성은 한순간의 즐거움만 제공하고 허무하게 사라진다.

우리 주변에는 유성 같은 책들이 지천으로 굴러다니고 있지만, 항성 같은 책은 점차 자취를 감추고 있다. 좋은 책은 세상살이의 일반성에 관한 이해를 넓혀 주는 동시에 개인적 삶의 특수성까지도 풍부하게 해 준다. 그런 이해와 해석이 아예 없거나 미약한, 고만고만한 수준의 책들만 거듭 읽다 보면 잡다한 상식은 늘어날지 몰라도 이 세상과 자기 자신에 대한 깊이 있는 파악은 멀어지고 만다. 그렇고 그런 수준의 유성 같은 책은 아무리 많이 읽어도 삶의 깊이와 두께는 늘 제자리걸음이다. 세상과 인생의 문제를 상투적인 시선으로 바라보고 뻔한 해결책을 제시하는 그렇고 그런 책들은 옆으로 치워 놓고, 변화하는 세상과 그 속에 숨은 삶의 본질을 꿰뚫어 보는 좋은 책들을 찾아내야 한다.

22 ⊙~ⓔ의 한자어가 적절하지 않은 것은?

① ⊙ 兀星
② ⓒ 行星
③ ⓒ 流星
④ ⓔ 北極星

23 윗글에 대한 설명으로 가장 적절하지 않은 것은?

① 북극성은 항성에 포함된다.
② 쇼펜하우어는 모든 책을 항성, 행성, 유성으로 비유하였다.
③ 항성 같은 책은 개인적 삶의 특수성을 풍부하게 해석해 준다.
④ 유성 같은 책은 많이 읽어야 삶의 본질을 꿰뚫어 볼 수 있다.

24 다음 [⊙], [ⓒ]에 들어갈 말이 바르게 연결된 것은?

A: 어젯밤에 공부하[⊙] 늦게 잤다.
B: 사흘 밤낮을 하[ⓒ] 했는데 이 모양이다.

	⊙	ⓒ
①	-노라고	-노라고
②	-느라고	-느라고
③	-느라고	-노라고
④	-노라고	-느라고

25 다음은 소설 작품에 나오는 대포소리의 변화와 관련된 서술 이다. 작중 화자와 대포소리의 거리를 가까운 순서대로 정리한 것은?

(가) ―(생략)― 쿵! 하고 남쪽 멀리서 은은한 대포소리가 들려 왔다.
(나) ―(생략)― 쿵! 하고 또 다시 포소리가 들려왔다. 다가왔다 멀어졌다 그리고 또 다시 되돌아오는 소리.
(다) ―(생략)― 또 한번 쿵 하는 포소리. 저 포소리만 없었어도 고 노인은 현을 불러내는 데 다시 한번 애를 썼을지도 모른다. 그러나 다가오는 저 소리. 삶과 죽음! 그 어느 하나의 선택을 재촉하는 소리.
(라) 현은 흐려져 가는 의식 속에서 자기를 부르는 하나의 소리를 들었다. 쿵! 하고 들려오는 포소리보다 가까운 하나의 울부짖음.

① (가) - (나) - (다) - (라)
② (라) - (다) - (나) - (가)
③ (다) - (나) - (가) - (라)
④ (나) - (다) - (가) - (라)

정답·해설 113p

01 홑문장에 해당하는 것은?

① 어제 빨간 모자를 샀다.
② 봄이 오니 꽃이 피었다.
③ 남긴 만큼 버려지고, 버린 만큼 오염된다.
④ 우리 집 앞마당에 드디어 장미꽃이 피었다.

02 다음 중 가장 적절한 문장은?

① 인생을 살다 보면 남을 도와주기도 하고 도움을 받기도 한다.
② 형은 조문객들과 잠시 환담을 나눈 후 다시 상주 자리로 돌아왔다.
③ 가벼운 물건이라도 높은 위치에서 던지면 인명 사고나 차량 파손을 일으킬 수 있다.
④ 증인이 보는 앞에서 병기에게 친히 불리어서 가까이 가는 것만 해도 여간한 우대였다.

03 국어 순화가 옳지 않은 것은?

① 핸드레일(handrail) → 안전손잡이
② 스크린 도어(screen door) → 차단문
③ 프로필(profile) → 인물 소개, 약력
④ 팝업창(pop-up 窓) → 알림창

04 밑줄 친 부분의 비유 방식이 다른 것은?

> 비유(比喩/譬喩):「명사」어떤 현상이나 사물을 직접 설명하지 아니하고 다른 비슷한 현상이나 사물에 빗대어서 설명하는 일.

① 요즘은 회사의 경영진에 합류하는 블루칼라가 많아지고 있다.
② 암 진단 결과를 받아들자, 그의 마음은 산산조각이 났다.
③ 내부의 유리 천장은 없으며 여성들의 상위적 진출이 확대될 것이라고 전망했다.
④ 사업이 실패한 후 그는 사회의 가장 밑바닥으로 떨어졌다.

05 다음 글을 요약한 것으로 가장 적절한 것은?

> 요즘 들어 사람들은 건강에 대한 많은 관심을 보이고 있다. 특히 운동을 통한 건강 유지에 대한 관심이 각별하다고 할 수 있다. 부지런히 뛰고 땀을 흠뻑 흘린 뒤에 느끼는 개운함을 좋아한다. 그렇지만 무조건 신체를 움직인다고 해서 다 운동이 되는 것은 아니다. 무리하게 움직이면 오히려 역효과를 가져온다. 그러므로 운동의 강도를 결정할 때는 자신의 신체 조건을 우선적으로 고려해야 한다. 자신의 체력에 비추어 신체 기능을 충분히 자극할 수는 있어야 하지만 부담이 지나치지 않게 해야 한다. 운동의 시간과 빈도는 개인의 생활양식에 의해 많은 영향을 받게 되지만, 일반적으로는 일주일에 한 번씩 오랜 운동 시간을 하는 것보다는 운동 시간이 짧더라도 빈도를 높여서 규칙적으로 움직이는 것이 운동의 효과를 높이는 데 효과적이다. 가장 바람직한 것은 매일 일정량의 운동을 실천하여 운동을 하나의 생활 습관으로 정착시키는 것이다.

① 운동의 효과는 운동의 빈도를 높일수록 좋다고 할 수 있으므로 가급적 쉬지 말고 부지런히 운동을 하는 것이 좋다.
② 운동의 효과를 높이기 위해서는 무리한 운동보다는 신체에 적절한 자극이 가해지는 운동을 생활 습관으로 정착시켜야 한다.
③ 신체를 무조건 움직인다고 해서 운동이 되는 것이 아니므로 자신의 신체 조건을 우선적으로 고려하여 운동의 강도를 결정한다.
④ 매일 일정량의 운동을 통해 운동을 생활 습관으로 정착시키기 위해서는 운동의 긍정적인 측면과 부정적인 측면을 모두 고려해야 한다.

06 국어 로마자 표기법 규정에 어긋난 것은?

① 종로 2가 Jongno 2(i)-ga
② 신라 Silla
③ 속리산 Songnisan
④ 금강 Keumgang

07 사동사와 피동사를 만드는 형태와 방식이 다른 것은?

> • 사동사(使動詞): 『언어』 문장의 주체가 자기 스스로 행하지 않고 남에게 그 행동이나 동작을 하게 함을 나타내는 동사
> • 피동사(被動詞): 『언어』 남의 행동을 입어서 행하여지는 동작을 나타내는 동사

① 보다 　　　　　　② 잡다
③ 밀다 　　　　　　④ 안다

08 ㉠의 처지와 관련된 속담으로 가장 적절한 것은?

> "뉘 어른 계서유?"
> 몸을 돌리어 바느질거리를 다시 들려 할 제 이번에는 짜장 인끼가 난다. 황급하게 "누구유?"하고 일어서며 문을 열어보았다.
> "왜 그리유?"
> "저어, 하룻밤만 드새고 가게 해주세요."
> 남정네도 아닌데 이 밤중에 웬일인가, 맨발에 짚신짝으로. 그야 아무렇든,
> "어서 들어와 불 쬐게유."
> ㉠ 나그네는 주춤주춤 방 안으로 들어와서 화로 곁에 도사려 앉는다. 낡은 치맛자락 위로 비어지려는 속살을 아무리자 허리를 지그시 튼다. 그리고는 묵묵하다. 주인은 물끄러미 보고 있다가 밥을 좀 주려느냐고 물어보아도 잠자코 있다.
> 그러나 먹던 대궁을 주워모아 짠지쪽하고 갖다주니 감지덕지 받는다. 그리고 물 한 모금 마심 없이 잠깐 동안에 밥그릇의 밑바닥을 긁는다.
> 밥숟가락을 놓기가 무섭게 주인은 이야기를 붙이기 시작하였다. 미주알고주알 물어보니 이야기는 지수가 없다. 자기로도 너무 지쳐 물은 듯싶은 만치 대구 추근거렸다. 나그네는 싫단 기색도 좋단 기색도 별로 없이 시나브로 대꾸하였다. 남편 없고 몸 붙일 곳 없다는 것을 간단히 말하고 난 뒤,
> "이리저리 얻어먹고 단게유" 하고 턱을 가슴에 묻는다.

① 패랭이에 숟가락 꽂고 산다.
② 태산 명동에 서일필이라.
③ 터진 방앗공이에 보리알 끼듯 하였다.
④ 보리누름까지 세배한다.

09 밑줄 친 단어의 품사가 다른 것은?

① 집에 들어가 보니 동생이 <u>혼자</u> 밥을 먹고 있었다.
② <u>정녕</u> 가시겠다면 고이 보내 드리리다.
③ 나는 과일 중에 사과를 <u>제일</u> 좋아한다.
④ <u>둘째</u> 며느리 삼아 보아야 맏며느리 착한 줄 안다.

10 밑줄 친 부분의 한자어로 적절하지 않은 것은?

> 코로나가 갖고 온 변화는 ㉠ 침체된 것처럼 보이는 삶-㉡ 위축된 경제와 단절된 관계와 불투명한 미래까지-에서부터 일상의 작은 규칙들, 마스크를 쓰고 손을 씻고 사회적 거리두기를 하는 것 등 삶의 전반에 크고 작은 영향을 끼쳤다. 그것이 우리 눈앞에 펼쳐진 코로나 이후의 맞닥뜨린 냉혹한 현실이지만 반대급부도 분명 존재한다. 가만히 들여다 보면 차가운 현실의 이면에는 분명 또 다른 내용의 속지가 숨겨져 있다. 코로나로 인해 '국가의 감염병 예방 시스템이 새롭게 정비되고 ㉢ 방역 의료 체계가 발전하고 환경오염이 줄고'와 같은 거창한 것은 ㉣ 차치하고라도 당장, 홀로 있음의 경험을 통해서 내 자신의 마음 들여다보기가 가능해졌다.

① ㉠ 沈滯 　　　　　② ㉡ 萎縮
③ ㉢ 紡疫 　　　　　④ ㉣ 且置

11 띄어쓰기가 옳지 않은 것은?

① 그녀는 사업차 외국에 나갔다.
② 들고 갈 수 있을 만큼만 담아라.
③ 그는 세 번만에 시험에 합격했다.
④ 쌀, 보리, 콩, 조, 기장 들을 오곡(五穀)이라 한다.

12 언어 예절에 가장 알맞게 발화한 것은?

① (아침에 출근해서 직급이 같은 동료에게) 좋은 아침!
② (집에서 손님을 보낼 때 손위 사람에게) 살펴 가십시오.
③ (윗사람의 생일을 축하하며) 건강하십시오.
④ (관공서에서 손님이 들어올 때) 무엇을 도와드릴까요?

[13-14] 다음 글을 읽고 물음에 답하시오.

계해년(癸亥年) 겨울에 우리 전하께서 정음 28자를 처음으로 만들어 예의(例義)를 간략하게 들어 보이고 이름을 훈민정음(訓民正音)이라 하였다. (①) 천지인(天地人) 삼극(三極)의 뜻과 음양(陰陽)의 이기(二氣)의 정묘함을 포괄(包括)하지 않은 것이 없다. 28자로써 전환이 무궁하고 간요(簡要)하며 모든 음에 정통하였다. (㉠) 슬기로운 사람은 하루아침을 마치 기도 전에 깨우치고, 어리석은 이라도 열흘이면 배울 수 있다. (②) 이 글자로써 글을 풀면 그 뜻을 알 수 있고, 이 글자로써 송사를 심리하더라도 그 실정을 알 수 있게 되었다. (③) 한자음은 청탁을 능히 구별할 수 있고 악기는 율려에 잘 맞는다. 쓰는 데 갖추어지지 않은 바가 없고, 가서 통달되지 않는 바가 없다. 바람소리, 학의 울음, 닭의 홰치며 우는 소리, 개 짖는 소리일지라도 모두 이 글자를 가지고 적을 수가 있다. (④)

－ <훈민정음 해례(解例)> 정인지(鄭麟趾) 서문(序文) 중

13 다음 (가)의 위치로 가장 적절한 것은?

(가) 상형을 기본으로 하고 글자는 고전(古篆)을 본떴고 사성을 기초로 하고 음(音)이 칠조(七調)를 갖추었다.

① 　　　　　　　　　　②
③ 　　　　　　　　　　④

14 (㉠)에 들어갈 접속부사로 가장 적절한 것은?

① 그리고　　　　　　② 그런데
③ 그러므로　　　　　④ 왜냐하면

15 우리말 어법에 맞고 가장 자연스러운 문장은?

① 그의 하루 일과를 일어나자마자 아침 신문을 읽는 데서 시작한다.
② 저녁노을이 지는 들판에서 농부 내외가 조용히 기도하는 모습이 멀리 보였다.
③ 졸업한 형도 못 푸는 문제인데, 하물며 네가 풀겠다고 덤볐다.
④ 제가 여러분에게 당부하고 싶은 것은 주변 환경을 탓하지 마시기 바랍니다.

16 밑줄 친 '성김'과 '빽빽함'의 의미 관계와 같지 않은 것은?

구도의 필요에 따라 좌우와 상하의 거리 조정, 허와 실의 보완, 성김과 빽빽함의 변화 표현 등이 자유로워졌다.

① 곱다 : 거칠다
② 무르다 : 야무지다
③ 넉넉하다 : 푼푼하다
④ 느슨하다 : 팽팽하다

17 한글 맞춤법에 옳게 쓰인 것을 모두 고른 것은?

나는 먼저 미역을 물에 ㉠ 담궈 두고 밥을 ㉡ 안쳤다. 불린 미역을 냄비에 넣고 불을 ㉢ 붙였다. 미역국이 끓는 동안 생선도 ㉣ 졸였다. 마지막으로 두부에 달걀옷을 입혀 ㉤ 부쳤다. 상을 차려놓고 어머니가 오시기를 기다렸다. ㉥ 하느라고 했는데 생일상치고 영 볼품이 없는 것 같다.

① ㉠, ㉡, ㉣　　　　② ㉢, ㉤, ㉥
③ ㉡, ㉣, ㉤　　　　④ ㉡, ㉢, ㉤

18 다음 내용과 관계있는 한자 성어로 가장 거리가 먼 것은?

선비는 단순한 지식 습득에 목적을 두지 않고 아는 것을 실천하는 것에 중점을 두고 있다. 또한 선비는 개인의 이익보다 사회 정의를 생각하며 행동하고 살아간다. 자신의 인격을 완성하고 그것을 통해 모든 사람에게 평안한 삶을 살게 하는 것이 그들의 궁극적 목적이다. 선비가 갖추어야 할 덕목은 많지만 상호 연결되어 있다. 자신을 낮추는 자세, 타인을 존중하는 마음, 검소하고 청렴결백한 삶 등이 하나로 연결되어 있는 것이다.

① 見利思義　　　　　② 勞謙君子
③ 修己安人　　　　　④ 梁上君子

19 다음 밑줄 친 '-의' 중에서 '기쁨의 열매'와 쓰임이 같은 것은?

① 조선의 독립국임
② 천(天)의 명명(明命)
③ 인도(人道)의 간과(干戈)
④ 대의(大義)의 극명(克明)

20 다음 글에서 밑줄 친 ㉠과 바꿔 쓰기에 가장 적절한 것은?

> 킬트의 독특한 체크무늬가 각 씨족의 상징으로 자리 잡은 것은, 1822년에 영국 왕이 방문했을 때 성대한 환영 행사를 마련하면서 각 씨족장들에게 다른 무늬의 킬트를 입도록 종용하면서부터이다. 이때 채택된 독특한 체크무늬가 각 씨족을 대표하는 의상으로 ㉠자리를 잡게 되었다.

① 정돈(整頓)되었다.
② 정제(精製)되었다.
③ 정리(整理)되었다.
④ 정착(定着)되었다.

21 다음 글의 내용과 가장 부합하는 것은?

> 심리학자 융은 인간에게는 '페르소나(persona)'와 '그림자(shadow)'의 측면이 있다고 한다. 페르소나란 한 개인이 사회에서 요구하는 역할에 적응하면서 얻어진 자아의 한 측면을 의미한다. 그런데 오로지 페르소나만 추구하려 한다면 그림자가 위축되어 결국 자기 자신으로부터 소외를 당해 무기력하고 생기가 없어지게 된다. 한편 그림자는 인간의 원시적인 본능 성향을 의미한다. 이것은 사회에서 부도덕하다고 생각하는 충동적인 면이 있지만, 자발성, 창의성, 통찰력, 깊은 정서 등 긍정적인 면이 있어 지나치게 억압해서는 안 된다.

① 페르소나는 현실적인 속성, 그림자는 근원적인 속성을 갖고 있다.
② 페르소나를 멀리 하게 되면, 자아는 무기력하게 된다.
③ 그림자는 도덕성을 추구할 때, 자발성과 창의성이 더욱 커진다.
④ 그림자를 억압하게 되면 페르소나를 더욱 추구하게 된다.

22 낱말의 발음이 옳지 않은 것은?

① 맑고 → [말꼬]
② 끊기다 → [끈기다]
③ 맏형 → [마텅]
④ 밟고 → [밥:꼬]

23 단어의 구조가 다른 것은?

① 도시락
② 선생님
③ 날고기
④ 밤나무

24 다음 글의 내용과 가장 거리가 먼 것은?

> 항생제는 세균에 대한 항균 효과가 있는 물질을 말한다. '프로폴리스' 같이 자연적으로 존재하는 항생제를 자연 요법제라고 하고, '설파제' 같이 화학적으로 합성된 항생제를 화학 요법제라고 한다. 현재 사용되고 있는 많은 항생제들은 곰팡이가 생성한 물질을 화학적으로 보다 효과가 좋게 합성한 것들이어서 넓은 의미에서는 이들도 화학 요법제라고 할 수 있을 것이다.
> '페니실린', '세파로스포린' 같은 것은 우리 몸의 세포에는 없는 세균의 세포벽에 작용하여 세균을 죽이는 것이다. 그 밖의 항생제들은 '테트라사이크린', '클로로마이신' 등과 같이 세균 세포의 단백합성에 장애를 만들어 항균 효과를 나타내거나, '퀴노론', '리팜핀' 등과 같이 세균세포의 핵산합성을 저해하거나, '포리믹신' 등과 같이 세균 세포막의 투과성에 장애를 일으켜 항균 효과를 나타낸다.

① 항생제의 정의
② 항생제의 내성 정도
③ 항균 작용의 기제
④ 항생제의 분류 방법

25 주장하는 말이 범하는 논리적 오류 유형이 다른 하나는?

① 식량을 주면, 옷을 달라고 할 것이고, 그 다음 집을 달라고 할 것이고, 결국 평생직장을 보장하라고 할 것이 틀림없어. 식량 배급은 당장 그만두어야 해.
② 네가 술 한 잔을 마시면, 다시 마시게 되고, 결국 알코올 중독자가 될 거야. 애초부터 술 마실 생각은 하지마라.
③ 아이들에게 부드럽게 말하면, 아이들은 부모를 무서워하지 않게 되고, 그 부모는 아이들을 망치게 될 겁니다. 아이들에게 엄하게 말하는 것을 두려워하지 마세요.
④ 식이요법을 시작하면 영양 부족에 빠지고, 어설픈 식이요법이 알코올 중독에 이르게 한다는 것을 암시해. 식이요법을 시작하지 못하게 막아야 해.

정답·해설 120p

소요시간   분   초 (25문항 / 25분)

01 밑줄 친 단어의 맞춤법이 옳은 것은?

> ㉠ 아기가 <u>널따란</u> 아빠 품에 안겨 잠이 들었다.
> ㉡ 코는 뭉툭하고 입은 <u>넓죽해서</u> 볼품이 없다.
> ㉢ 그는 매일 반복되는 생활에 <u>실증</u>을 느끼고 있다.
> ㉣ 그 집 지붕에는 <u>얇다란</u> 함석판들이 이어져 있었다.
> ㉤ 해사한 인상과는 달리 그 청년의 목소리는 <u>굵다랬다</u>.

① ㉠, ㉡, ㉤
② ㉠, ㉢, ㉤
③ ㉡, ㉢, ㉤
④ ㉡, ㉣, ㉤

02 밑줄 친 부분의 공통적인 속성은?

> 불휘 <u>기픈</u> 남ᄀᆞᆫ ᄇᆞᄅᆞ매 아니 뮐씨, 곶 됴코 여름 하ᄂᆞ니
> 시미 <u>기픈</u> 므른 ᄀᆞ마래 아니 그츨씨, 내히 이러 바ᄅᆞ래 가ᄂᆞ니
> <용비어천가 2장>
>
> 믈 <u>깊고</u> 비 업건마ᄅᆞᆫ 하ᄂᆞ히 命ᄒᆞ실씨 물 톤자히 건너시니이다
> 城 <u>높고</u> ᄃᆞ리 업건마ᄅᆞᆫ 하ᄂᆞ히 도ᄫᆞ실씨 물 톤자히 ᄂᆞ리시니이다
> <용비어천가 34장>
>
> 님그미 賢커신마ᄅᆞᆫ 太子ᄅᆞᆯ <u>몯</u> 어드실씨 누본 남기 니러셔니이다
> 나라히 오라건마ᄅᆞᆫ 天命이 다아갈씨 이븐 남기 새 <u>닢</u> 나니이다
> <용비어천가 84장>

① 초성종성통용팔자(初聲終聲通用八字)
② 종성부용초성(終聲復用初聲)
③ 초성독용팔자(初聲獨用八字)
④ 종성독용팔자(終聲獨用八字)

03 다음 중 줄여서 쓸 수 있는 말은?

① 바뀌었다.
② 다투었군요.
③ 품종이어요.
④ 뉘었습니다.

04 <보기>에서 로마자 표기가 바른 단어만 골라 묶은 것은?

> ───── 〈보기〉 ─────
> ㉠ 김치 kimchi   ㉡ 설날 seollal
> ㉢ 벚꽃 beotkkot   ㉣ 왕십리 Wangsimni
> ㉤ 불국사 Bulkuksa   ㉥ 속리산 Songnisan
> ㉦ 대관령 Daegwalryeong

① ㉠, ㉡, ㉤
② ㉢, ㉣, ㉦
③ ㉢, ㉣, ㉥
④ ㉤, ㉥, ㉦

05 빈칸에 들어갈 한자 성어로 가장 적절한 것은?

> 과연 노파는 한 푼이라도 더 돈으로 바꾸고 싶은 노파심에서였을 것이다. 먹지도 않고 그 곁에서 ☐☐☐☐하는 나에게 하나쯤 먹어 보는 것도 좋다, 그리고 먹음직하거든 제발 좀 사달라고 얼굴은 울음 반, 웃음 반이다. 나는 나대로의 노파심 때문에 하여간 나는 사지 않을 테니 필요 없다고 말했다.

① 小貪大失
② 寤寐不忘
③ 十匙一飯
④ 垂涎萬丈

06 다음 중 한국어를 기술하기 위해 만든 것이 아닌 것은?

① 말모이
② 큰사전
③ 훈몽자회(訓蒙字會)
④ 한불자전(韓佛字典)

(가) 비자의 생명은 유연성이란 특질에 있다. 한번 균열이 생겼다가 제 힘으로 도로 유착·결합했다는 것은 그 유연성이란 특질을 실지로 증명해 보인, 이를테면 졸업 증서이다. 하마터면 목침같이 될 뻔했던 불구 병신이, 그 치명적인 시련을 이겨내면 되레 한 급(級)이 올라 특급품이 되어 버린다. 재미가 깨를 볶는 이야기다.

(나) 반면이 갈라진다는 것이 기약치 않은 불측(不測)의 사고이다. 사고란 어느 때 어느 경우에도 별로 환영할 것이 못된다. 그 균열(龜裂)의 성질 여하에 따라서는 일급품 바둑판이 목침(木枕)감으로 전락해 버릴 수도 있다. 그러나 그렇게 큰 균열이 아니고 회생할 여지가 있을 정도라면 헝겊으로 싸고 뚜껑을 덮어서 조심스럽게 간수해 둔다(갈라진 균열 사이로 먼지나 티가 들어가지 않도록 하는 단속이다.).

(다) 1년, 이태, 때로는 3년까지 그냥 내버려 둔다. 계절이 바뀌고 추위, 더위가 여러 차례 순환한다. 그 동안에 상처났던 바둑판은 제 힘으로 제 상처를 고쳐서 본디대로 유착(癒着)해 버리고, 균열진 자리에 머리카락 같은 희미한 흔적만이 남는다.

(라) 비자반 일등품 위에 또 한층 뛰어 특급품이란 것이 있다. 반재며, 치수며, 연륜이며 어느 점이 일급과 다르다는 것은 아니나, 반면에 머리카락 같은 가느다란 흉터가 보이면 이게 특급품이다. 알기 쉽게 값으로 따지자면, 전전(戰前) 시세로 일급이 2천 원(돌은 따로 하고) 전후인데, 특급은 2천 4, 5백 원, 상처가 있어서 값이 내리기는커녕 오히려 비싸진다는 데 진진(津津)한 묘미가 있다.

07 (가)~(라)의 배열이 가장 자연스러운 것은?

① (나) - (가) - (라) - (다)
② (나) - (라) - (다) - (가)
③ (라) - (가) - (나) - (다)
④ (라) - (나) - (다) - (가)

08 위 글의 주제와 가장 관련 깊은 말은?

① 모난 돌이 정 맞는다.
② 비 온 뒤에 땅이 굳어진다.
③ 돌다리도 두들겨 보고 건너라.
④ 될성부른 나무는 떡잎부터 알아본다.

09 <보기>에 나타난 높임의 종류가 모두 쓰인 것은?

〈보기〉
아버지께서 쓰시던 물건을 그분께 가져다 드렸습니다.

① 어머니께서 방에서 주무시고 계십니다.
② 누나가 아버지를 모시고 병원에 갔습니다.
③ 아버지께서 제게 크리스마스 선물을 주셨습니다.
④ 선생님은 제가 선생님께 여쭈었던 내용을 기억하고 계셨습니다.

10 밑줄 친 부분의 띄어쓰기가 바르지 않은 것은?

① 진학 문제로 <u>부자 간</u>에 갈등을 겪다.
② 그 책을 다 읽는 <u>데만</u> 삼 일이 걸렸다.
③ 내가 집을 <u>떠나온 지</u>도 어언 3년이 지났다.
④ 그는 대학 <u>재학 중</u>에 고등 고시에 합격하였다.

11 다음 중 표준어와 비표준어 연결이 잘못된 것은?

	표준어	비표준어
①	총각무	알타리무
②	개다리밥상	개다리소반
③	방고래	구들고래
④	산누에	멧누에

12 다음 중 사전에서 찾기 위한 표제어로 적절한 것은?

① 나는 라면 국물을 <u>그릇째</u>로 들고 후루룩거렸다.
　　→ 그릇째

② 선생님은 수업 시간에 간혹 동화 같은 것도 <u>들려주곤</u> 하셨다.
　　→ 들리다

③ 막상 보따리를 풀긴 했지만 내 <u>생각대로</u> 되는 일은 하나도 없었다.
　　→ 생각대로

④ 아들에게 공부 열심히 하기를 <u>신신당부했건만</u> 아들은 공부를 하지 않았다.
　　→ 신신당부하다

13 밑줄 친 단어 중 <보기>의 사례로 가장 적절하지 않은 것은?

―――――〈보기〉―――――
[한글 맞춤법 제39항] 어미 '-지' 뒤에 '않 -'이 어울려 '-잖-'이 될 적과 '-하지' 뒤에 '않 -'이 어울려 '-찮-'이 될 적에는 준 대로 적는다.

① <u>당찮게</u> 비싼 물건을 사 달라니?
② <u>달갑잖은</u> 눈길로 친구를 맞이하다.
③ 그는 상대를 대하는 태도가 <u>올곧찮다</u>.
④ 무반향이면서도 <u>그렇잖게</u> 조용한 어촌이었다.

[14-16] 다음 글을 읽고 물음에 답하시오.

(가) 고음역이 깨끗하게 들리는 CD는 저음역의 음악 정보를 제대로 담지 못하는 반쪽짜리 그릇이기 때문이다. '양자화(quantize)'라고 불리는 디지털화 과정에서 저음역의 주파수가 아주 미세한 ㉠ 근삿값으로 바뀌는데, 그 순간 다른 음으로 변화된 저음이 화음과 어울리지 않게 되어 버린다. 배음(倍音)과 화음의 바탕을 이루는 베이스음이 변동되는 순간, 조화를 이루어야 할 음악의 구조는 기초부터 흔들리게 된다. 왜 이런 오류가 발생하는 걸까?

(나) 왜 이런 오류가 발생하는 걸까? 디지털화의 기본 처리 과정에서 충분한 해상도가 확보되지 않을 때, 음악 정보가 원본과 다른 근삿값으로 바뀌어 기록되기 때문이다. 예를 들어, 소수점 한 자리까지 처리할 수 있는 성적 시스템에서 89.4와 89.5는 0.1의 작은 차이를 보이는 점수이다. 그런데 만일 소수점을 처리하지 못하는 시스템이라면 어떻게 될까? 89.4점은 근삿값인 89점이 되고 89.5점은 근삿값인 90점이 된다. 작은 차이의 점수가 '수'와 '우'라는 현격한 차이의 점수로 바뀐다. 해상도가 떨어지는 디지털 변환은 이처럼 매우 미세한 차이를 차원이 다른 결과로 바꿔 버리는 문제를 안고 있다.

(다) 디지털의 오류는 44.1kHZ, 16비트 해상도의 '작은 그릇'인 CD가 안고 있는 치명적인 단점이다. 잡음 없는 깨끗한 소리를 전달한다는 장점과는 달리, 음악의 전체적인 조화를 무너뜨릴 수 있는 커다란 오류를 지니고 있는 것이다. CD의 편의성에 찬사를 보내면서도 음악성에는 불합격점을 줄 수밖에 없는 이유다. CD의 사운드는 충분하지 못한 해상도의 디지털이 갖는 단점을 명백하게 드러낸다. 해상도 낮은 사진에서 불분명한 화소가 뭉뚱그려져 보이는 '깍두기 현상'이 나타나듯, 클래식 음악에 사용되는 악기들의 섬세한 사운드에 담긴 미묘한 변화와 표정, 다이내믹, 특징적인 공명을 제대로 잡아내지 못한다.

(라) 구스타프 말러의 교향곡 제2번 '부활'의 서주부와 같이 더블베이스의 저음이 중요한 비중을 차지하는 연주를 CD와 LP로 비교하여 들어 보면, 저음 정보가 충분하지 않을 때 오케스트라의 사운드가 얼마나 빈약하게 느껴지는지 잘 알 수 있다. 정확한 저음을 바탕으로 하모니를 만들어 가는 클래식 음악을 CD로 듣고 있으면, 마치 모래 위에 지어진 집처럼 위태롭고 불안한 느낌이 들곤 한다.

14 ㉠과 사이시옷 구성이 동일한 것은?

① 시냇물　　　　　　② 조갯살
③ 전셋집　　　　　　④ 두렛일

15 윗글의 내용과 일치하지 않는 것은?

① CD는 고음역을 잘 표현할 수 있다.
② CD의 단점은 44.1kHz, 16비트 해상도라는 것이다.
③ LP와 달리 CD에서 저음을 들으면 불안한 느낌이 든다.
④ CD는 양자화 과정에서 소수점 한 자리까지 처리할 수 있다.

16 다음 글의 설명 방식으로 올바른 것은 무엇인가?

① (가)와 (나)는 원인과 결과의 순서대로 나열되어 있다.
② (나)와 (다)는 수학적 원리를 이용하여 설명하고 있다.
③ (다)와 (라)에서는 CD의 장점을 설명하고 있다.
④ (가), (다), (라)에는 비유법을 사용하고 있다.

17 밑줄 친 부분의 띄어쓰기가 바르지 않은 것은?

① 그리로 갈까요? 어젯밤에 갔던데요.
② 밤새 공부를 했더니 머리가 아프던데요.
③ 오늘 창수가 옷을 말끔하게 빼입고 왔던데요.
④ 계획이 자꾸 어긋나니 어찌해야 할지 모르겠던데요.

18 ㉠~㉣ 중 현대어 해석이 바르지 않은 것은?

> ㉠ 비로봉(毘盧峰) 샹샹두(上上頭)의 올라 보니 그 뉘신고. ㉡ 동산(東山) 태산(泰山)이 어느야 놉돗던고. 노국(魯國) 조 븐 줄도 우리는 모르거든, ㉢ 넙거나 넙은 텬하(天下) 엇찌하야 젹닷 말고. 어와 뎌 디위를 어이하면 알 거이고. ㉣ 오르디 못하거니 느려가미 고이홀가. 원통(圓通)골 그는 길로 사자봉(獅子峰)을 추자가니, 그 알피 너러바회 화룡(化龍)쇠 되여셰라. 천년(千年) 노룡(老龍)이 구비구비 셔려 이셔, 듀야(晝夜)의 흘녀 내여 창해(滄海)예 니어시니, 풍운(風雲)을 언제 어더 삼일우(三日雨)를 디련는다. 음애(陰崖)예 이온 플을 다 살와내여사라.
>
> - 정철, <관동별곡>

① ㉠: 비로봉에 올라보니 그대는 누구이신가?
② ㉡: 동산과 태산은 어느 것이 높은가?
③ ㉢: 넓거나 넓은 천하를 왜 작다고 했는가?
④ ㉣: 오르지 못했으니 내려감이 무엇이 이상하겠는가?

19 '회의 의안 심의 과정'을 바르게 제시한 것은?

① 제출 - 상정 - 제안 설명 - 질의응답 - 찬반 토론 - 표결
② 제출 - 상정 - 제안 설명 - 찬반 토론 - 질의응답 - 표결
③ 제출 - 찬반 토론 - 상정 - 제안 설명 - 질의응답 - 표결
④ 제출 - 제안 설명 - 상정 - 찬반 토론 - 질의응답 - 표결

20 밑줄 친 단어의 쓰임이 가장 적절한 것은?

① 몇 밤을 뜬눈으로 샜다.
② 자꾸 밤새지 마라, 몸 축날라.
③ 친구와 수다를 떠느라 밤새우는 줄도 몰랐다.
④ 동학군은 하룻밤을 새우고 이튿날 새벽부터 공격을 감행했다.

21 <보기>를 참고할 때, 단어의 구조 분석이 잘못된 것은?

─── 〈보기〉 ───

제10항 한자음 '녀, 뇨, 뉴, 니'가 단어 첫머리에 올 적에
는, 두음 법칙에 따라 '여, 요, 유, 이'로 적는다.
[붙임 1] 단어의 첫머리 이외의 경우에는 본음대로 적
는다.
[붙임 2] 접두사처럼 쓰이는 한자가 붙어서 된 말이나
합성어에서, 뒷말의 첫소리가 'ㄴ' 소리로 나더라도 두
음 법칙에 따라 적는다.

① 공염불(공+염불)　　② 신년도(신+년도)
③ 비구니(비구+니)　　④ 남존여비(남존+여비)

[22-23] 다음 글을 읽고 물음에 답하시오.

㉠ 열무 삼십 단을 이고
시장에 간 우리 엄마
안 오시네,
㉡ 해는 시든 지 오래
나는 ㉢ 찬밥처럼 방에 담겨
아무리 천천히 숙제를 해도
엄마 안 오시네, ㉣ 배춧잎 같은 발소리 타박타박
안 들리네, 어둡고 무서워
금 간 창틈으로 고요한 빗소리
빈방에 혼자 엎드려 훌쩍거리던

아주 먼 옛날
지금도 내 눈시울 뜨겁게 하는
그 시절, 내 유년의 윗목

- 기형도, <엄마 걱정>

22 ㉠~㉣ 중 '어머니의 고단한 삶'을 나타내는 시구가 아닌
것은?

① ㉠　　　　　　② ㉡
③ ㉢　　　　　　④ ㉣

23 '배춧잎 같은 발소리'와 동일한 표현법이 쓰인 것은?

① 어둠은 새를 낳고, 돌을 / 낳고, 꽃을 낳는다.

　　　　　　　　　　- 박남수, <아침 이미지>

② 가르마 같은 논길을 따라 꿈속을 가듯 걸어만 간다.

　　　　　　- 이상화, <빼앗긴 들에도 봄은 오는가>

③ 나는 아직 기다리고 있을 테요, 찬란한 슬픔의 봄을.

　　　　　　　　- 김영랑, <모란이 피기까지는>

④ 우리들의 사랑을 위하여서는 / 이별이, 이별이 있어야
하네.

　　　　　　　　　　- 서정주, <견우의 노래>

24 다음 중 '문장 부호'에 대한 설명으로 적절하지 않은 것은?

① 제목이나 표어에는 '마침표'를 쓰지 않음을 원칙으로 한다.
② 기준 단위당 수량을 표시할 때 해당 수량과 기준 단위 사
이에 '가운뎃점'을 쓴다.
③ 소제목, 그림이나 노래와 같은 예술 작품의 제목, 상호, 법
률, 규정 등을 나타낼 때 '홑낫표'를 쓴다.
④ 줄임표로써 문장이 끝나는 것이므로 '줄임표' 뒤에는 '마
침표'나 '물음표' 또는 '느낌표'를 쓰는 것이 원칙이다.

25 외래어 표기 규정이 잘못된 것은?

① 외래어는 국어의 현용 24자모만으로 적는다.
② 외래어의 1 음운은 원칙적으로 1 기호로 적는다.
③ 받침에는 'ㄱ, ㄴ, ㄷ, ㄹ, ㅁ, ㅂ, ㅇ'만을 쓴다.
④ 파열음 표기에는 된소리를 쓰지 않는 것을 원칙으로 한다.

정답·해설 128p

01 다음 중 띄어쓰기가 옳은 문장은?

① 라일락은 꽃이 예쁠뿐더러 향기도 좋다.
② 책이 내용은 보잘 것 없으면서 표지만 요란하게 꾸몄다.
③ 노숙한 장물아비답게 물샐 틈 없이 정확한 거래를 할 모양이었다.
④ 길거리에 구르는 하잘 것 없어 보이는 돌멩이도 다 쓸모가 있는 법이다.

02 밑줄 친 단어 중 '감탄사'가 아닌 것은?

① <u>애</u>, 물 좀 떠오너라.
② <u>어머나</u>, 이게 얼마 만이니?
③ <u>어</u>! 서류를 택시에 두고 내렸네.
④ <u>청춘</u>! 이는 듣기만 하여도 가슴 설렌다.

03 문맥상 ㉠과 ㉡에 들어갈 말로 적절한 것은?

> 한기 태심(旱旣太甚)ᄒ야 시절(時節)이 다 느즌 제,
> 서주(西疇) 놉흔 논애 잠깐 긴 널비예,
> 도상(道上) 무원수(無源水)를 반만산 디혀 두고,
> 쇼 ᄒ 적 듀마 ᄒ고 엄섬이 ᄒ는 말삼,
> 친절(親切)호라 너긴 집의 달 업슨 황혼(黃昏)의 (㉠)
> 다라 가서,
> 구디 다ᄃ 문(門) 밧긔 어득히 혼자 서셔,
> 큰 기참 아함이를 양구(良久)토록 ᄒ온 후(後)에
> 어와 긔 뉘신고 염치(廉恥) 업산 니옵노라.
> 초경(初更)도 거읜ᄃ 긔 엇지 와 겨신고.
> 연년(年年)에 이러ᄒ기 구차(苟且)ᄒ 줄 알건만ᄂ
> 쇼 업슨 궁가(窮家)애 혜염 만하 왓삽노라.
> 공ᄒ나 갑시나 주엄 즉도 ᄒ다마ᄂ,
> 다만 어제밤의 거넨 집 져 사름이
> 목 불근 수기치(雄)를 옥지읍(玉脂泣)게 ᄡ어 니고
> 간 이근 삼해주(三亥酒)를 취(醉)토록 권(勸)ᄒ거든
> 이러한 은혜(恩惠)을 어이 아니 갑흘넌고.
> 내일(來日)로 주마 ᄒ고 큰 언약(言約) ᄒ야거든,
> 실약(失約)이 미편(未便)ᄒ니 사셜이 어려왜라.
> 실위(實爲) 그러ᄒ면 혈마 어이홀고.
> 헌 먼덕 수기 스고 측 업슨 집신에 (㉡) 물너 오니
> 풍채(風採) 저근 형용(形容)애 긔 즈칠 쑨이로다.
>
> – 박인로, <누항사(陋巷詞)>

	㉠	㉡
①	허둥지둥	타박타박
②	곰비임비	얼렁뚱땅
③	얼렁얼렁	허방지방
④	허위허위	설피설피

04 다음 중 '훈몽자회(訓蒙字會)'에 대한 설명으로 옳지 않은 것은?

① 1527년 최세진이 만든 책이다.
② 모음을 11자로 규정하고 있다.
③ 훈민정음과는 다른 자모 배열 순서를 확인할 수 있다.
④ 초성에만 쓰이는 자음은 'ㅈ, ㅊ, ㅋ, ㅌ, ㅍ, ㅎ'으로 모두 6개이다.

05 한자 성어와 속담의 의미가 유사하지 않은 것은?

① 동병상련(同病相憐) - 비렁뱅이가 하늘을 불쌍히 여긴다.
② 마호체승(馬好替乘) - 역말도 갈아타면 낫다.
③ 작학관보(雀學鸛步) - 뱁새가 황새를 따라가면 다리가 찢어진다.
④ 외부내빈(外富內貧) - 난부자든거지

06 <보기>의 조건을 모두 충족하는 것은?

〈보기〉
㉠ 주어가 생물이 아닐 것
㉡ 이중 피동 표현을 사용하지 않기
㉢ 지나친 명사화 구성을 쓰지 않을 것

① 그 주장은 모두에게 알려져 있다.
② 축제는 학생들이 주가 되는 화합의 장이다.
③ 우리들에게는 절대로 잊혀지지 않는 일이 하나 있다.
④ 학자들은 늘 새로운 주제를 연구함으로써 학문 발전에 이바지한다.

[07-09] 다음 글을 읽고 물음에 답하시오.

관계 내에 갈등이 발생할 때 무엇보다도 먼저 피해야 할 것이 성급한 판단이다. "저 사람 때문에 이런 문제가 발생했다.", "저 사람은 ㉠ 그 만한 문제도 그냥 못 넘긴다." 또는 "우리 관계는 엉망이다."라는 식으로 결론부터 내려놓게 되면 서로에게 좋은 결론을 찾는다는 것은 애당초 그른 일이다. 한쪽에서 판단부터 내려놓고 문제를 접근하게 되면 다른 쪽은 자신의 가치가 무시되었다고 느끼기 때문에 감정적으로 반응하게 되고 때로는 적대감까지 가지게 된다. 따라서 성급한 판단을 피하고 문제를 되도록 객관적인 방향으로 표현하여야 한다.
문제를 객관적으로 표현하기 위해서는 묘사적인 언어를 사용해야 한다. 묘사적인 언어란 상대방을 비난하거나 동기를 해석하지 않고 일어난 일을 그대로 기술하는 표현법을 가리킨다. 즉 자신의 가치나 판단을 개입시키지 않는 표현법을 일컫는 것이다. 이를 테면, 노사 관계에서 사원 복지의 문제로 갈등이 생겨났을 때 노조 측에서 "회사 측은 자기 ㉡ 이익 밖에 모른다. ㉢ 쥐꼬리만 한 월급만 던져 주면 그만이냐?"라고 한다면 이것은 극히 판단이 개입된 표현이다. 이런 말을 들으면 회사 측은 "너희들은 어떤가? 회사야 망하든 말든 ㉣ 제이익만 챙기지 않느냐?" 하는 식으로 나오게 되어 갈등은 심화되기 마련이다. 이럴 때는 "우리 회사의 사원 복지는 다른 회사에 비하여 부족한 점이 많다."라는 식으로 객관적으로 묘사하는 것이 통합적 해결책을 찾기 위한 출발점이 된다.

07 ㉠~㉣ 중 띄어쓰기가 바른 것은?

① ㉠   ② ㉡
③ ㉢   ④ ㉣

08 위 글의 제목으로 가장 적절한 것은?

① 말의 중요성   ② 갈등의 유형
③ 객관적인 표현   ④ 갈등 해소를 위한 전략

09 위 글의 주제로 가장 적절한 것은?

① 성급한 판단을 피하고 묘사적인 언어를 써야 한다.
② 갈등 관계에서 문제를 객관적으로 바라볼 수 있어야 한다.
③ 같은 말이라도 어떻게 표현하는지에 따라 상대의 반응이 달라진다.
④ 문제를 해결하기 위해서는 문제 발생 원인을 찾는 일을 우선해야 한다.

10 다음 중 어법에 어긋나지 않는 것은?

① 그 둘의 애정은 식을 데로 식었다.
② 지금 시간이면 은행 문이 닫쳤을 겁니다.
③ 그는 고향을 떠난 후로 연락을 일체 끊었다.
④ 청소년들에게 담배, 술 따위를 절대 팔면 안 된다.

11 다음은 박경리의 『토지』에 등장하는 단어이다. 어휘의 뜻으로 옳지 않은 것은?

① 부지하다: 고생이나 어려움을 견디어 배기다.
② 상글하다: 눈과 입을 귀엽게 움직이며 소리 없이 정답게 웃다.
③ 억실억실하다: 얼굴 모양이나 생김새가 선이 굵고 시원시원하다.
④ 질정(質定) 없다: 사람이 자기 능력이나 처지 따위에 대한 어림짐작이 없다.

12 다음 중 '비격식체' 문장으로 옳은 것은?

① 김 서방인가? 어서 들어오게.
② 그동안 맘고생 많이 하셨겠어요.
③ 아침에는 밥 대신에 죽을 먹습니다.
④ 건강은 건강할 때 지키는 것이 중요하오.

13 <보기>에 대한 로마자 표기로 바른 것은?

<보기>

웃는 순간 어색함이 사라진다.

① utneun sungan eosaekami sarajinda
② utneun sungan eosaekhami sarajinda
③ unneun sungan eosaekami sarajinda
④ unneun sungan eosaekhami sarajinda

14 ㉠~㉣의 예시로 적절한 것은?

㉠ 원지음이 아닌 제3국의 발음으로 통용되고 있는 것은 관용을 따른다.
㉡ 일본의 인명과 지명은 과거와 현대의 구분 없이 일본어 표기법에 따라 표기하는 것을 원칙으로 하되, 필요한 경우 한자를 병기한다.
㉢ 중국 인명은 과거인과 현대인을 구분하여 과거인은 종전의 한자음대로 표기하고, 현대인은 원칙적으로 중국어 표기법에 따라 표기하되, 필요한 경우 한자를 병기한다.
㉣ 지명이 '산맥, 산, 강' 등의 뜻이 들어 있는 것은 '산맥, 산, 강' 등을 겹쳐 적는다.

① ㉠: 간디(Gandhi), 앙카라(Ankara)
② ㉡: 풍신수길(豊臣秀吉), 이등박문(伊藤博文)
③ ㉢: 공쯔(孔子), 등소평(鄧小平)
④ ㉣: 몽블랑산(Mont Blanc山), 히말라야산맥(Himalaya山脈)

[15-17] 다음 글을 읽고 물음에 답하시오.

울지 마라
외로우니까 사람이다
살아간다는 것은 외로움을 견디는 일이다
공연히 오지 않는 전화를 기다리지 마라
눈이 오면 눈길을 걸어가고
비가 오면 빗길을 걸어가라
갈대숲에서 가슴 검은 도요새도 너를 보고 있다
가끔은 하느님도 외로워서 눈물을 흘리신다
새들이 나뭇가지에 앉아 있는 것도 외로움 때문이고
네가 물가에 앉아 있는 것도 외로움 때문이다
산 그림자도 외로워서 하루에 한 번씩 마을로 내려온다
종소리도 외로워서 울려 퍼진다

- 정호승, <수선화에게>

15 위 작품에 사용되지 않은 수사법은?

① 반복법
② 대구법
③ 의인법
④ 풍유법

16 위 작품에서 '너'가 지칭하는 것은?

① 눈
② 비
③ 종소리
④ 수선화

17 위 작품의 주제로 가장 적절한 것은?

① 인간 소외의 본질은 고독함이다.
② 삶의 근원적인 본질은 외로움이다.
③ 인간은 자연의 섭리에 순응하는 존재다.
④ 고독을 극복할 때 자유로운 존재가 된다.

18 빈칸에 들어갈 격 조사를 바르게 나열한 것은?

奉天討罪(   )실·씨·四方諸侯(   ) 몯·더·니 聖化ㅣ 오·라·샤 西夷·쪼모·ᄃ·니.

① ㅣ, ㅣ
② ㅣ, 이
③ 생략, ㅣ
④ ㅣ, 생략

19 <보기>의 표준 발음으로만 묶인 것은?

<보기>

절약 - 몰상식한 - 낯설다 - 읊조리다

① [절략] - [몰쌍시칸] - [난썰다] - [읍쪼리다]
② [저략] - [몰쌍식칸] - [낫썰다] - [읍쪼리다]
③ [절략] - [몰쌍시칸] - [낫썰다] - [읍쪼리다]
④ [저략] - [몰쌍시칸] - [난썰다] - [읍쪼리다]

20 <보기>가 들어갈 위치로 가장 적절한 것은?

> 우리가 매일 되풀이해 행하는 '습관'은 개개인의 인생의 행로를 결정하는, 가장 전신적이면서도 구체적인 기본 원리 중의 하나이다. 다시 말해, 그것이 무엇이든 현재 가장 습관적으로 하는 일이 우리의 미래를 결정짓는다. (㉠)
>
> 인생이 뜻대로 풀리지 않을 때마다 초조해하고, 다른 사람의 비판에 대해 공격적이거나 방어적인 자세를 취하며, 항상 자신이 옳다고 주장하거나, 불운한 상황을 실제보다 훨씬 더 비관적인 눈길로 바라보고, 인생이 위급상황인 양 행동하는 습관에 젖어 있다면 우리의 삶 역시 이러한 습관의 반영물이 되고 만다. (㉡)
>
> 나는 인간은 연습을 통해 완벽해질 수 있으며, 그렇기 때문에 매일 매일의 습관에 주의를 기울여야 한다고 생각한다. 그렇다고 인생 전체를 원대한 계획으로 가득 채우고, 목표 달성을 향해 항상 자신을 질책해야 한다는 것은 아니다. 다만 자신의 내적·외적 습관을 의식하는 것이 삶에 큰 도움이 된다는 것이다. 지금 어디에 관심을 쏟고 있는가? 어떻게 시간을 보내고 있는가? 자신이 정한 목표에 도움이 되는 습관을 개발하고 있는가? 자신이 기대해 온 인생이 실제 자신의 인생과 일치하는가? (㉢)
>
> 스스로에게 이러한 질문을 던져 보고, 정직하게 대답하는 것만으로도 어떤 방법이 자신에게 가장 유용한지 결정하는 데 도움이 된다. 혹시 "나는 좀 더 많은 시간을 혼자 보내고 싶어." 혹은 "나는 항상 명상법을 배우고 싶었어." 하고 말하면서도 어찌 된 일인지 시간이 없어 그렇게 하지 못하지는 않았는가? 유감스럽게도, 많은 사람들이 마음을 살찌우는 일에 시간을 투자하기보다는 세차를 하거나, 재미도 없는 시시껄렁한 텔레비전 프로그램의 재방송을 보는 데 더 많은 시간을 쏟는다. 하지만 만일 매일같이 시간을 내서 하는 일이 자신의 미래를 결정짓는다는 점을 명심한다면, 분명 이전과는 다른 일들을 시작하게 될 것이다. (㉣)

───────── 〈보기〉 ─────────

> 이 말을 다시 하자면, 실패하고 좌절하는 연습을 하기 때문에 결국 좌절하고 마는 것이다. 이와 마찬가지로, 연습을 통해서 자신에게 숨겨져 있는 연민과 인내력, 친절, 겸손 그리고 평화라는 더없이 긍정적인 자질을 끌어낼 수도 있다.

① ㉠ ② ㉡
③ ㉢ ④ ㉣

21 다음 작품에 대한 설명으로 옳지 않은 것은?

> 온달은 떠날 때 이렇게 맹세하였다.
> "계립현(鷄立峴)과 죽령(竹嶺) 서쪽의 땅을 다시 되찾지 못한다면, 나는 돌아오지 않겠다."
> 드디어 출전하였는데, 온달은 신라 군사와 아단성(阿旦城) 아래에서 싸우다가 어디선가 날아든 화살에 맞아서 죽었다. 장사를 지내려 하였지만, 관이 전혀 움직이지 않았다. 공주가 와서 관을 어루만지며 말하였다.
> "죽고 사는 것이 이미 결정되었습니다. 아아, 돌아가소서."
> 드디어 관을 들어 장사 지냈다. 대왕이 그 소식을 듣고 매우 슬퍼하였다.

① 역사상 실존 인물을 다룬 작품이다.
② 『삼국유사』「기이」편에 실려 있다.
③ 백제 '무왕 설화'와 모티프가 유사하다.
④ 설화적 줄거리를 '전(傳)'의 형식에 담았다.

22 다음 글의 주된 전개 방식이 쓰인 것은?

> 행랑채가 퇴락하여 지탱할 수 없게끔 된 것이 세 칸이었다. 나는 마지못하여 이를 모두 수리하였다. 그중의 두 칸은 앞서 장마에 비가 샌 지가 오래되었으나, 나는 그것을 알면서도 이럴까 저럴까 망설이다가 손을 대지 못했던 것이고, 나머지 한 칸은 비를 한 번 맞고 샜던 것이라 서둘러 기와를 갈았던 것이다. 그런데 이번에 수리하려고 보니, 비가 샌 지 오래된 것은 그 서까래, 추녀, 기둥, 들보가 모두 썩어서 못 쓰게 되었던 까닭으로 수리비가 엄청나게 들었고, 한 번밖에 비를 맞지 않았던 한 칸의 재목들은 완전하여 다시 쓸 수 있었던 까닭으로 그 비용이 많지 않았다.
>
> 나는 이에 느낀 것이 있었다. 사람의 몸도 마찬가지라는 사실이다. 잘못을 알고서도 바로 고치지 않으면 곧 그 자신이 나쁘게 되는 것이 마치 나무가 썩어서 못 쓰게 되는 것과 같으며, 잘못을 알고 고치기를 꺼리지 않으면 해(害)를 받지 않고 다시 착한 사람이 될 수 있으니, 저 집의 재목처럼 말끔하게 다시 쓸 수 있는 것이다.
>
> 그뿐만 아니라 나라의 정치도 이와 같다. 백성을 좀먹는 무리들을 내버려 두었다가는 백성들이 도탄에 빠지고 나라가 위태롭게 된다. 그런 뒤에 급히 바로잡으려 하면 이미 썩어 버린 재목처럼 때는 늦은 것이다. 어찌 삼가지 않겠는가.
>
> — 이규보, <이옥설(理屋說)>

① 도로 위를 주행하는 차량에 대한 정보를 검지할 수 있는 정보 수집 장치에는 루프 센서와 피에조 센서가 있다.

② 나는 모든 것을 다시 보았다. 농삿집치고는 유난히도 말끔한 마루청, 먼지를 뒤집어쓰고 있지 않은 장독대, 울타리 너머로 보이는 길찬 장다리꽃들······.

③ 세계 사회는 개인들로 구성된 사회이며, 개인을 하나로 묶는 행위 방식은 시장으로부터 도출되고, 개인의 의사소통과 행위는 시장의 논리에 따라 지구적으로 재생산된다.

④ 같은 힘이라도 폭포가 자연 그대로의 힘이라면 분수는 거역하는 힘, 인위적인 힘의 산물이다. 여기서 운명에 대한, 인간에 대한, 자연에 대한 동양인과 서양인의 두 가지 다른 태도가 생겨난다.

[23-24] 다음 글을 읽고 물음에 답하시오.

> 옛날 이 ⊙ 원소가 생기기 전에, 이 터에는 장자 첨지가 수없는 종들과 전지와 살진 가축들을 가지고 살았다는 것이다. 그런데 그 첨지는 하도 인색하여서, 연년이 추수하는 곡식을 미처 먹지 못하고 곡간에서 푹푹 썩어내도 근처 어려운 사람들을 구제할 생각은 고사하고, 어쩌다 걸인이 밥 한 술을 구걸하여도 그것이 아까워서는 대문을 닫아걸고 끼니도 끊어 먹었다는 것이다.
>
> 그런데 마침 몇 해를 거푸 흉년이 들어서 이 동네 사람들이 모두 굶어 죽게 되었을 때 그들은 하루에도 몇 번씩 장자 첨지에게 애걸을 하였다. 그러나 첨지는 들은 체도 하지 않고 오히려 그들을 나무라고 문간에도 들이지 않았다는 것이다.
>
> 그러므로 그들은 하는 수 없이 몰래 작당을 하여 가지고 잠중에 장자 첨지네 집을 습격하여 쌀과 살진 짐승들을 끌어냈다는 것이다. 이런 일이 있은 후 며칠 만에 장자 첨지는 관가에 고소장을 들여 이 근처 농민들을 모두 잡아가게 하였다. 그래서 무수한 악형을 하고 혹은 죽이고 그나마는 멀리 쫓아 버렸다는 것이다.
>
> 아버지 어머니 혹은 아들딸을 잃어버린 이 동네 노인이며 어린 것들은 목이 터지도록 아버지 어머니를 부르며 혹은 아들과 딸을 찾으며 장자 첨지네 마당가를 떠나지 않고 울었다는 것이다.
>
> 그래서 울고 울고 또 울어서 그 눈물이 고이고 고이어서 마침내는 장자 첨지네 고래 잔등 같은 기와집이 하룻밤 새에 큰 못으로 변하였다는 것이다. 그 못이 즉, 내려다보이는 저 푸른 못이다.

23 위 글이 '전설'이라는 근거로 제시할 수 있는 부분은?

① 옛날 이 원소가 생기기 전에, 이 터에는 장자 첨지가 수없는 종들과 전지와 살진 가축들을 가지고 살았다는 것이다.

② 몇 해를 거푸 흉년이 들어서 이 동네 사람들이 모두 굶어 죽게 되었을 때 그들은 하루에도 몇 번씩 장자 첨지에게 애걸을 하였다.

③ 무수한 악형을 하고 혹은 죽이고 그나마는 멀리 쫓아 버렸다는 것이다.

④ 장자 첨지네 고래 잔등 같은 기와집이 하룻밤 새에 큰 못으로 변하였다는 것이다. 그 못이 즉, 내려다보이는 저 푸른 못이다.

24 ⊙의 한자 표기로 가장 적절한 것은?

① 苑沼   ② 原沼

③ 元沼   ④ 怨沼

25 다음 글을 읽은 후의 반응으로 가장 적절하지 않은 것은?

세상에 존재하는 미생물의 종류는 매우 많다. 그 많은 미생물 중 어느 것이 체내에 유입되어 질병을 일으킬지 알 수 없기 때문에 우리 몸에 항체를 모두 준비해 둘 수는 없다. 따라서 우리 몸의 면역계는 유전의 방법이 아니라, 외부에서 미생물이 침입했을 때 이를 정확하게 인식하고 그에 맞는 항체를 만들어 내는 과정을 통해 면역력을 획득한다. 면역력이 유전되지 않는다는 것은 사람을 노리는 미생물에게는 20~30년을 주기로 항체를 갖추지 못한 신천지가 새로 제공된다는 것을 뜻한다. 이것만 고려한다면 인간 집단은 주기적으로 급감하는 추세를 보여야 한다. 하지만 다행스럽게도 실제로 그런 일이 나타난 경우는 많지 않다.

왜 그럴까? 이는 인간과 인간에 기생해야만 살아갈 수 있는 미생물 사이에 모종의 공존 계약이 맺어졌기 때문이다. 실제로 한 지역에서 오랜 세월 동안 질병을 일으키는 미생물과 숙주가 공존하는 경우, 초기에는 매우 강력한 독성을 지니던 전염병이었을지라도 나중에는 주로 면역력이 약한 어린아이에게만 감염되는 풍토성 질병으로 변하곤 한다. 학자들은 이를 숙주에 기생하는 미생물과 기생 생물을 퇴치하려는 인간 사이에 일어나는 진화적 적응의 결과로 보고 있다.

기생 생물과 숙주는 날을 세운 창과 무쇠를 덧댄 방패와 같다. 한쪽은 끊임없이 양분을 빼앗으려 하고, 한쪽은 어떻게든 방어하려 한다. 이때 문제가 발생한다. 기생 생물은 가능한 한 숙주로부터 많은 것을 빼앗는 것이 유리하지만 숙주가 죽게 되면 기생 생물에게도 오히려 해가 된다. 기생 생물에게 숙주는 양분을 공급해 주는 먹잇감인 동시에 살아가는 서식처이기 때문이다. 따라서 기생 생물은 최적의 생활 조건을 유지하기 위해 '중용의 도'를 깨달아야 하는 상황에 놓인다. 이때쯤 되면 기생 생물은 자신의 종족이 장기적으로 번성하려면 많은 양분을 한꺼번에 빼앗아 숙주를 죽이는 것이 아니라 견딜 수 있을 만큼만 빼앗아 숙주를 살려 둔 상태로 장기간 수탈하는 것이 더 낫다고 판단한 것처럼 행동한다.

보통 인간과 처음 마주치게 되면 미생물은 처음 접하는 낯선 숙주인 인간을 강력하게 공격한다. 설상가상으로 낯선 미생물을 접해 본 적이 없는 인간의 면역계는 그에 대한 항체를 만드는 데 서투르기 때문에 낯선 미생물과 인간의 초기 전투는 미생물의 일방적인 승리로 끝난다. 2세기경 로마 제국에서는 알 수 없는 역병이 두 번에 걸쳐 유행했다. 그리고 그 위력은 어마어마해서 역병이 유행한 지역에서는 인구의 20~30퍼센트가 사망했을 정도였다. 이 역병의 대유행으로 지칠 대로 지친 로마는 4세기경 게르만족이 침입했을 때는 이미 싸울 기력조차 없었다. 학자들은 지중해의 패권을 쥐었던 로마를 속으로부터 골병들게 만들었던 장본인을 홍역으로 보고 있다. 이제는 유아 질환으로 자리 잡은 홍역의 위력이 당시에는 어마어마했던 것이다. 소에서 유래된 것으로 알려진 홍역 바이러스가 처음 인간의 몸에 유입되었을 때 이에 대한 항체가 거의 없었기 때문에 속수무책으로 당할 수밖에 없었다. 그러나 대유행이 몇 번 지나가고 나면 점차 독성이 약해진다. 이는 미생물이 숙주를 장기간 착취하려고 한발 물

러서는 한편 숙주가 항체를 만들어내면서 미생물 퇴치에 한발 나아가면서 저울의 추가 균형 점으로 이동하기 때문이다.

미생물과 인간의 공존 관계는 반드시 미생물에게만 유리한 것은 아니다. 인간 역시 처음에는 귀찮은 방해자로 여겼던 미생물과 적절히 균형을 맞추면서 살아가는 방법을 익힌다. 인간의 장내에는 약 500여 종의 세균이 공존하고 있다. 아주 작은 미생물인 이들 장내 세균은 분명히 한때는 외부 침입자였지만 지금은 인간과 더없이 좋은 동반자 관계를 유지하고 있다.

장은 몸속에 있는 기관이지만, 입과 항문을 통해 열려 있는 구조를 가지고 있고 외부에서 끊임없이 음식물이 들어오기 때문에 항상 미생물의 침입에 노출되어 있다. 하지만 장내 정상 세균이 장 점막을 코팅하고 있기 때문에 외부에서 들어온 세균이 점막을 통해 혈액으로 침입하지 못한다. 또 장내 세균은 장의 면역력을 증가시키는 데 도움을 준다. 장내 세균들 덕에 면역 세포는 항상 실전 연습을 하고 있기 때문에 간혹 해로운 미생물이 나타나더라도 금방 물리칠 수 있게 된다.

또한 장내 세균은 음식물의 소화와 영양분의 합성을 도와서 건강에 도움을 준다. 사람의 장 속에서는 다른 물질의 분해를 돕고 암모니아처럼 해로운 물질을 분해하는 미생물이 존재해 소화를 돕는다. 그뿐만 아니라 사람의 장 속에 공생하는 미생물인 대장균은 비타민 K를 만들어 낸다. 비타민 K가 부족하면 피가 잘 멎지 않고 몸속에서 피가 나는 내출혈 증상이 나타나기 쉬운데, 대장균이 비타민 K를 만들어 공급하기 때문에 사람에게 비타민 K 부족증이 나타나는 경우는 매우 드물다.

① 인간과 장내 세균은 동반자 관계에 있다.
② 인간과 미생물 사이에 공존 계약이 맺어진다.
③ 질병으로 인해 인구가 주기적으로 급감하고 있다.
④ 장내 세균은 장을 보호해 주고 면역력을 증진시켜준다.

정답·해설 137p

01 밑줄 친 단어의 품사가 다른 하나는?

① 나는 어제 낮부터 가벼운 몸살 기운을 느꼈다.
② 아이가 왼쪽 다리를 깊숙이 바른 무릎에 올렸다.
③ 심지가 곧은 사람일수록 불의를 보면 참지 못한다.
④ 그는 어려서부터 아쉬운 게 없이 살아온 사람이다.

02 다음 중 띄어쓰기가 필요하지 않은 문장은?

① 이건 귀한 거라 손님을 대접하는데나 쓴다.
② 방이 좁은데 가구를 너무 많이 가져오지 마라.
③ 이런데 와서 난동을 부린다고 해결될 일이 아니다.
④ 거기 가는데에는 아무래도 지하철이 가장 편리하다.

03 다음 글의 서술 방식으로 가장 적절한 것은?

경제학에서는 시장에 의한 자원 배분이 최선의 상태에 이르지 못하는 현상, 즉 효율적인 자원 배분의 달성이 저해되는 상태를 '시장 실패'라 일컫는다. 시장 실패를 초래하는 원인 중의 하나가 외부성이다. 일상생활에서 한 사람의 경제 활동은 다른 사람의 경제 활동에 영향을 주기 마련이다. 그리고 이러한 영향은 대부분의 경우 시장 가격에 반영되어 있다. 그러나 어떤 사람의 경제 활동이 뜻하지 않게 다른 사람에게 혜택이나 손해를 주는데도 이것이 가격에 반영되지 않는 경우도 있다. 경제학에서는 이처럼 어떤 사람의 행동이 의도하지는 않았지만 제3자에게 영향을 주고도 이에 대해 대가를 받지도 치르지도 않는 것을 '외부성'이라고 한다. 외부성에는 해로운 것도 있고 이로운 것도 있는데, 다른 사람에게 의도하지 않은 혜택을 주는 것을 '외부 경제'라 하고 의도하지 않은 손해를 주는 것을 '외부 불경제'라 한다.

과수원 주위에 벌통을 갖다놓은 양봉업자를 생각해 보자. 양봉업자는 꿀을 생산하여 사적(私的) 편익을 얻는다. 그런데 벌들이 꿀을 채취하는 동안에 과일의 수정이 잘 이루어지기 때문에 과일 생산량이 증가하게 된다. 이것은 양봉업자가 과수원 주인에게 주는 외부 경제이다. 이와 같이 외부 경제가 존재하는 경우에는 사회적 편익이 사적 편익보다 더 크게 된다. 이에 따라 외부 경제를 발생시키는 양봉업자의 생산량은 사회 전체적으로 바람직한 수준에 못 미치게 된다. 양봉업자는 사회적 편익보다 작은 사적 편익만을 고려하여 생산량을 결정하기 때문이다.

이번에는 자동차 생산 기업을 생각해 보자. 자동차 생산 기업은 환경오염과 같은 외부 불경제를 발생시킨다. 자동차 생산의 사회적 비용은 사적 비용에 환경오염의 비용을 합한 것과 같다. 그러나 이 기업이 비용을 계산할 때에는 사회에 해를 끼치는 환경 오염의 비용은 감안하지 않고 자동차 생산 비용이라는 사적 비용만을 고려한다. 외부 불경제를 낳는 개별 기업은 생산 규모를 결정할 때 사회적 비용보다 적은 사적 비용에 근거하기 때문에, 이 기업의 생산량은 사회 전체적으로 바람직한 수준을 초과하게 된다. 물론 이는 자원의 비효율적인 배분으로 이어진다.

시장 실패의 또 다른 원인에는 공공재도 있다. 골목길에 설치된 가로등과 어떤 사람의 집 서재에 있는 독서등은 물리적으로는 비슷한 성질을 갖고 있지만 경제적으로는 큰 차이가 있다. 경제학에서는 가로등과 같은 것은 '공공재'라 부르고, 독서등과 같은 것은 '사적재'라 일컫는다.

사적재는 어떤 사람이 재화나 서비스를 소비하면 다른 사람은 소비할 수 없게 된다. 이와 달리 공공재는 어떤 사람이 재화나 서비스를 소비한다 하더라도 다른 사람의 소비 기회가 줄어들지 않는다. 공공재의 이러한 특성을 '비경합성'이라 한다. 한편, 공공재는 사적재와 달리 대가를 치르지 않은 사람이라 하더라도 공공재의 소비에서 배제시킬 수 없는 특성이 있다. 공공재의 이러한 특성을 '배제 불가능성'이라 한다. 공공재가 시장 실패로 이어지는 이유는 바로 공공재의 이러한 두 가지 특성 때문이다. 따라서 공공재는 근본적으로 이윤을 목적으로 작동하는 시장에서 효율적으로 생산되고 공급될 수 없다.

하지만 정부가 무턱대고 공공재 공급에만 치중하는 것도 어리석은 일이다. 공공재에 대한 과잉 투자는 국민들의 혈세 낭비로 이어져 차라리 시장 기능에 의한 공공재의 부족한 공급보다 더 못한 결과를 가져올 수도 있기 때문이다.

① 사례를 비교하여 문제 해결 방안을 모색하고 있다.
② 현상의 원인을 분석하고 구체적 사례를 들어 이해를 돕고 있다.
③ 이론의 장단점을 비교하여 이론에 대해 체계적으로 조명하고 있다.
④ 설명하고자 하는 대상을 구성 성분으로 나누어 차례대로 살펴보고 있다.

04 <보기>에 대한 설명으로 잘못된 것은?

> ───〈보기〉───
> 불휘 기픈 남ᄀᆞᆫ ᄇᆞᄅᆞ매 아니 뮐씨, 곶 됴코 여름 하ᄂᆞ니
> 시미 기픈 므른 ᄀᆞ마래 아니 그츨씨, 내히 이러 바ᄅᆞ래
> 가ᄂᆞ니

① 경기체가의 대표작이다.
② '남ᄀᆞᆫ'과 '시미'는 조선과 조선의 백성, 'ᄇᆞᄅᆞ매'와 'ᄀᆞ마래'는 시련을 주는 대상을 상징한다.
③ '여름 하ᄂᆞ니'는 열매가 많다는 의미이다.
④ '내히 이러'는 냇물이 모인다는 의미이다.

05 복수 표준어 인정 사례 중 의도가 다른 하나는?

① 등목 - 목물
② 남우세스럽다 - 남사스럽다
③ 어수룩하다 - 어리숙하다
④ 토담 - 흙담

06 밑줄 친 한자 성어의 쓰임이 적절하지 않은 것은?

① 男負女戴의 피난민 행렬은 아비규환 그 자체였다.
② 孤掌難鳴이라고 너희 둘 모두에게 이 일의 책임이 있다.
③ 오랜 전쟁으로 肝膽相照하던 차에 전쟁이 끝났다는 소식을 들었다.
④ 너에게 좋은 말만 하는 사람은 口蜜腹劍이 아닌지 의심해 봐야 한다.

07 다음 중 언어 예절에 어긋나는 것은?

① 남동생의 장인을 '사돈어른'이라고 부른다.
② 아내 남동생의 아내를 '처남댁'이라고 부른다.
③ 남편 누나의 남편을 '아주버님'이라고 부른다.
④ 조위금 봉투에는 '부의' 또는 '근조'라고 쓴다.

08 "어렵게 된 일을 잘하려고 노력해야 하는 사람이 도리어 엉뚱한 행동을 한다."라는 의미를 가진 속담은?

① 소 탄 양반의 송사 결정이라
② 논 팔아 굿 하니 맏며느리 춤추더라.
③ 봄에 깐 병아리 가을에 와서 세어본다.
④ 눈 어둡다 하더니 다홍 고추만 잘 딴다.

09 다음 글을 알맞은 순서로 배열한 것은?

(가) 실제로 그것은 사실임이 입증되었다. 여성들은 혼자 있을 때 상대방에게 더 높은 전기 충격을 가했다. 여성 참관인이 전기 충격을 좀 더 세게 주라고 부추길 때도 역시 충격의 전도가 강했다. 그러나 여성 참관인이 아무 말도 하지 않고 있을 경우에는 공격성을 억제하고 충격도 최저 수준이었다.

(나) 1979년에 심리학자 리처드슨과 번스타인, 테일러는 이 점을 더 상세히 조사하기 위해 실험을 실시했다. 그들은 여성 피실험자들을 모아 놓고 실험실에서 반응 실험을 한다고 말했다. 피실험자들에게는 가공의 상대방과 비교하여 반응시간이 누가 더 빠른가를 경쟁하는 것이라고 말해 두었다. 또 연구자들은 매번 실험할 때마다 둘 중 반응시간이 더 늦은 사람에게 작은 전기 충격이 가해진다고 말했다.

(다) 이 실험은, 여성이 공격성이나 분노를 표출하는 것은 사회적 환경에서 여성에게 어울린다고 간주되는 기준에 의해 크게 좌우된다는 사실을 확인해 준다. 또한 반복 실험을 한 결과, 여성은 비록 공격성을 표출하는 단계에 이르기까지는 쉽지 않지만 일단 그 문턱을 넘어서면 남성 못지않은 공격성을 보인다는 사실이 밝혀졌다. 그러나 저항이 적을 경우 여성은 공격성의 정도를 낮추는 것으로 보인다. 즉 여성은 공격이 부적절하다고 생각할 때는 공격성을 억제하는 것이다.

(라) 일반적인 생각이나 상식에 의하면 남성은 여성보다 더 공격적이라고 한다. 남성은 여성보다 폭력 행위를 더 자주, 더 심하게 한다고 알려져 있으며, 시대와 문화를 불문하고 여성은 대체로 적대감이나 분노와는 거리가 멀고 온순하다고 생각된다. 하지만 체계적인 심리학적·사회학적 연구에 따르면 이런 상식은 사실과는 다르며, 여기에는 수많은 요인들이 작용한다. 많은 상황에서 여성이 남성에 비해 덜 공격적으로 행동하는 것은 사실이다. 그러나 그것은 주로 여성에게 주어지는 사회적이고 환경적인 기대에 기인하는 것이며, 그런 요인이 없을 경우 여성의 공격적 성향은 훨씬 명확해진다.

(마) 실은 실험자가 전기 충격을 주는 것이지만, 피실험자들에게는 상대방이 그 전기 충격을 준다고 생각하도록 했다. 연구자들은 피실험자들을 세 집단으로 나누었다. 한 집단은 피실험자들만 있고 그들 외에는 아무도 지켜보는 사람이 없었다. 다음 집단은 여성 참관인 한 사람이 참석하지만 아무 말도 하지 않도록 했다. 셋째 집단은 여성 참관인이 참석해서 말로만 격려하도록 했다. 연구자들은 피실험자들만 있을 때 공격적 성향을 억제하는 심리가 완화되리라고 예상했다. 다시 말해 제3자가 있을 때보다 자기들끼리 있을 때 공격성이 더 강해지리라는 것이었다.

① (나) - (라) - (마) - (가) - (다)
② (나) - (마) - (라) - (다) - (가)
③ (라) - (가) - (나) - (마) - (다)
④ (라) - (나) - (마) - (가) - (다)

10 다음 글의 내용을 통해 알 수 있는 것은?

20세기 들어와 벌어진 위작 논란 가운데 가장 유명한 것은 네덜란드 미술관과 미술사들을 감쪽같이 속여 넘겨 명작 평가를 받았던 반 메헤렌의 베르메르 위작 소동이다. 1930년대에 위조 전문가 메헤렌이 베르메르 화풍의 특징을 짜깁기해서 그렸던 예수의 성화와 여인 초상 등은 당시 높은 가격에 미술관에 팔렸고, 평론가들의 극찬까지 받았다. 그러나 후일 나치스에 위작 그림을 팔아넘겼다가 들통이 난 메헤렌이 자신의 모작 사실을 아무도 믿으려 하지 않자 법정에서 직접 그림을 그리는 해프닝까지 벌어졌다. 그러나 그 탁월한 위조 실력을 인정받은 그의 그림들은 네덜란드 미술관과 연구소에 엄연히 명작으로 보관되어 있고, 이 논란은 이후 베르메르 작품의 진위를 가리는 하나의 기준이 된다.

이런 맥락에서 고금의 미술사를 살펴보면 위작 논란은 마냥 부끄러워할 일만은 아니다. 오히려 논쟁이 잘 진행되면 긍정적인 효과도 적지 않다. 해당 작가나 작품의 미술사적 가치를 더욱 명확히 해주고 더욱 확실한 진위 판정의 기준점을 마련해 주기 때문이다.

실제로 외국에서는 위작 시비가 발생할 경우, 명백한 조작품으로 드러나지 않는 한, 수십 년 혹은 수 년 간 학문적 논쟁을 촉발하면서 자연스럽게 진위의 판단이 이뤄지는 경우가 대부분이라고 한다. 논란 과정에서 숱한 논문과 조사 자료가 발표되고 전문가들이 소신 있게 자신의 견해를 밝혀나가는 것은 물론이다. 지금도 수십 년째 전문가들의 엇갈린 진위 논란이 벌어지고 있는 렘브란트 작품과, 수십여 편의 관련 논문을 양산하면서 박물관과 감정연구소에 교과서적 사례로 소장된 반 메헤렌의 베르메르 위작들이 그런 예다. 렘브란트 작품의 경우 미술관이 소장하고 있는 작품과 같은 작품이 유통되면서 말썽이 일자 미술관의 해당 작품에는 위작 논란이 일고 있다는 안내문을 붙이기도 하였다.

예술의 대중화가 진행되고 대중의 문화 수준이 갈수록 높아지면서 앞으로 미술 시장의 거래가 더욱 활발해지고 다루는 작품의 범주 또한 확대될 것임이 분명하다. 이에 따라 진품을 둘러싼 논란은 갈수록 첨예하게 늘어날 가능성이 높다. 게다가 대량 생산된 변기에 사인만 한 뒤 자기 작품으로 삼은 뒤샹의 경우처럼, 현대 미술계에서는 갈수록 차용이나 복제와 같은 개념적 전략이 득세할 것이다. 디지털 사진의 등장으로 이미지의 대량 복제가 거의 일상화된 요즘, 오리지널과 복제에 대한 편가르기적인 개념은 갈수록 희박해진다. 1990년대 이후 포스트 모더니즘이 나타나면서부터는 '하늘 아래 진짜는 없다.'는 구호 아래 기존 진품을 그대로 베낀 작품들도 급증하고 있다. 때문에 진위 논란의 양상은 더욱 복잡하게 전개될 것이다. 따라서 위작 논란은 미술사적 평가와 정리를 위해 거쳐야 할 홍역이라고 할 수밖에 없을 것이다.

시장의 논리가 삶 속에 촘촘히 스며든 현대 사회에서 예술품은 과거처럼 작가와 소비자 사이에서만 존립할 수 없다. 미술품의 가치를 밝히고 발굴하는 평론가 역할을 하는 미술사가와 그 가치를 업고 전시를 하는 기획자, 시장에서 상품으로 파는 화상(怜商), 딜러들의 분업화된 메커니즘이 반드시 필요한 시대다. 따라서 위작 논란의 해

법은 수집가들과 대중으로부터 신뢰를 받을 수 있는 미술관 자체의 게이트 기능을 이중 삼중으로 강화하는 데 있다. 지금 우리 미술관에 가장 절실한 것은 작가와 비평가, 미술사가, 화상, 유족들의 문서와 기록 공유, 경험적 판단이 유기적으로 통합된 위작 방어 시스템일 것이다.

① 예술 작품의 범주는 현대로 올수록 그 자리가 점점 좁아지고 있다.
② 명작을 모방한 예술 작품은 어느 경우에도 그 가치를 인정받을 수 없다.
③ 미술 작품은 평론의 대상, 전시물, 판매 대상 등의 다양한 위상을 지니고 있다.
④ 명작으로 인정받은 예술 작품은 현대 사회의 시장 논리를 피해 순수성을 보장받는다.

11 로마자 표기법 중 〈보기〉로 설명할 수 없는 것은?

〈보기〉
묵호(Mukho)　　　　낙동강(Nakdonggang)
집현전(Jiphyeonjeon)

① 된소리되기는 표기에 반영하지 않는다.
② 고유명사는 첫 글자를 대문자로 적는다.
③ 장모음을 표기하지 않는다.
④ 체언에서 'ㄱ, ㄷ, ㅂ' 뒤에 'ㅎ'이 따를 때에는 'ㅎ'을 밝혀 적는다.

12 〈보기〉의 밑줄 친 '훔치다'와 의미가 다른 것은?

〈보기〉
치마를 걷어 올려 코 밑을 훔치는 것을 보니 을생이 우는 모양이다.

① 손수건으로 눈물을 훔치다.
② 걸레를 빨아서 방을 닦고 마루를 훔쳤다.
③ 그는 긴장을 했는지 연방 식은땀을 훔쳐 내었다.
④ 고 씨는 연방 벽장 속을 훔치며 무언가를 열심히 찾고 있었다.

13 다음 중 사이시옷 표기의 근거가 다른 하나는?

① 제삿날   ② 가욋일
③ 툇마루   ④ 양칫물

14 다음 소설의 고부의 대화 중, '며느리'의 말하기 방식으로 올바른 것은?

> "그래 그때 어머님 마음이 어떠셨어요?"
> "마음이 어떻기는야. 팔린 집이나마 거기서 하룻밤 저 아그를 재워 보내고 싶어 싫은 골목 드나들며 마당도 쓸고 걸레질도 훔치며 기다려 온 에미였는디, 더운 밥 해 먹이고 하룻밤을 재우고 나니 그만만 해도 한 소원은 우선 풀린 것 같더구나."
> "그래 어머님은 흡족한 기분으로 아들을 떠나 보내셨다는 그런 말씀이시겠군요. 하지만 정말로 그게 그렇게 될 수가 있었을까요? 어머님은 정말로 그렇게 흡족한 마음으로 아들을 떠나보내실 수 있으셨을까 말씀이에요. 아들은 다시 학교로 돌아가는 길이었다 하더라도 어머님 자신은 그때 변변한 거처 하나 마련해 두시질 못하셨을 처지에 말씀이에요."
> "나더러 또 무슨 이야길 더 하라는 것이냐."
> "그때 아들을 떠나보내실 때 어머님 심경을 듣고 싶어요. 객지 공부 가는 어린 아들을 그런 식으로 떠나보내시면서 어머님 자신도 거처가 없이 떠도셔야 했던 그때 처지에서 어머님이 겪으신 심경을 말씀예요."
> "그만두거라. 다 쓸데없는 노릇이니라. 이야기를 한들 그때 마음이야 네가 어찌 다 알아들을 수가 있었겠냐."
> 노인은 다시 이야기를 사양했다.
> 그러나 그 체념기가 완연한 노인의 어조에는 아직도 혼자 당신의 맘속으로만 지녀온 어떤 이야기가 남아 있을 거 같았다.
>
>   - 이청준, <눈길>

① 어머니를 탓하며 원망하고 있다.
② 어머니가 행동을 계속하도록 격려하고 있다.
③ 어머니가 진실을 말할 때까지 기다려 주고 있다.
④ 어머니가 속마음을 꺼낼 수 있도록 유도하고 있다.

15 밑줄 친 부분의 띄어쓰기가 바른 것은?

① 그녀는 <u>최 씨 문중</u>의 장손을 낳았다.
② 소년은 <u>어릴 적</u> 모습과는 영 딴판이다.
③ 두 사람의 관계는 먼 촌수의 <u>숙질 간</u>이었다.
④ <u>제 1차 세계 대전</u>의 발원지는 동유럽의 한 도시였다.

16 다음 중 한자어 표기가 바르지 않은 것은?

① 나는 아내의 정성 어린 간호 덕택(德澤)에 병세가 호전 됐다.
② 그는 수산화나트륨 용액의 희석(稀釋)을 위해 물을 약간 섞었다.
③ 그 노래는 오늘날까지 많은 사람 사이에 널리 회자(膾炙) 되고 있다.
④ 주민들은 정부의 농어촌 정책에 대해서 염증(炎症)과 우려를 나타냈다.

17 밑줄 친 외래어 표기가 바르지 않은 것은?

① 곳곳에 <u>바리케이드(barricade)</u>가 쳐 있었다.
② 그는 <u>타깃(target)</u>을 다시 바라본 후 방아쇠를 당겼다.
③ 명품가방 소비에 대한 소비자 <u>앙케트(enquête)</u>를 실시하였다.
④ 우리 회원 중 하나가 <u>섀도우복싱(shadow boxing)</u>하는 걸 보세요.

18 밑줄 친 단어의 품사와 문장 성분은?

> 유학 중인 친구에게 보낸 엽서의 스펠을 <u>틀리게</u> 적는 바람에 엽서가 다시 돌아왔다.

① 동사, 부사어
② 형용사, 부사어
③ 동사, 관형어
④ 형용사, 관형어

19 (가)~(라)의 중심 내용으로 적절하지 않은 것은?

> (가) 1905년 아인슈타인은 물질과 에너지는 동전의 양면과 같이 동일하다는 이론을 발표했다. $E=mc^2$이라는 유명한 '질량(m)과 에너지(E) 등가 원리'가 바로 그것이다. 이 원리에 의하면 모든 물질은 특정한 양의 에너지를 내포하고 있다. 그리고 이 에너지는 물질의 종류에 관계없이 질량에 의해서만 결정된다. 예컨대 소금 1g과 우라늄 1g은 동일한 양의 에너지를 갖고 있다는 것이다. 이 원리에서는 질량(m)에 매우 큰 값인 빛의 속도(c)의 제곱이 곱해져 있다. 따라서 질량이 매우 작더라도 많은 양의 에너지를 갖게 된다. 그런데 모든 물질은 온도가 충분히 높아질 때 그 물질을 구성하는 원자핵과 전자의 결합이 깨지게 되면서 모두 에너지로 바뀌어 결국 에너지만 존재하게 된다.
>
> (나) 이러한 물질의 비물질성은 원자의 내부 구조를 이해하면 좀 더 자명해진다. 원래 철학적 개념에 불과했던 원자는 20세기에 들면서 원자핵과 전자들로 구성되어 있음을 알게 되었다. 그런데 한 가지 놀라운 사실은 원자의 내부가 물질로 꽉 채워져 있는 것이 아니라 99.99% 이상이 빈 공간이라는 것이다. 돌과 같은 고체도 사실은 그 내부가 대부분 비어 있다는 것이다.
>
> (다) 그렇다면 왜 돌이 쉽게 부스러지지 않고 그 모양을 유지하는 것일까? 이는 원자핵과 전자 사이의 빈 공간에 보이지 않는 전자기적 인력에 의한 에너지가 채워져 있기 때문이다. 즉, 모든 보이는 것은 어떤 물질로 차 있어서가 아니라 에너지로 강하게 서로 붙들어서 형체를 유지하는 것이다.
>
> (라) 그렇다면 단순히 적당한 에너지만 있으면 원자와 같은 물질이 저절로 만들어질 수 있을까? 원자핵과 전자의 경우만 보더라도 여기에는 단순한 에너지 그 이상의, 수식으로 표현하기 어려운 복잡한 어떤 것이 있다. 과학자들은 이것을 '정보'라고 부른다. 다만 그 '정보'가 무엇인지에 대해서는 체계적인 설명이 없어 쉽게 받아들이기 어렵다. 하지만 모든 과학적 발견들이 짐작에서 시작되었던 것처럼, 물리나 생명 현상 뒤에 엄청나게 얽혀 있는 '정보'가 과학적으로 밝혀질 날이 올 것이다.

① (가): '질량과 에너지 등가 원리'를 통해 살펴 본 물질과 에너지의 관계
② (나): 물질의 내부 구조를 통해 살펴 본 물질의 비물질성
③ (다): 물질이 형체를 유지할 수 있는 이유
④ (라): 물질이 '정보'를 활용할 때 갖추어야 할 조건

20 다음 중 가장 어법에 맞는 문장은?

① 귀하의 노고와 번영을 진심으로 기원합니다.
② 직분, 즉 해야 할 일을 해야 한다는 것이다.
③ 소생의 자식 결혼 시 축복과 격려해 주신 데 대하여 감사를 드립니다.
④ 정성을 다한 시공과 최대한 공사 기간을 단축하여 공사를 마무리하겠습니다.

21 밑줄 친 어휘가 적절하게 쓰인 것은?

① 문제의 난이도를 낮춰 시험이 쉬웠다.
② 그의 아버지는 경기도지사를 역임했다.
③ 합격자 발표를 기다리며 안절부절못하다.
④ 클래식을 듣는 와중에 전화 벨소리가 울렸다.

22 ㉠~㉣에 대한 설명으로 적절하지 않은 것은?

> [앞부분 줄거리]
> 　조조는 적벽대전에서 참패하여 많은 군사를 잃고 도망을 친다. 도망하던 중에도 매복한 적군을 만나 또 많은 병사를 잃은 조조는, 구사일생으로 살아남아 군사 점고를 하기 시작한다.
>
> [중모리] 허무적이가 울며 들어오네. 투구 벗어 손에 들고, 갑옷 벗어 들어메고, 한 팔 늘이우고, 한 다리 절룩절룩, 통곡으로 우는 말이, "㉠ 고향을 바라보니 구름만 담담허고, 가솔을 생각허니 슬픈 마음 측량없소. 가고지고, 가고지고, 우리 고향을 가고지고."
> [아니리] 애고 애고 통곡하니, 조조 보고,
> "너는 천총의 도리로 오연불배 괘씸하니 네 이놈 목 베어라."
> 허무적이 여짜오되.
> [중모리] "승상님, 내 말을 들어 보오. 여보, 승상님, 듣조시오. 적벽강 급한 난리 화전(火箭)을 피하려다, 뜻밖의 살 한 개가 수르르르르 떠들어와, 팔 맞어 부러지고 다리조차 맞었으니, 전연 군례(軍禮)할 수 있소? 어서 목을 비여 주오. 혼비혼환 둥둥 떠서 그립던 부모와 애중한 처자권솔 얼굴이나 보고지고. 어서 급히 죽여 주오!"
> [아니리] 조조, 망발로 생각하고,
> "우지 마라, 우지 마라, 늬 부모가 즉 내 부모요, 내 부모가 즉 늬 부모라."
> 달래여 내보내고, / "또 불러라.", "좌기병 골내종이!"
> [중중모리] 골내종이가 들어온다. 골내종이 들어온다. ㉡ 안판 낙포 곱사등에 눈시울은 찢어지고, 입합차 비틀어져, 귀 하나 떨어지고, 왼팔이 쭉 늘여져, 다리 절고 곰배팔 거침없이 휘저으며, 껑충껑충 모둠발로 뛰어 들어와, / "예이!"

[아니리] 조조 보고 대소하며,
"야, 그놈 병신부자놈이로구나. 저놈 어디서 낮잠 자다가 생벼락 맞은 놈 아니냐? 저런 것들 군중에 두어야 후환거리라, 우리는 앞에 달아나면 저놈은 뒤에 쳐졌다가 우리 간 데만 꼭꼭 적병에게 일러 줄 테니, 저것 없애 부리자. 좋은 수 있다. ⓒ 저놈을 잘 씻어 푹 삶아라. 한 그릇씩 아주 먹고 가지."
골내종이 어이없어 조조를 물끄러미 눈이 찢어지게 한참 쳐다보더니마는,
"승상님 눈 생긴 것이 꼭 인장식허게 되었소.",
"저것 보기 싫다. 몰아내라."
"우기병 박덜랭이!"
[중중모리] 박덜랭이가 들어온다. 박덜랭이가 들어온다. 부러진 장대를 거꾸로 짚고, 두 눈을 부릅뜨고 덜렁거리고 들어와 조조 앞에 가 우뚝 서서,
"예이!" / 허고 달려든다.
[아니리] ⓔ 조조 보고 질색허여, / "아이고, 저거, 저저저 저저 장비 군사 아니냐?"
박덜랭이 하는 말이, / "아니 늬 아들놈이 장비 군사란 말이요, 조조 군사지.",
"네 이놈, 조조라니?" / "아, 이녁 군사도 몰라본단 말씀이요?",
"늬가 내 군사 같으면 왜 그리 성허냐?", / "아, 성허거든 회 쳐 잡수시오.",
"이애, 그게 웬말이냐?"
"아까 병든 놈은 국 끓여먹는다 했으니 성한 놈은 회 쳐 잡수셔야지요."
"너는 별로 성하기에 반가워 허는 말이로다."

- 작자 미상, <적벽가>

① ⊙: 전쟁터에서 고생하는 병사들이 애환이 드러난다.
② ⓛ: 적벽대전에 참패한 조조 진영의 모습을 대변한다.
③ ⓒ: 조조의 비정하고 잔인한 성격을 드러내고 있다.
④ ⓔ: 화를 내고 있는 조조의 모습에 깜짝 놀라고 있다.

23 다음 글의 내용과 일치하지 않는 것은?

인문학이 위기를 맞고 있다는 말을 많이 듣고 있다. '인문학의 위기'라는 주제에는 세 가지 중요한 물음들이 포함되어 있다. 첫째, 인문학은 어떤 성격의 학문인가? 하는 것이고, 둘째는 인문학의 위기란 무엇을 뜻하는가? 마지막으로 인문학이 위기라면, 그것이 어떤 점에서 문제가 되는가? 라는 물음이다.

인문학은 인간을 탐구 대상으로 하는 과학이라기보다는 오히려 '제대로 된 인간을 만든다는 이념'과 긴밀한 관계가 있는 학문이다. '인문학'이라는 용어를 만들어낸 고대 로마의 지식인들은, 교육받지 않은 상태의 인간이란

짐승과 크게 다를 것이 없어서 제대로 된 인간에 미치지 못한다고 생각했다. 문화적 성취를 통해서 인간은 인간 노릇을 제대로 하는데, 인문 교육은 바로 이러한 문화적 성취를 전수함으로써 인간을 인간답게 만들어주는 기능을 하는 것이라고 여겼다. 인문학은 이러한 인문 교육에 있어서 내용이 되는 것을 말한다.

그러나 자연과학의 폭발적인 발전과 함께 시작된 근대에서는 인문학에 대한 인식에 변화가 일어났다. 수치로 나타낼 수 있는 것만이 진리라는 생각이 널리 받아들여지게 되고, 인간도 과학적 탐구의 대상인 자연의 일부로 간주되는 근대 자연과학의 사고방식이 확산되었다. 이러한 사고방식은 자연과 구분되는 '인간다움'을 추구하는 인문학의 이념과 상충되는 것이었다. 이렇게 볼 때 인문학의 위기는 이미 17세기에서도 문제가 되고 있었던 것이다. 이 위기는 20세기에 들어서서 자연과학이 기술공학과 밀접하게 결합되면서 심화된 것뿐이다. 그것은 사람들이 과거 어느 때보다도 산업화에 관심을 가지면서 자연과학을 중시하게 된 결과였다.

20세기의 과학과 기술문명의 발달은 전 세계의 경제 질서를 효율성과 실용성을 극도로 추구하는 신자유주의 체제로 재편하는 결과를 가져왔다. 시장 경제의 원리만이 지배하는 이러한 체제의 특징은 무한 경쟁이다. 저마다 살아남기 위해서 최선을 다하지 않으면 안 된다. 이런 점에서 신자유주의는 '인간다움'의 이상을 추구하고자 하는 인문학의 이념과는 충돌을 빚을 수밖에 없다. 인문학은 도덕적 올바름과 예술적 아름다움, 그리고 학문적 진리를 중요시하므로 종종 실용성이나 효율성과 상충되거나 무관한 경우가 많기 때문이다. 그래서 20세기 들어 더욱 인문학이 경시되는 경향이 나타난 것이다. 하지만 또 다른 한편으로는 바로 그렇기 때문에 인문학은 오히려 시장경제의 원리나 신자유주의, 실용주의적 사유를 비판할 수 있고, 넘어설 수 있는 대안이 될 수도 있는 것이다.

이런 점에서 본다면, 인문학의 진정한 위기는 신자유주의의 시장 전체주의 같은 외적인 환경에 있다기보다는 인문학이 사람들로 하여금 사람 노릇을 제대로 할 수 있도록 해 주는 본래의 기능을 상실한 데에 있는 것이다. 이를 바로잡기 위해서는 인문학이 현실의 삶과 유리된 채 학문의 세계만 고집해서는 안 된다. 인문학은 우리의 현실에서 발생하는 다양한 문제들을 외면해서는 안 되며, 그것을 그 사회의 고유한 언어와 고유한 방법으로 다룰 수 있어야 한다. 이렇게 할 때, 인문학은 폐쇄성을 극복하고 대중에게 가깝게 다가설 수 있을 것이다.

① 기술공학의 발전으로 인문학의 위기가 심화됐다.
② 인문 교육을 통하여 인간의 문화적 성취를 전수한다.
③ 자연과학은 인간을 자연의 일부로 여기며 탐구 대상으로 삼았다.
④ 인문학의 진정한 위기는 인문학 자체가 순수한 학문이라는 데서 비롯된다.

24 ⊙~@에 대한 설명으로 적절하지 않은 것은?

오늘 저녁 이 좁다란 방의 흰 바람벽에
어쩐지 쓸쓸한 것만이 오고 간다
이 흰 바람벽에
⊙ 희미한 십오 촉(十五燭) 전등이 지치운 불빛을 내어
던지고
때글은 다 낡은 무명 샤쯔가 어두운 그림자를 쉬이고
그리고 또 달디단 따끈한 감주나 한 잔 먹고 싶다고 생
각하는 내 가지가지 외로운 생각이 헤매인다
그런데 이것은 또 어인 일인가
이 흰 바람벽에
내 가난한 늙은 어머니가 있다
내 가난한 늙은 어머니가
이렇게 시퍼러둥둥하니 추운 날인데 ⓒ 차디찬 물에 손
은 담그고 무이며 배추를 씻고 있다
또 내 사랑하는 사람이 있다
내 사랑하는 어여쁜 사람이
어늬 먼 앞대 조용한 개포 가의 나즈막한 집에서
ⓒ 그의 지아비와 마조 앉어 대구국을 끓여 놓고 저녁
을 먹는다
벌써 어린것도 생겨서 옆에 끼고 저녁을 먹는다
그런데 또 이즈막하야 어늬 사이엔가
이 흰 바람벽엔
내 쓸쓸한 얼골을 쳐다보며
이러한 글자들이 지나간다
— 나는 이 세상에서 가난하고 외롭고 높고 쓸쓸하니 살
어가도록 태어났다
그리고 이 세상을 살어가는데
내 가슴은 너무도 많이 뜨거운 것으로 호젓한 것으로
사랑으로 슬픔으로 가득 찬다
그리고 이번에는 나를 위로하는 듯이 나를 울력하는 듯
이 눈질을 하며 주먹질을 하며 이런 글자들이 지나간다
— ⓔ 하눌이 이 세상을 내일 적에 그가 가장 귀해하고
사랑하는 것들은 모두
가난하고 외롭고 높고 쓸쓸하니 그리고 언제나 넘치는
사랑과 슬픔 속에 살도록 만드신 것이다.
초생달과 바구지꽃과 짝새와 당나귀가 그러하듯이
그리고 또 '프랑시쓰 쨈'과 도연명(陶淵明)과 '라이넬
마리아 릴케'가 그러하듯이

　　　　　　　　　　　　　　- 백석, <흰 바람벽이 있어>

---

① ⊙: 가난한 삶의 모습을 통해 화자의 초라함을 부각한다.
② ⓒ: 가족을 위해 고생하는 어머니에 대한 죄책감을 토로
　　하고 있다.
③ ⓒ: 사랑하는 사람의 행복한 모습과 대비하여 화자의 쓸
　　쓸함을 부각하고 있다.
④ ⓔ: 화자가 자신의 운명을 긍정적으로 수용하고 있다.

25 밑줄 친 부분의 표기가 옳은 것은?

① 짐작건대 그가 범인이다.
② 새벽녘에야 간신히 잠이 들었다.
③ 잠시 눈을 부치고 나니 피로가 풀렸다.
④ 넉넉치 못한 선물이지만 받아 주기 바랍니다.

정답·해설 143p

정답·해설

10p

01	02	03	04	05
④	①	②	③	④
06	07	08	09	10
①	①	③	③	④
11	12	13	14	15
④	②	④	①	③
16	17	18	19	20
④	④	②	③	③
21	22	23	24	25
②	④	②	②	①

01
정답 ④

혜원쌤의 합격비법
복수 표준어를 묻는 유형이다. 복수 표준어라고 당황할 필요 없다. 확실히 표준어가 아닌 선지부터 제거해 나가면 어렵지 않게 답을 찾을 수 있다.

정답 풀이
'귀밑에서 턱까지 잇따라 난 수염'을 이르는 말은 '구레나룻'만 표준어이다.

02
정답 ①

혜원쌤의 합격비법
세 개의 한자어를 제시하고, 그 한자어를 문맥에 맞도록 배열하는 유형이다. 이러한 유형의 경우, ㉠~㉢ 중 하나를 기준으로 잡고 아닌 선지부터 제거해 나가자.

정답 풀이

㉠ 해명(解明)	'사실과 다르다고'를 볼 때, '까닭이나 내용을 풀어서 밝힘'을 의미하는 '해명(解明: 풀 해, 밝힐 명)'이 어울린다.
㉡ 발언(發言)	기본권에 대해 '말을 꺼낼' 기회를 얻었다는 내용이므로, '말을 꺼내어 의견을 나타냄'을 의미하는 '발언(發言: 필 발, 말씀 언)'이 어울린다.
㉢ 진술(陳述)	'검사에게'를 볼 때, '진술(陳述: 늘어놓을 진, 지을 술)'이 어울린다.

03
정답 ②

혜원쌤의 합격비법
'주장을 가장 잘 표현한 것은?'이라는 낯선 발문에 당황하지 말자. '주장' 또는 '제목'을 묻는 유형이다. 따라서 글의 중심 내용을 확인하고, 그와 관련된 선지를 고르자.

정답 풀이
마지막 문장의 "이는 교사들의 사기 저하와 생활지도 포기로 이어진다."를 볼 때, 제시된 글은 '교사들의 교직 만족도 하락의 원인'을 다룬 것이다.

04
정답 ③

혜원쌤의 합격비법
'ㅢ'와 관련된 표준 발음의 '원칙'뿐만 아니라, '허용'까지 파악하고 있느냐를 묻는 유형이다. 다른 직렬에 비해 군무원 시험의 경우, 지엽적인 내용이 출제되는 편이다. 따라서 다음 시험을 준비할 때는 표준 발음 '원칙'과 '허용'을 묶어서 꼭 정리해 두길 추천한다.

정답 풀이
자음을 첫소리로 가지고 있는 음절의 'ㅢ'는 [ㅢ]가 아니라 [ㅣ]로만 발음한다. 따라서 '희망'과 '무늬'의 표준 발음은 각각 [히망], [무니]뿐이다.

05
정답 ④

혜원쌤의 합격비법
'한자 성어(어휘)+문학'을 묶은 유형이다. 어휘는 자주 출제되는 것들이 반복 출제되기 때문에, 선지의 어휘들을 정리해 두자.

정답 풀이
서술자가 층간 소음 때문에 스트레스를 받아 항의를 하기 위해 위층에 올라갔더니, 휠체어에 앉은 젊은 여성을 마주한 상황이다. 따라서 서술자는 '당황'했을 것이므로 '정신이 얼떨떨하여 어찌할 바를 모르는 모양'이라는 의미를 가진 '우두망찰'이 들어가는 것이 가장 적절하다.
※ '우두망찰'은 고유어 부사이다.

오답 풀이
① 역지사지(易地思之: 바꿀 역, 땅 지, 생각 사, 갈 지): 처지를 바꾸어서 생각하여 봄
② 황당무계(荒唐無稽: 거칠 황, 당나라 당, 없을 무, 상고할 계): 말이나 행동 따위가 참되지 않고 터무니없음
③ 자승자박(自繩自縛: 스스로 자, 줄 승, 쓰로 자, 묶을 박): 자기의 줄로 자기 몸을 옭아 묶는다는 뜻으로, 자기가 한 말과 행동에 자기 자신이 옭혀 곤란하게 됨을 비유적으로 이르는 말

오정희, <소음 공해>

주제	이웃에 무관심한 현대인의 삶의 모습 비판
특징	① 주인공의 심리 묘사가 두드러짐 ② 결말의 극적 반전으로 주제 의식이 강조됨

06 　　　　　　　　　　　　　　　정답 ①

혜원쌤의 합격비법
괄호 채우기 유형은 두 가지만 기억하자. 우선은 괄호 앞뒤 문장이 제일 중요하다. 만약 앞뒤만으로는 괄호를 채우기 어렵다면, 그때는 앞뒤 단락을 확인하자!

정답 풀이
나무를 목재로 사용하면 된다는 해결책에 대해 '나무를 다 베어서는 안 된다는 우려도 존재한다.'고 하였다. 이어지는 "하지만 걱정할 필요가 없다고 산림청은 말한다."를 볼 때, ㉠에는 둘의 상관관계가 없다는 내용이 어울린다. 따라서 ㉠에는 '목재를 보전하는 숲과 수확하는 숲을 따로 관리한다는 것이다.'가 들어가는 것이 가장 자연스럽다.

07 　　　　　　　　　　　　　　　정답 ①

혜원쌤의 합격비법
자음과 발음은 다음 두 가지는 꼭 기억해 두자!
1) 초성의 'ㅇ'은 음가가 없다.
2) 종성은 'ㄱ, ㄴ, ㄷ, ㄹ, ㅁ, ㅂ, ㅇ' 7 자음만 소리가 난다.

정답 풀이
초성의 'ㅇ'은 음가가 없다. 따라서 '알'의 초성 'ㅇ'과 '강'의 종성 'ㅇ'의 음가가 동일하다는 설명은 적절하지 않다.

오답 풀이
② 초성에서 발음되는 자음 중 'ㄱ, ㄴ, ㄷ, ㄹ, ㅁ, ㅂ, ㅇ' 7개의 소리만 종성에서 발음된다.
③ 종성의 'ㅇ'은 초성에서 발음되지 않는다.
④ 앞말의 받침, 뒷말의 초성에 자음이 온다고 한다면 옳은 설명이다.

08 　　　　　　　　　　　　　　　정답 ③

혜원쌤의 합격비법
'-(으)ㄹ뿐더러', '-(으)ㄴ지', '-(으)ㄴ데' 등은 하나의 어미이다.

정답 풀이
'넣는'은 동사 '넣다'의 관형사형, '족족'은 의존 명사이다. 의존 명사는 앞말과 띄어 써야 하므로, '넣는∨족족'으로 띄어 쓴 것은 옳다.

오답 풀이
① 많을∨뿐더러 → 많을뿐더러: '-을뿐더러'는 어미이다. 따라서 어간 '많-'과 붙여 써야 한다.
② 주기는∨커녕 → 주기는커녕: '커녕'은 조사이므로 앞말에 붙여 써야 한다.
④ 보이는구먼∨그래 → 보이는구먼그래: '그래'는 조사이므로 앞말에 붙여 써야 한다.

09 　　　　　　　　　　　　　　　정답 ③

혜원쌤의 합격비법
군무원 시험의 경우, 다른 직렬보다 '중심 내용 찾기' 유형이 빈출되는 편이다. 따라서 연습을 통해 준비해 두자.

정답 풀이
제시된 글에서는 책상의 높이를 일정 한도 내의 어느 정도까지는 낮추더라도 책상이라고 부르지만, 일정 한도가 넘는 수준인 1cm로 낮추면 책상의 기능을 수행할 수 없게 되어 더 이상 책상이라고 부를 수 없게 된다고 하였다. 이를 볼 때, ③의 '양의 변화는 일정한 한도 내에서 질의 변화를 이끌지 못하지만 어느 한도를 넘으면 질의 변화를 초래한다.'가 글의 핵심 내용이다.

10 　　　　　　　　　　　　　　　정답 ④

혜원쌤의 합격비법
용례의 적절성을 묻는 유형이다. 이러한 유형은 '㉠ → 선지 ① 확인', '㉡ → 선지 ② 확인'……의 방식으로 풀어나가면 된다.

정답 풀이
'계십시오'는 합쇼체이다. '해요체'인 ㉣의 적절한 용례는 '선생님, 안녕히 계세요(계시어요)'이다.

11 　　　　　　　　　　　　　　　정답 ④

혜원쌤의 합격비법
외래어의 1 음운은 원칙적으로 1 기호로 적는다. 따라서 'f'는 'ㅍ'으로만 적어야 한다.

정답 풀이
중모음은 각 단모음의 음가를 살려서 적되, [ou]는 '오'로 적기 때문에, '윈도'의 표기는 옳다.

오답 풀이
① 휴즈 → 퓨즈
② 커텐 → 커튼
③ 헹거 → 행어

12 　　　　　　　　　　　　　　　정답 ②

혜원쌤의 합격비법
표기의 적절성을 묻는 유형이다. 한번 출제된 표기는 또 나올 확률이 높다. 따라서 반드시 정리해 두자. 이왕이면, 관련 규정까지 정리해 둔다면 완벽하다.

정답 풀이
물고 → 물꼬: 어떤 일의 시작을 비유적으로 이르는 말은 '물꼬'가 어법에 맞는 표기이다.

오답 풀이
① ③ 'ㄱ, ㅂ' 받침 뒤에서 나는 된소리는, 같은 음절이나 비슷한 음절이 겹쳐 나는 경우가 아니면 된소리로 적지 아니한다. 따라서 '싹둑', '깍두기'의 표기는 바르다.
④ '따듯하다'는 '따뜻하다'보다 여린 느낌을 주는 말로, 표준어이다.

13

혜원쌤의 합격비법
선지만으로도 풀 수 있는 문제이지만, <보기>를 제시한 것은 '힌트'를 주기 위함이다. 문법이나 어법 유형에서 <보기>는 힌트이므로, 이를 적극 활용하자.

정답 풀이
'세계 7대 불가사의'의 '대'와 '한국 30대 기업'의 '대'는 모두 '大'이다. 사물과 사물의 대비나 대립을 나타내는 의존 명사 '對'의 예로는 '자본주의 대 공산주의', '개인 대 개인의 편지', '지상 대 공중' 등이 있다.

14

혜원쌤의 합격비법
'정조'가 다른 하나를 고르는 유형이다. '정조'는 '주제'와도 관련이 깊기 때문에, 화자가 말하고자 하는 바가 가장 이질적인 하나를 고르면 된다.

정답 풀이
(나)~(라)는 '망해 가는' 또는 '망해 버린' 나라에 대한 화자의 마음이 드러나 있다. 그런데 (가)는 봄밤의 애상과 우수에 잠겨 잠을 못 이루는 한 개인의 심정을 담고 있다. 따라서 정조가 가장 이질적인 것은 (가)이다.

작품 정리
(가) 이조년, <이화에 월백하고~>

주제	봄날 밤에 느끼는 애상적인 정서
특징	시각적 심상과 청각적 심상의 조화를 통한 감각적 표현이 뛰어남

(나) 원천석, <흥망이 유수하니~>

주제	고려 왕조의 멸망에 대한 탄식과 무상감
특징	① 시각적·청각적 이미지로 인생무상의 정서를 표현함 ② 비유적 표현과 중의적 표현을 통해 주제를 형상화함

(다) 길재, <오백 년 도읍지를~>

주제	망국의 한과 인생무상
특징	비유적 표현과 대구법, 영탄법을 사용하여 고려 왕조 멸망의 한을 노래함

(라) 정몽주, <이 몸이 죽고 죽어~>

주제	고려의 왕에 대한 변함없는 충절
특징	직설적인 언어와 반복법, 점층법, 설의법 등의 표현 기교를 통해 자신의 굳은 의지를 강하게 드러냄

15

혜원쌤의 합격비법
주어진 지문의 내용을 근거로 답을 찾는 수는 있다. 그러나 배경 지식이 있었다면 더 빨리 풀 수 있는 문제였다. '의인화'의 대상이 무엇인지 묻는 유형이 군무원에서 종종 등장하곤 한다. 제시된 작품 외에도 '가전체 문학'의 의인화 대상 정도는 반드시 정리해 두자.

정답 풀이

교두 각시	'양각(兩脚: 두 양(량), 다리 각)'과 '버혀 내지 아니하면 (자르지 않으면)'을 볼 때, '가위'를 의인화한 것이므로 '교두 각시'이다.
척 부인	'마련을 잘 한들'을 볼 때, '자'를 의인화한 것이므로 '척 부인'이다.
감토 할미	'낯가죽이 두꺼워 견딜 만하고'를 볼 때, '골무'를 의인화한 '감토 할미'이다.
청홍 각시	'( )은/는 세요의 뒤를 따라 다니며'라고 하였다. '세요'는 '바늘'이다. 따라서 '실'을 의인화한 '청홍 각시'이다.

작품 정리
작자 미상, <규중칠우쟁론기(閨中七友爭論記)>

주제	① 공치사만 일삼는 이기적인 세태 풍자 ② 역할과 직분에 따른 성실한 삶 추구
특징	① 사물을 의인화하여 세태를 풍자함 ② 3인칭 시점에서 객관적으로 관찰하여 서술함

16

혜원쌤의 합격비법
'시적 자아'는 다른 말로 '화자'라고 한다. 즉 화자의 심정을 고르는 유형이다.

정답 풀이
제시된 한시는 나무로 조각한 닭이 '꼬끼오' 하고 울면 그때에야 어머니가 늙었으면 좋겠다는 내용이다. 즉 어머니가 늙지 않음을 간절히 바라는 자식의 마음을 담고 있다. 따라서 제시된 작품에 나타난 화자의 심정은 '간절함'이다.

오답 풀이
① 몽환적(夢幻的): 현실이 아닌 꿈이나 환상과 같은 것

② 이상적(理想的): 생각할 수 있는 범위 안에서 가장 완전하다고 여겨지는 것

③ 허망(虛妄)함: 어이없고 허무함

17

혜원쌤의 합격비법

의미하는 바가 이질적인 하나를 고르는 유형이다. 이 유형은 '동그라미', '세모' 등의 기호를 활용하면서 작품을 읽어나가는 것이 도움이 된다.

정답 풀이

(가)~(다)는 화자가 처한 '현실적 한계 상황'을 보여준 것이다. 즉 가혹한 추위가 지배하는 시간인 일제 강점하의 고통스러운 시련의 시대 상황을 의미한다. 한편, (라)는 화자의 '내면 심리'를 의미한다. 즉 패배를 인정할 수도, 절대적인 존재에게 구원을 빌 수도 없는 극한의 상황에서 화자가 느끼는 심리를 상징한다.

작품 정리

이육사, <절정>

주제	극한 상황에서의 초월적 인식
특징	① 한시의 '기 - 승 - 전 - 결'의 구조와 유사한 형식임 ② 역설적 표현을 통해 주제를 효과적으로 형상화함 ③ 강렬한 상징어와 남성적 어조로 강인한 의지를 표출함 ④ 현재형 시제를 사용하여 긴박감을 더하고 대결 의식을 드러냄

18

혜원쌤의 합격비법

'A하는 (　　)의 형태라면 '(　　)는 A한다.'라는 의미이다. 따라서 빈칸 앞에 관형어가 주어져 있다면, 서술어로 풀어 보자. 답을 찾는 데 실마리가 될 수 있다.

정답 풀이

'일생을 전전하고 사는'이라는 수식어를 볼 때, 괄호 속에는 떠도는 속성을 지닌 말이 들어가야 한다. 따라서 빈칸에는 정처 없이 떠돌아다니며 방랑 생활을 하는 사람을 비유적으로 이르는 말인 '집시'가 가장 어울린다.

작품 정리

전혜린, <먼 곳에의 그리움>

주제	새로운 세계에 대한 동경과 기대
특징	젊음과 열정이 압축된 문장을 통해 새로운 세계에 대한 강렬한 그리움이 드러남

19

혜원쌤의 합격비법

옳지 않은 선지는 1개뿐이다. 1개를 제외한 나머지는 옳은 진술이므로, 지문을 이해하는 데 도움이 될 수 있다. 따라서 선지를 먼저 읽은 후에 지문을 읽는 것도 하나의 방법이다.

정답 풀이

2문단의 "주자의 가르침 가운데 신진 사대부들의 마음을 사로잡았던 구절은 크게 두 가지다. 첫째는 위기지학(爲己之學)의 이념이다. 공부의 목적은 성인(聖人)이 되는 데 있지, 출세하여 부귀영화를 누리기 위함이 아니라는 뜻이다."를 볼 때, 관직에 진출하기 위해 주자학을 공부했다는 설명은 적절하지 않다.

오답 풀이

① 2문단의 "주자의 가르침 ~ 첫째는 위기지학(爲己之學)의 이념이다."와 3문단의 "둘째는 주자가 강조한 격물치지(格物致知) 정신이다."를 통해 알 수 있다.

② 1문단에 주자가 이런 이론들을 만든 이유가 "자연 과학과 심리학의 도움으로 도덕 이론을 더 정확하게 설명하기 위해서"라고 나와 있다.

④ 1문단의 "주자는 이(공자와 맹자의 말씀)를 철학적으로 훨씬 더 세련되게 다듬었다."를 통해 알 수 있다.

20

혜원쌤의 합격비법

<보기>에서 '모두' 고르는 유형이다. 따라서 ㄱ~ㄹ 중 확실히 옳은 것, 또는 옳지 않은 것을 골라서 선지를 제거해 나가자.

정답 풀이

ㄴ. 4문단에서 "그렇다면 공자의 말씀을 가장 깊고 넓게 알고 있었던 사람들은 누구일까?"라고 묻고, 이어서 그에 대한 답을 하고 있다.

ㄷ. '극기복례, 위기지학, 격물치지' 등의 어려운 용어들을 풀어 써서 독자의 이해를 돕고 있다.

21

혜원쌤의 합격비법

비교 대상이 주어진다면, 그것과는 특징적으로 구별되는 특징을 묻는 것이다. 따라서 '공통점'보다는 '차이점'에 주목하면서 글을 읽어 나가자.

정답 풀이

4문단의 "한국의 전통 건축물은 단순한 건축물이 아니라 자연이고 풍경이다. 인위적으로 세운 것이 아니라 자연 위에 그냥 얹혀 있는 느낌이다." 부분을 볼 때, 집을 지을 때 자연 경관을 함께 고려함을 알 수 있다. 따라서 한국 정원의 특징으로는 '자연 경관의 경영(經營)'이 가장 적절하다.

※ 경영(經營)
　1) 기업이나 사업 따위를 관리하고 운영함
　2) 기초를 닦고 계획을 세워 어떤 일을 해 나감
　3) 계획을 세워 집을 지음

22

혜원쌤의 합격비법

배경 지식이 필요한 문제였다. 고전 문학 중에는 한글 창제 이후에 한글로 표기된 작품들이 많다. 관련 배경 지식을 꼭 기억해 두자.

정답 풀이

(가)는 <용비어천가>, (나)는 이조년의 시조, (다)는 정철의 <사미인곡>, (라)는 <한림별곡>이다. 따라서 (가)~(라) 중 가장 먼저 지어진 작품은 (라)의 <한림별곡>이고, '훈민정음'으로 가장 먼저 표기된 작품은 (가)의 <용비어천가>이다.

23
정답 ②

작품 정리

채만식, <논 이야기>

주제	해방 이후 국가의 농업 정책에 대한 비판 의식
특징	① 역순행적 구성 ② 서술자가 특정 인물의 성격을 직접 제시함

혜원쌤의 합격비법
한자는 표의 문자이다. 따라서 단어 뜻 자체를 모르더라도, 괄호 속 한자를 통해 그 의미를 추론해 볼 수 있다.

정답 풀이

'그 글자들이 뿔뿔이 따로 만들어진 것이 아니고'를 볼 때, (가)에는 두 글자를 합하여 새 글자를 만드는 방인 '형성(形聲)'이 들어가는 것이 적절하다.

오답 풀이

① 상형(象形): 물체의 형상을 본떠서 글자를 만드는 방법으로, 해를 본떠서 '日' 자를 만드는 따위이다.

③ 회의(會意): 둘 이상의 한자를 합하고 그 뜻도 합성하여 글자를 만드는 방법이다. '日'과 '月'을 합하여 '明' 자를 만들어 '밝다'는 뜻을 나타내는 것 따위이다.

④ 가차(假借): 어떤 뜻을 나타내는 한자가 없을 때 뜻은 다르나 음이 같은 글자를 빌려 쓰는 방법으로, 원래 보리를 뜻하는 '來' 자를 빌려 '오다'를 뜻하는 글자로 쓰는 따위이다.

24
정답 ②

혜원쌤의 합격비법
문맥상 의미를 묻고 있다면, 실제 지문에 선지의 내용을 대입해 보는 것도 하나의 방법이다.

정답 풀이

'도지(賭地)'는 '일정한 대가를 주고 빌려 쓰는 논밭이나 집터', '남의 논밭을 빌려서 부치고 논밭을 빌린 대가로 해마다 내는 벼'이다. "일 년 농사 지어 절반도 넘는 도지를 물고"를 볼 때, 첫 번째 의미가 아닌, 두 번째 의미로 쓰였다.

25
정답 ①

혜원쌤의 합격비법
'한 생원'의 생각이 아닌 것을 고르는 것이다. 이때 근거를 반드시 주어진 지문 안에서 찾아야 한다. 배경 지식보다는 주어진 지문을 활용해야 한다.

정답 풀이

공출이나 징용이 전쟁이 끝남, 즉 독립함에 따라 사라졌다는 점에서 아무런 영향을 끼치지 않았다는 이해는 적절하지 않다.

오답 풀이

② "독립이 되기로서니, 가난뱅이 농투성이가 별안간 나으리 주사 될 리 만무하였다." 부분을 통해 확인할 수 있다.

③ "한생원은 나라를 도로 찾는다는 것은 구한국 시절로 다시 돌아가는 것으로밖에는 달리 생각할 수가 없었다." 부분을 통해 확인할 수 있다.

④ 공출이나 징용 때문에 살기 더 어려워졌다고 하였다. 공출과 징용은 국가에서 하는 것이기 때문에 국가에도 책임이 있다는 이해는 적절하다.

16p

01	02	03	04	05
④	③	②	②	④
06	07	08	09	10
③	②	③	④	①
11	12	13	14	15
④	②	④	③	④
16	17	18	19	20
①	③	①	④	①
21	22	23	24	25
①	③	④	②	②

01
정답 ④

혜원쌤의 합격비법
한자어는 사이시옷 표기를 하지 않는다.
예외) 곳간(庫間), 셋방(貰房), 숫자(數字), 찻간(車間), 툇간(退間), 횟수(回數)

정답 풀이
'아무튼지'의 표기는 옳다.
※ '어떻든지', '어쨌든지', '여하튼지', '하여튼지' 표기 모두 바르다.

오답 풀이
① 붓기 → 부기: '부기(浮氣)'는 한자어이므로 사이시옷을 받쳐 적으면 안 된다.
② 유명세를 타기 → 유명해지기/인기를 끌기: '유명세'는 세상에 이름이 널리 알려져 있는 탓으로 당하는 불편이나 곤욕을 속되게 이르는 말이다. 문맥상 '불편', '곤욕'의 의미가 아니므로 '유명해지기 시작한' 또는 '인기를 끌기 시작한'으로 고치는 것이 더 적절하다.
③ 어리버리해 → 어리바리해: '정신이 또렷하지 못하거나 기운이 없어 몸을 제대로 놀리지 못하고 있는 상태이다.'라는 의미를 가진 단어는 '어리바리하다'이다.

02
정답 ③

혜원쌤의 합격비법
용언에 밑줄이 있기 때문에, '동사'와 '형용사'를 판별하는 유형이다. 만약 밑줄이 수식언에 있다면, '부사'와 '관형사'를 판별하는 유형일 것이다. 또 체언에 있다면, '대명사'와 '명사', '수사'를 판별하는 유형일 것이다.

정답 풀이
'맛이 쓰다'의 '쓰다'는 'bitter'의 의미이므로 품사는 형용사이다. ③을 제외한 나머지 '쓰다'의 품사는 동사이다.

오답 풀이
① '시체를 묻고 무덤을 만들다.'라는 의미로 품사는 동사이다.
② '다른 사람에게 베풀거나 내다.'라는 의미로 품사는 동사이다.
④ '사람이 죄나 누명 따위를 가지거나 입게 되다.'라는 의미로 품사는 동사이다.

03
정답 ②

혜원쌤의 합격비법
한자 성어가 독음 없이 제시되어 있다고 당황할 필요 없다. 나왔던 게 계속 나오기 때문에! 빈출 한자 성어를 반드시 눈에 익혀 두자.

정답 풀이
이탈리아 볼로냐 대학에서 개발한 휴대용 암 진단기의 장점을 제시한 후, 그것의 한계 역시 제시하고 있다. 따라서 ㉠에는 '하지 못하는 일이 없음'을 의미하는 '무소불위(無所不爲)'가 들어가는 것이 적절하다.

오답 풀이
① 변화무쌍(變化無雙): 변하는 정도가 비할 데 없이 심함.
③ 선견지명(先見之明): 어떤 일이 일어나기 전에 미리 앞을 내다보고 아는 지혜.
④ 괄목상대(刮目相對): 눈을 비비고 상대편을 본다는 뜻으로, 남의 학식이나 재주가 놀랄 만큼 부쩍 늚을 이르는 말.

04
정답 ②

혜원쌤의 합격비법
로마자 표기법은 '발음'을 기준으로 한다. 다만, '이름' 안에서 일어나는 음운 변동은 표기에 반영하지 않음을 기억해 두자. 또 로마자 표기와 관련해서 자주 출제되는 것이 'ㅢ'의 발음이다. 'ㅢ'는 항상 'ui'로 표기함을 기억해 두자.

정답 풀이
이름에서 일어나는 음운 변화는 표기에 반영하지 않는다. 따라서 '빛나'는 [빈나]로 발음하더라도, 'Hong Bitna(Hong Bit-na)'로 표기해야 한다.

05

정답 ④

정답 풀이

칠칠맞다고 → 칠칠맞지 못하다고/칠칠맞지 않다고: '칠칠맞다'는 '주접이 들지 아니하고 깨끗하고 단정하다.', '성질이나 일 처리가 반듯하고 아무지다.'라는 의미로, 긍정적인 의미를 지닌 단어이다. 문맥을 고려할 때, '못하다'나 '않다'와 함께 써야 자연스럽다.

오답 풀이

① '쇠다'는 '명절, 생일, 기념일 같은 날을 맞이하여 지내다.'라는 의미이므로 그 쓰임이 적절하다.

② '심심하다(甚深하다)'는 '마음의 표현 정도가 매우 깊고 간절하다.'라는 의미이므로 그 쓰임이 적절하다.

③ '게걸스럽다'는 '몹시 먹고 싶거나 하고 싶은 욕심에 사로잡힌 듯하다.'라는 의미이므로 그 쓰임이 적절하다.

06

정답 ③

정답 풀이

제39항에 따라 '만만하지 않다'의 준말은 '만만찮다'이다.

오답 풀이

① 제32항에 따라 '어제그저께'의 준말은 '엊그저께'이다.

② 제39항에 따라 '그렇지 않은'의 준말은 '그렇잖은'이다.

④ 제40항에 따라 '연구하도록'의 준말은 '연구토록'이다.

07

정답 ②

정답 풀이

읽는데 → 읽는∨데: 문맥상 책을 읽기까지 걸린 '시간'이 3일이라는 의미이다. 따라서 '데'는 의존 명사이므로 '읽는∨데'로 띄어 써야 한다.

오답 풀이

① '이나마'는 어떤 상황이 이루어지거나 어떻다고 말해지기에는 부족한 조건이지만 아쉬운 대로 인정됨을 나타내는 보조사이므로 체언 '몸'과 붙여 쓴 것은 옳다.

③ '살'은 관형어이므로 '만하다'와 띄어 쓴 것은 옳다.

④ '따위'는 의존 명사이므로 '괴로움'과 띄어 쓴 것은 옳다.

08

정답 ③

정답 풀이

경청(敬聽 → 傾聽): 敬聽(공경할 경, 들을 청)'은 '공경하는 마음으로 들음'이라는 의미이다. '지금의 몇 배 이상으로'으로 들어야 한다는 내용을 볼 때, '귀를 기울여 들음'이라는 의미를 가진 '傾聽(기울 경, 들을 청)'으로 표기해야 한다.

오답 풀이

① 體感(몸 체, 느낄 감): 몸으로 어떤 감각을 느낌

② 革罷(가죽 혁, 파할 파): 묵은 기구, 제도, 법령 따위를 없앰

④ 日沒(날 일, 잠길 몰): 해가 짐

09

정답 ④

정답 풀이

'텐데'는 '터인데'의 준말이다. 이때의 '터'는 의존 명사이므로 가장 옳은 설명은 ④이다.

※ 올바른 띄어쓰기는 '갈∨텐데(갈∨터인데)'이다.

10

정답 ①

정답 풀이

글쓴이는 "인공지능이 인간의 말을 알아듣고 명령을 실행하는 똑똑한 기계가 되는 것은 반길 일인가, 아니면 주인과 노예의 관계를 역전시키는 재앙이라고 경계해야 할 일인가?"라고 직접적으로 글에서 다룰 쟁점을 제기하고 있다.

11

정답 ④

정답 풀이

㉠ 바로 앞에서 '천붕우출이라'라고 하였다. '천붕우출(天崩牛出: 하늘 천, 무너질 붕, 소 우, 날 출)'은 우리나라 속담 '하늘이 무너져도 솟아날 구멍이 있다'를 한문으로 기록한 것이다. 따라서 ㉠에 들어갈 속담은 ④이다.

① 도둑이 제 발 저리다: 지은 죄가 있으면 자연히 마음이 조마조마하여짐을 비유적으로 이르는 말

② 웃는 낯에 침 못 뱉는다: 웃는 낯으로 대하는 사람에게 침을 뱉을 수 없다는 뜻으로, 좋게 대하는 사람에게 나쁘게 대할 수 없다는 말

③ 모로 가도 서울만 가면 된다: 무슨 수단이나 방법으로라도 목적만 이루면 된다는 말

작자 미상, <춘향가>

주제	① 신분을 초월한 남녀 간의 사랑 ② 불의한 지배 계층에 대한 서민의 항거 ③ 신분적 갈등의 극복을 통한 인간 해방
특징	① 해학과 풍자에 의한 골계미가 나타남 ② 언어유희에 의한 말하기 방식이 두드러짐 ③ '춘향'과 '변 사또'를 중심으로 한 갈등 양상이 뚜렷하게 나타남

12 정답 ②

국어의 역사에 대한 지식이 필요한 부분이다. 중세 국어와 근대 국어의 특징을 간단히 정리해 두자.

'써 잇노라'는 '쓰고 있노라', 즉 '쓰고 있다'라는 의미이다.

윤선도, <어부사시사(漁父四時詞)>

주제	자연 속에서 한가롭게 살아가는 어부 생활의 여유와 흥취
특징	① 초장과 중장, 중장과 종장 사이에 고려 가요처럼 여음(후렴구)이 있음 ② 대구법, 반복법, 원근법, 의성어의 사용 등 다양한 표현법을 사용함

13 정답 ④

들어갈 위치를 묻는 유형은 지문보다는, 들어갈 지문을 먼저 읽고 그 내용과 관련이 있는 지문의 부분을 찾아야 한다.

'공감의 출발은'으로 시작하고 있는 것을 볼 때, 제시된 글은 공감하는 방법에 대한 내용이다. 따라서 (라)에 들어가는 것이 가장 적절하다.

14 정답 ③

배경 지식이 필요한 문제였다. 고전 문학 중에는 한글 창제 이후에 한글로 표기된 작품들이 많다. 관련 배경 지식을 꼭 기억해 두자.

제시된 작품은 고려가요 <가시리>이다. 고려가요는 고려 시대 때는 우리 글자가 없었기 때문에 기록되지 못하고 구전되었다. 조선 시대 때 훈민정음 창제 이후 문자로 정착되기 시작하였다. 따라서 고려시대에 기록해 둔 것을 다시 한글로 기록하였다는 설명은 적절하지 않다.

15 정답 ④

㉠~㉣에 해당 내용을 직접 넣었을 때, 어색한 것을 고르는 것도 하나의 방법이다.

'셜온'은 '서러운'이라는 의미이다. 따라서 '서러운 님을 보내드린다'의 의미라는 설명은 적절하다.

① '나ᄂᆞᆫ'은 특별한 의미가 없이 악률을 맞추기 위한 여음이다. 따라서 '나는'의 예전 표기라는 설명은 적절하지 않다.

② '잡ᄉᆞ아'는 '잡다'라는 의미이다. 따라서 '잡수다'로 풀이한 것은 적절하지 않다.

③ '선ᄒᆞ면'은 '서운하면'의 의미이다. 또 '-ㄹ셰라'는 '-할까 두렵다'는 의미이다. 따라서 '서럽게 하면 아니 올까봐 두렵다'로 풀이해야 한다.

작자 미상, <가시리>

주제	이별의 정한(情恨)
특징	간결한 형식과 소박한 시어를 사용하여 이별의 감정을 절묘하게 표현함

16 정답 ①

설명과 어긋나는 용례를 찾는 유형이다. 따라서 설명과 다르거나, 설명에 없는 선지를 고르면 된다.

'[붙임1] 한 문장 안에 몇 개의 선택적인 물음이 이어질 때는 맨 끝의 물음에만 쓰고, 각 물음이 독립적일 때는 각 물음의 뒤에 쓴다.'를 볼 때, '너는 중학생이냐, 고등학생이냐?'로 고쳐야 한다.

② '(1) 의문문이나 의문을 나타내는 어구의 끝에 쓴다.'의 예문이다.

③ '(2) 특정한 어구의 내용에 대하여 의심, 빈정거림 등을 표시할 때, 또는 적절한 말을 쓰기 어려울 때 소괄호 안에 쓴다.'의 예문이다.

④ '(3) 모르거나 불확실한 내용임을 나타낼 때 쓴다.'의 예문이다.

17
정답 ③

정답 풀이

부끄러움을 느끼는 주체는 '나'이다. 따라서 부끄러움의 대상을 '친일파 지식인'으로 본다는 설명은 적절하지 않다.

오답 풀이

① '육첩방'은 익숙지 않은 일본식 생활공간으로, 화자를 구속하고 억압하는 시대 상황을 가리킨다. 따라서 '일본'을 '남의 나라'로 직접적으로 드러냈다는 점에서 조선인으로서의 정체성에 대한 인식을 드러낸다고 할 수 있다.

② 시인은 현실에 직접 참여해서 싸우는 이가 아니라 언어를 다루는 사람이다. 즉 암담한 현실에 힘을 발휘하지 못하는 사람이 시인이라는 것을 인식하면서도 시를 쓸 수밖에 없는 괴로움을 '슬픈 천명'으로 표현하고 있다.

④ 이상과 현실의 괴리로 인한 내면적 자아와 현실적 자아의 갈등을 경험해야 했던 화자가, 처음으로 '눈물과 위안'을 통해 화해에 도달하는 과정을 보여 줌으로써, 미래에 대한 희망이 나타나 있다.

18
정답 ①

정답 풀이

1단계	'ⓐ, ⓑ'는 현재 삶에서의 상실감과 회의를 드러낸다는 점에서 '시대처럼 올 아침을 기다리는 최후의'라는 수식을 받는 'ⓒ'와 성격이 다르다는 것은 알 수 있다.
2단계	ⓒ 바로 뒤에 '나'가 '나'에게 손을 내민다는 것을 볼 때, 앞의 '나(ⓓ)'는 'ⓒ'와 성격이 유사하다. 한편, 'ⓔ'은 'ⓐ, ⓑ'와 의미가 유사하다.

따라서 'ⓐ, ⓑ, ⓔ'는 현실적 자아이고, 'ⓒ, ⓓ'는 성찰적 자아이다.

19
정답 ④

정답 풀이

제시된 작품은 일제 강점하의 시대 상황 속에서 부끄럽지 않은 삶을 살려는 식민지 지식인의 고뇌와 자기 성찰을 담고 있다. 따라서 쉽지 않은 것을 쉽다고 했다는 점에서 반어적으로 표현했다는 설명은 적절하다.

20
정답 ①

정답 풀이

마지막 문장 "결국 행루오리는 법 집행의 일관성을 강조한 말이다."를 볼 때, 빈칸에는 '일관성'과 관련이 있는 ①의 내용이 들어가는 것이 가장 적절하다.

21
정답 ①

정답 풀이

마지막 문단의 맨 끝 문장 "우리나라에서도 많은 서비스 기업이 나와서 함께 국가 경쟁력을 높여 나가기를 기대해 본다."를 볼 때, 제목으로 ① '챗지피티, 이제 서비스다'가 가장 적절하다.

22
정답 ③

정답 풀이

4문단의 "챗지피티는 정보를 종합하고 추론하는 능력은 매우 우수하지만, 최신 지식은 부족하다." 부분을 볼 때, 적절하지 않은 이해이다.

오답 풀이

① 2문단의 "챗지피티가 알파고와 다른 점은 대중성이다." 부분을 통해 알 수 있다.

② 3문단의 "많은 사람이 챗지피티는 모든 산업에 지각변동을 불러일으킬 것으로 기대한다." 부분을 통해 알 수 있다.

④ 마지막 문단의 "둘째, 대형 언어 모델이 고객 요청에 맞게 작동하도록 개선하는 서비스기업, 셋째, 특정 도메인에서 애플리케이션을 제공하는 기업이다. 현재 대형 언어 모델을 만드는 빅테크 기업들이 주목받고 있지만, 실리콘밸리에서는 스케일에이아이(ScaleAI), 디스틸에이아이(Distyl AI), 퀀티파이(Quantiphi) 등 서비스기업들이 부상 중이다." 부분을 통해 알 수 있다.

23

혜원쌤의 합격비법

작품에서 중심적으로 다루고 있는 내용이 어떤 것인지 묻고 있다. 이는 작품의 주제와 관련이 있다. 작품의 주제는 서술자가 대상을 바라보는 '태도'에 주목하여 작품을 보는 것이 중요하다.

정답 풀이

자아 정체성을 의미하는 '날개'가 돋기를 염원하고 있는데, 이는 무의미한 삶의 도정에서 생의 의미 찾기를 포기하지 않았음을 드러내는 것이다.

오답 풀이

① 생활고와 부부애를 다루고 있지는 않다.

② 농촌 계몽과는 거리가 먼 소설이다.

③ 식민지 도시인 '경성'을 배경으로 하고 있다.

작품 정리

이상, <날개>

주제	무력한 삶과 자아 분열 속에서 벗어나 본래의 자아를 찾고자 하는 의지
특징	① 내적 독백을 중심으로 주인공의 의식의 흐름에 따라 서술됨 ② 상징적 장치를 통해 식민지 지식인의 어두운 내면을 드러냄

24

혜원쌤의 합격비법

어떤 '태도'로 글을 쓰고 있는지를 파악하는 게 중요하다. 이는 '주제' 파악을 하면, 저절로 글쓴이의 태도 파악이 가능할 것이다.

정답 풀이

지나간 일을 돌이켜 생각하는 것을 '회고적'이라고 한다. 그런데 제시된 글에는 '회고적'인 내용은 없다.

오답 풀이

① 겨울철 노인들의 낙상 사고가 잦은 이유를 '논리적'으로 제시하고 있다.

③ 노년층에게 적극적으로 근력운동을 처방하지 않는 현실을 '비판적'으로 제시하고 있다.

④ 주변에 '요양병원'이 많이 늘어나 있는 현실, 그것을 부가가치가 높은 산업이라고 생각하는 현실을 두고 '안타깝다'고 하면서 '동정적'으로 바라보고 있다.

25

혜원쌤의 합격비법

앞뒤 문장의 관계가 '그러므로'는 인과 관계일 때, '하지만'은 역접 관계일 때 쓴다. 이처럼 접속 부사 유형이 나온다면, 접속 부사가 어떤 관계일 때 쓰는 것인지를 생각하면서 문제를 푼다면 쉽게 답을 찾을 수 있을 것이다.

정답 풀이

(가)	(가) 앞의 '이것도 맞는 말이다.'와 (가) 뒤의 '현실은'을 볼 때, 상반되는 내용이다. 따라서 '하지만'이 어울린다.
(나)	(나) 앞의 '쓸데없는 시간과 노력을 들이지 않아도 된다.'와 (나) 뒤의 '능사는 아니다.'를 볼 때, 상반되는 내용이다. 따라서 '하지만'이 어울린다.

22p

01	02	03	04	05
①	④	①	④	④
06	**07**	**08**	**09**	**10**
②	④	④	②	①
11	**12**	**13**	**14**	**15**
②	③	②	①	④
16	**17**	**18**	**19**	**20**
③	③	④	③	②
21	**22**	**23**	**24**	**25**
②	①	②	③	③

01
정답 ①

혜원쌤의 합격비법
잘 모르겠다면, 조건에 있는 '조사'나 '꾸밈을 받는 말'을 넣어 보는 것도 방법!

정답 풀이
제시된 특징을 가진 품사는 '관형사'이다. 그런데 ①의 '달리'는 '사정이나 조건 따위가 서로 같지 않게'라는 의미를 가진 '부사'이다. '부사'는 독립된 품사로 단어와 띄어 쓴다. 그러나 '부사'는 '관형사'와 달리 조사와 결합하기도 하고, 주로 용언을 꾸며 준다는 점에서 제시된 조건을 모두 만족하는 단어가 아니다.

오답 풀이
② ③ ④ '서너, 어떤, 갖은'은 관형사로, 제시된 조건을 모두 만족하는 단어이다.

02
정답 ④

혜원쌤의 합격비법
작품의 '제목'이 제시되어 있다면, 꼭 확인하자! 또 알고 있는 작품이라면 배경 지식을 활용하는 것도 좋은 방법이다.

정답 풀이
끝 부분의 "끝나는 그 순간까지 정확히 나를 끝맺어야 한다."를 볼 때, 주인공은 '나'이다. 주로 '나'의 의식의 흐름에 따라 전개되고 있다는 점에서 적절한 설명은 ④이다.

오답 풀이
① '대화'라고 할 만한 내용은 제시되어 있지 않다.
② 주인공의 행동이 나타난다고 볼 수는 있다. 그러나 그것을 통해 주제가 드러나고 있지는 않다.
③ 인물들 사이의 갈등은 드러나지 않는다.

작품 정리
오상원, <유예>

주제	전쟁이라는 상황 속에서 인간이 겪는 고뇌
특징	① 의식의 흐름 기법을 사용하여 서술함 ② 호흡이 짧은, 현재형 문장을 많이 사용함

03
정답 ①

혜원쌤의 합격비법
전체 글을 다 읽어도 좋지만, 빈칸 문제의 90% 이상은 앞뒤 문장만 봐도 답을 찾을 수 있다. 또 두 개 이상의 빈칸이 있다면, 하나를 기준으로 잡고 선지를 제거해 나가는 방식으로 풀면 된다.

정답 풀이
㉠ "입장을 바꿔 생각해 보면 이게 얼마나 몰상식적인 처사인지가 금방 드러난다."를 볼 때, ㉠에는 '처지를 바꾸어서 생각하여 봄.'이라는 의미를 가진 한자 성어 '역지사지(易地思之: 바꿀 역, 땅 지, 생각 사, 갈 지)'가 어울린다.

㉡ "여러 사람들이 함께 노력한 결과 이익이 생기면, 그 이익을 즐긴 사람이 비용을 부담해야 한다는 원칙이다."를 볼 때, 상식을 따르지 않았다는 것은 곧 여러 사람이 함께 노력하여 생긴 결과에서 이익만을 취하고, 그에 합당한 대가는 지불하지 않았음을 의미한다. 이는 은혜를 저버리는 태도라 할 수 있기 때문에, ㉡에는 남에게 입은 은덕을 저버리고 배신하는 태도가 있음을 의미하는 '배은망덕(背恩忘德: 등 배, 은혜 은, 잊을 망, 덕 덕)'이 어울린다.

오답 풀이
② ㉠ 십시일반(十匙一飯: 열 십, 숟가락 시, 하나 일, 밥 반): 밥 열술이 한 그릇이 된다는 뜻으로, 여러 사람이 조금씩 힘을 합하면 한 사람을 돕기 쉬움을 이르는 말
　㉡ 동량지재(棟梁之材: 용마루 동, 들보 량, 갈 지, 재목 재): 마룻대와 들보로 쓸 만한 재목이라는 뜻으로, 집안이나 나라를 떠받치는 중대한 일을 맡을 만한 인재를 이르는 말
③ ㉠ 인지상정(人之常情: 사람 인, 갈 지, 항상 상, 뜻 정): 사람이면 누구나 가지는 보통의 마음
　㉡ 부수청령(俯首聽令: 숙일 부, 머리 수, 들을 청, 명령할 령): 고개를 숙이고 명령을 따른다는 뜻으로, 윗사람의 위엄에 눌려 명령대로 좇아 행함을 이르는 말
④ ㉠ 오월동주(吳越同舟: 오나라 오, 월나라 월, 같을 동, 배 주): 서로 적의를 품은 사람들이 한자리에 있게 된 경우나 서로 협력하여야 하는 상황을 비유적으로 이르는 말
　㉡ 수주대토(守株待兔: 지킬 수, 그루터기 주, 기다릴 대, 토끼 토): 한 가지 일에만 얽매여 발전을 모르는 어리석은 사람을 비유적으로 이르는 말

04

혜원쌤의 합격비법
선지가 '(A와 B)한 C'의 구조라면, A와 B가 모두 C를 수식하는지 꼭 확인
해야 한다.

정답 풀이

우선 화자는 불의에 항거하지 못하고 있다. 그것에 대해 '우스워라'라는 시
어를 통해 자신의 삶을 질책하고 있다. 한편, 염세적 태도와 소극적 입장
도 확인할 수 있다. 다만, 염세적 태도를 가진 자신을 질책한다는 내용은
확인할 수 없다. 소극적인 입장을 취한 자신을 질책할 뿐이다.

오답 풀이

① ② '우스워라'라는 시어를 통해 자기 반성적인 어조로, 자유와 정의가
소멸된 현실을 직시하며, 자신의 삶을 성찰하고 있다.

③ 1연과 마지막 연을 변주된 형태로 반복되고 있다. 첫 연과 마지막 연의
시구가 유사하다는 점에서 '수미상관식 구성'이 나타난다고 할 수 있다.
이는 의미를 강조하기 위한 것이다.

작품 정리

김수영, <사령(死靈)>

주제	① 무기력한 소시민적 삶에 대한 반성 ② 불의에 적극적으로 저항하지 못하는 지식인의 자기반성 ③ 불의에 대항하지 못하는 삶에 대한 성찰과 자괴감
특징	일상적 어휘와 독백적 진술을 사용함

05

혜원쌤의 합격비법
개념과 용어의 연결만 알면 어렵지 않은 유형이다. 특히 '분류', '분석'은 혼
동될 수 있으니, 그 개념을 확실히 기억해 둘 필요가 있다. 서술 방식을 공
부할 때는 개념 설명만 보기보다는 예시와 함께 기억해 두는 게 더 효과적
이다.

정답 풀이

'장미는 잎, 줄기, 뿌리로 구성되어 있다. 8개의 꽃잎과 가시가 달려있는
줄기, 뿌리로 구성되어 있다.'는 '장미'의 구성을 '분석'의 방법으로 설명한
것이다. 따라서 '분류'의 방법을 사용한 사례로 보기 어렵다.

오답 풀이

① '국화'와 '장미'의 차이점을 드러내고 있다는 점에서 '대조'의 방법을 사
용한 경우이다.

② '장미'를 다른 범주의 '은장도'에 빗대어 그 특성을 드러내고 있다는 점
에서 '유추'의 방법을 사용한 경우이다.

③ 문학 작품 속에 등장하는 '장미'의 사례로 '어린왕자'의 유리병 속의 장
미를 들고 있다. 따라서 '예시'의 방법을 사용한 경우이다.

06

혜원쌤의 합격비법
낱말의 뜻풀이 유형이다. 이 경우 확실히 아는 단어가 있다면 그 단어부터
공략하자! 그리고 새로운 낱말이 나올 때마다 외우자!

정답 풀이

'늠름하다'는 '성격이 너그럽고 활달하다.'라는 의미이다. 따라서 '늠름한'
을 '활달한'으로 적은 것은 옳다.

오답 풀이

① '머줍다'는 '동작이 둔하고 느리다.'라는 의미이다. 따라서 '정확하다'라
는 의미가 아니다.

③ '골막하다'는 '담긴 것이 가득 차지 아니하고 조금 모자란 듯하다.'라는
의미이다. 따라서 '가득'의 의미가 아니다.

④ '동뜨다'는 '다른 것들보다 훨씬 뛰어나다.', '평상시와는 다르다.', '동안
이 뜨다.'라는 의미이다. 문맥상 첫 번째 뜻인 '뛰어나다'의 의미로 쓰였
다. 따라서 '뒤떨어지다'의 의미가 아니다.

07

혜원쌤의 합격비법
조건이 제시된 경우라면, 여러 조건 중 제일 편한 하나를 기준으로 잡아서
선지의 개수를 줄이자.

정답 풀이

조건 1	'힘내! 우리는 젊잖아?'라며 희망적인 내용을 담고 있다.
조건 2	'엎친 데 덮친 격'이라는 속담을 인용하고 있다.
조건 3	'햇살처럼 환한 너의 웃음'에서 직유 표현을 사용하고 있다.

오답 풀이

① 직유나 은유의 표현을 사용하고 있지는 않다.

② 속담 '친구 따라 강남 간다'가 사용되고 있기는 하지만, 친구가 떠나서
섭섭한 이를 위로할 때 쓸 말로는 적절하지 않다. 따라서 적절한 속담
을 인용한 경우로 보기 어렵다.

③ 직유나 은유의 표현을 사용하지 않았다. 한편, '선생님의 그림자는 밟지
도 않는다'라는 속담이나 격언을 인용하고는 있지만, 선생님에게 혼난
이를 위로할 때 쓸 말로는 적절하지 않다. 따라서 적절한 속담을 인용
한 경우로 보기 어렵다.

08　정답 ④

정답 풀이

'방증(傍證: 곁 방, 증거 증)'은 사실을 직접 증명할 수 있는 증거가 되지는 않지만, 주변의 상황을 밝힘으로써 간접적으로 증명에 도움을 줌을 이르는 말이다. 따라서 그 쓰임이 적절하다.

오답 풀이

① 계발(啓發: 열 계, 필 발) → 개발(開發: 열 개, 필 발): '계발(啓發)'은 주로 슬기나 재능, 사상과 같은 것들을 만들거나 키울 때 사용한다. '신제품'은 사물이기 때문에 '개발(開發)'이 더 자연스럽다.

② 혼돈(混沌: 섞을 혼, 어두울 돈) → 혼동(混同: 섞을 혼, 같을 동): 무엇이 현실인지 무엇이 가상인지 구별되지 않았다는 의미이다. 따라서 '혼동(混同)'이 어울린다.

③ 체제(體制: 몸 체, 억제할 제) → 체계(體系: 몸 체, 이을 계): 문맥상 교통 신호 '시스템'만 바꿔도 사고를 줄일 수 있다는 의미이다. 따라서 '체계(體系)'가 어울린다.

09　정답 ②

정답 풀이

"이 사례는 외래어가 상품의 사용 가치보다는 교환 가치를 높이는 데에 이용된다는 것을 보여 준다."를 볼 때, 글쓴이는 '상품의 사용 가치'보다는 '교환 가치'를 높이는 데 외래어가 이용되는 것을 부정적으로 바라보고 있음을 짐작할 수 있다. 이를 볼 때, 제시된 글을 통해 '상품의 사용 가치'를 높이는 쪽으로 언어 순화의 방향이 진행되어야 한다는 주장을 할 수 있을 것이다. '상품의 사용 가치'는 결국 '소비자의 이익'과 관련이 있기 때문에, 제시된 글을 통해 주장할 수 있는 언어 순화의 방향은 '소비자의 이익을 위하는 방향'일 것이다.

오답 풀이

① 글에 제시된 사례에 부합하는 내용이기 때문에, 적절하지 않다.

③ ④ 제시된 글의 내용과 관련이 없는 내용이기 때문에, 적절하지 않다.

10　정답 ①

정답 풀이

제시된 글에서는 '시장 설계'의 개념을 정의하고, 시장 설계의 방법인 '양방향 매칭'과 '단방향 매칭'에 대해 설명하고 있다. 따라서 제시된 글의 제목으로는 '시장 설계와 방법'이 가장 적절하다.

11　정답 ②

정답 풀이

'모란이 지고 말면 그뿐, 내 한 해는 다 가고 말아, / 삼백 예순 날 하냥 섭섭해 우옵내다.'를 볼 때, 모란의 '영원한 아름다움'을 찬양하고 있는 작품으로 보기는 어렵다.

오답 풀이

① 제시된 작품에서는 봄을 기대하는 마음과 봄을 보내는 서러움을 모란을 통해 표현함으로써 '기다리는 정서'와 '잃어버린 설움'을 대응시키고 모란으로 상징되는 소망의 실현에 대한 집념을 보이고 있다.

③ ④ 화자에게 '봄'은 모란이 피는 기쁜 시간이지만 모란이 지기 때문에 슬프고 고통스러운 시간이다. 화자는 모란이 피어 있는 잠깐의 시간을 위해 삼백예순 날의 기다림과 고통을 기꺼이 감수하겠다는 자세를 보여 주고 있다. 이러한 화자의 태도는 '찬란한 슬픔의 봄'이라는 역설적 표현으로 축약되어 제시되고 있다.

작품 정리

김영랑, <모란이 피기까지는>

주제	소망이 이루어지기를 기다림
특징	① 수미상관식 구성을 통해 주제를 강조함 ② 섬세하고 아름답게 다듬은 시어를 사용함 ③ 역설적 표현(모순 형용)을 사용함

12　정답 ③

정답 풀이

㉠에 생략된 주어는 '땀징'이 아니라 '땀'이다. 즉 '땀이 이마에 흐르다'라는 문장이 관형절로 안기면서, '땀을'과 중복되어 생략된 것이다.

오답 풀이

① ㉠은 관형절로, ㉡은 명사절로, ㉢은 부사절로 안겨 있다.

② ㉠은 체언 '땀'을 수식한다는 점에서 관형어, ㉡은 목적격 조사 '을'을 볼 때 목적어, ㉢은 문장 전체를 수식한다는 점에서 부사어의 구실을 한다.

④ '그가 착한'은 후행하는 체언 '사람'을, '그가 착한 사람임을 모르는'은 후행하는 체언 '사람'을 수식한다는 점에서, 각각 관형절이다.

13

혜원쌤의 합격비법
'A와 B가 있다.'의 순서로 제시되었다면, 설명도 A를 먼저 한 후에 B를 하는 것이 일반적이다.

정답 풀이
(나)의 마지막 문장 "다시 말해 인간은 선하다는 것과 악하다는 관점이 그러하다."는 '성선설'과 '성악설'에 대한 내용이다. (가)에서는 '성선설'을, (다)에서는 '성악설'을 다루고 있다는 점에서 이 둘을 언급한 (나)가 가장 앞에 오고, (가)와 (다)가 이어지는 게 자연스럽다. 따라서 제시된 글의 올바른 전개 순서는 '(나) - (가) - (다) - (라)'이다.

14

혜원쌤의 합격비법
대부분 출제된 적이 있는 한자어들이다. 그러니 한자 독음을 공부할 때는 '기출'부터 공부하는 것이 필수이다.

정답 풀이
詰責(질책 → 힐책): '詰(꾸짖을 힐)'이다. 따라서 '詰責(꾸짖을 힐, 꾸짖을 책)'의 독음은 '질책'이 아니라 '힐책'이다.

비교 질책(叱責: 꾸짖을 질, 꾸짖을 책): 꾸짖어 나무람.

오답 풀이
② 포착(捕捉: 사로잡을 포, 잡을 착): 1) 꼭 붙잡음. 2) 요점이나 요령을 얻음. 3) 어떤 기회나 정세를 알아차림.

③ 피습(被襲: 입을 피, 엄습할 습): 습격을 받음.

④ 알선(斡旋: 관리할 알, 돌 선): 남의 일이 잘되도록 주선하는 일.

15

혜원쌤의 합격비법
발문이 낯설어 보이지만, 사실상 일치·불일치 유형이다. 옳은 선지가 3개이고, 옳지 않은 선지가 1개이다. 따라서 선지를 읽고 내용을 확인한 후에, 지문을 보면서 선지의 내용이 맞는지 확인하면서 읽으면 된다.

정답 풀이
2문단의 "중력을 거부하는 힘의 동력, 인위적인 그 동력이 끊어지면 분수의 운동은 곧 멈추고 만다. 끝없이 인위적인 힘, 모터와 같은 그 힘을 주었을 때만이 분수는 하늘을 향해 용솟음칠 수 있다. 이 긴장, 이 지속, 이것이 서양의 역사와 그 인간 생활을 지배해 온 힘이다."를 볼 때, 힘의 한계에 부딪쳐 곧 멈추고 말 것이라는 설명은 적절하지 않다.

오답 풀이
① 1문단의 "물의 본성에 도전하는 물줄기이다."를 통해 알 수 있다.

② 1문단에 "가장 물답지 않은 물, 가장 부자연스러운 물의 운동이다."라고 그대로 나와 있다.

③ 2문단의 내용을 통해 알 수 있다.

작품 정리

이어령, <폭포와 분수>

주제	동·서양의 문화 및 가치관의 차이
특징	① 두 대상을 분석하여 대조적 속성을 파악함 ② 자연 현상을 인간의 문화와 결부시켜 논의의 내용을 넓힘

16

혜원쌤의 합격비법
일치·불일치 유형이 아닌, '제목'을 찾는 유형이라면 글을 꼼꼼하게 읽기보다는 '접속 표현'이나 '지시 표현' 등을 중심으로 큰 틀의 구조를 파악하면서 읽으면 쉽게 글의 제목을 찾을 수 있을 것이다.

정답 풀이
"나폴레옹전쟁 이후 전시 수요는 크게 둔화된 반면, 대륙봉쇄가 풀리면서 곡물 수입이 활발해짐에 따라 식량 가격은 하락하기 시작했다." 이후에 '영국 곡물법'에 대한 '농부들'의 입장과 '공장주들'의 입장을 제시하고 있다. 따라서 제시된 글의 제목으로는 '영국 곡물법에 대한 의견'이 가장 적절하다.

17

혜원쌤의 합격비법
'수사'와 '수관형사'는 모두 '수'를 나타내는 말이다. 그러나 '수사'는 체언이고 '수관형사'는 수식언으로 각각의 기능과 쓰임이 다름을 기억해 두자. '수사' 문제가 어렵게 나온다면, '수사'와 형태가 동일한 '명사'가 제시될 수 있다. '첫째'나 '하나'가 대표적이다. 이들이 수사이기는 하지만 명사로도 쓰인다는 점을 기억해 두고, 이에 해당하는 단어들은 꼭 기억해 두자!

정답 풀이
'수사'는 사물의 수량이나 순서를 나타내는 품사로, 양수사와 서수사가 있다. ③의 '한'은 '사람'을 꾸며주는 말이라는 점에서 '수사'가 아니라 '관형사(수관형사)'이다.

오답 풀이
① '하나'는 수사이다.

② '열'과 '서른'은 수사이다. 한편, '세 곱'의 '세'는 관형사(수관형사)이다.

④ '첫째'는 수사이다.

※ '첫째'가 '무엇보다 앞서는 것', '맏이'의 의미로 쓰인다면 '명사'이고, 체언을 수식한다면 '수관형사'이다.
　예 신발은 첫째로 발이 편안해야 한다.(명사)
　　김 선생네는 첫째가 벌써 초등학교 5학년이다.(명사)
　　시리즈물의 첫째 권.(수관형사)

18
정답 ④

정답 풀이

"이 시공간은 시간에 해당하는 차원이 한 방향으로만 진행한다는 한계가 있기 때문에"를 볼 때, ④의 이해는 적절하다.

오답 풀이

① "이 시공간은 시간과 공간으로 서로 구별되지 않는다."를 볼 때, 적절하지 않은 이해이다.

② "1905년 아인슈타인의 특수 상대성 이론이 발표되기 전까지 물리학자들은 시간과 공간을 별개의 독립적인 물리량으로 보았다."를 볼 때, 적절하지 않은 이해이다.

③ "1905년 아인슈타인의 특수 상대성 이론이 발표되기 전까지 ~ 시간은 절대적인 물리량으로서 공간이나 다른 어떤 것의 변화에 의해 변하지 않는다는 것이다."를 볼 때, 적절하지 않은 이해이다.

19
정답 ③

정답 풀이

'여기'의 품사는 대명사이다. 다른 단어들과 달리 '여기에'처럼 조사를 취할 수 있다.

오답 풀이

① '그'는 바로 뒤의 체언 '사람'을 수식한다는 점에서 품사는 관형사(지시 관형사)이다.

② '천'은 바로 뒤의 체언 '년'을 수식한다는 점에서 품사는 관형사(수관형사)이다.

④ '이'는 바로 뒤의 체언 '물건'을 수식한다는 점에서 품사는 관형사(지시 관형사)이다.

20
정답 ②

정답 풀이

3문단의 "광무(光武) 3년 10월 모(某)일 분의 『황성신문(皇城新聞)』논설에 성(盛)히 문학이라는 말을 썼는데 그것은 현재 우리가 사용하는 의미의 문학은 아니었다."를 볼 때, 적절하지 설명이다.

오답 풀이

① 1문단과 2문단에서 '신문학'이라는 말의 유래를, 그 이후에 현재적 개념을 서술하고 있다.

③ 3문단의 "즉 학문 일반의 의미로 문학이란 말이 사용되었다. 그러므로 신문학이란 말은 곧 신학문의 별칭이라 할 수 있었다."를 통해 알 수 있다.

④ 3문단의 "문학이란 말을 literature의 역어(譯語)로 생각지 않고 자의(字義)대로 해석하여 사용한 당시"를 볼 때, 현재 사용하는 '문학'이라는 말은 'literature'의 역어(譯語)임을 알 수 있다.

21
정답 ②

정답 풀이

"버크에 따르면 국민은 지도자와 상호 '신의 계약'을 체결했다기보다는 '신탁 계약'을 했다는 것이다."를 볼 때, 국민은 지도자에게 자신의 모든 권리를 위임함을 짐작할 수 있다.

오답 풀이

① "그는 만약 지도자가 국민의 의견을 좇아 자신의 판단을 단념한다면 그것은 국민에게 봉사하는 것이 아니라 국민을 배신하는 것이라고 했다."를 볼 때, 버크의 견해로 보기 어렵다.

③ ④ 버크는 국민 대중에 대해 신뢰할 만하지 않다고 하며, 회의적 시각을 가진 인물이다. 따라서 국민의 자질이 중요하다거나 국민의 태도에 대한 것은 버크의 견해로 보기 어렵다.

22
정답 ①

정답 풀이

'탱자만은 둥글다'고 한 것을 보아, '탱자'는 긍정의 의미로 쓰이고 있다. 한편, '가지', '모', '이빨'는 모두 뾰족하거나 예리한 것으로, '탱자'와는 상반되는 부정의 의미로 쓰이고 있다. 따라서 함축적 의미가 이질적인 하나는 ①의 '탱자'이다.

작품 정리

오세영, <열매>

주제	열매를 통해 발견하는 삶의 진실한 모습(자기희생적 사랑)
특징	① 자연물을 통해 삶의 진리를 깨달음 ② 원과 직선의 대립적 이미지를 통해 시상을 전개함

23

정답 ②

혜원쌤의 합격비법
'관형어+체언'은 항상 띄어 쓰고, '체언+조사'는 항상 붙여 쓴다는 것을 기억하자! 의존 명사와 조사의 형태가 동일한 '뿐', '만큼' 등은 앞에 오는 말의 품사가 무엇인지 주의하자! 한편, 수관형사를 아라비아숫자로 표기하기도 하는데, 이 경우에는 예외적으로 '수관형사+(의존) 명사'도 붙여 쓸 수 있다.

정답 풀이
'지'가 '시간의 경과'의 의미일 때는 의존 명사이기 때문에 앞말과 띄어 쓴다. 따라서 '끝난∨지도'의 띄어쓰기는 옳다.

오답 풀이
① 세달 → 세∨달: '세'는 관형사이고, '달'은 의존 명사이다. 단어끼리는 띄어서 쓰기 때문에 '세∨달'로 띄어 써야 한다.
③ 생각∨뿐이었다 → 생각뿐이었다: '뿐'은 조사이다. 따라서 체언 '생각'과 붙여 써야 한다.
④ 노력한만큼 → 노력한∨만큼: 관형어 '노력한' 뒤의 '만큼'은 의존 명사이다. 따라서 관형어 '노력한'과 띄어 써야 한다.

24

정답 ③

혜원쌤의 합격비법
모든 피동 표현을 능동 표현으로 바꿀 수 있는 것은 아니다. '-이-', '-하-', '-리-', '-기-'는 피동 접미사이다. 피동 접미사를 제거하면 능동사가 된다. 능동사로 바꿨을 때 의미가 어색한 경우를 찾으면 된다.

정답 풀이
'걸리다'의 능동사는 '걸다'이다. 그런데, '감기가 철수를 걸다'처럼 능동 표현으로 바꿀 수 없다.

오답 풀이
① '수학자가 그 문제를 풀었다.'로 바꿀 수 있다.
② '많은 사람들이 그 책을 읽었다.'로 바꿀 수 있다.
④ '어머니가 아이를 안다.'로 바꿀 수 있다.

25

정답 ③

혜원쌤의 합격비법
㉠~㉣에 대한 설명의 적절성을 판단하는 유형은, ㉠을 읽고 ㉠과 관련된 선지를 읽는 식으로 풀면 된다.

정답 풀이
㉢은 '참(이데올로기의 허상)을 알고 돌아온 바다의 난파자(지식인)'를 가둘 것이라는 의미이다.

오답 풀이
① ㉠이 포함된 끝 부분에서 "만일 남한에 오는 경우에, 개인적인 조력을 제공할 용의가 있습니다."라고 말한 것을 볼 때, 적절한 설명이다.
② 주인공은 끝내 '중립국'을 선택하고 ㉡과 같이 행동한다. 그 이유는 ㉢에 나타나 있다.
④ ㉢과 ㉣을 통해 중립국을 택한 이유가 '환상'에 대한 회의감 때문임을 알 수 있다.

작품 정리

최인훈, <광장>

주제	분단 이데올로기의 갈등 속에서 바람직한 삶과 사회에 대한 추구
특징	① 상징적인 소재와 배경이 사용됨 ② 관념적이고 철학적인 용어가 많이 사용됨 ③ 주인공이 회상하는 형식으로 내용이 전개됨

30p

01	02	03	04	05
③	②	④	④	①
06	07	08	09	10
②	③	②	③	①
11	12	13	14	15
①	④	③	③	②
16	17	18	19	20
④	②	①	④	①
21	22	23	24	25
②	②	④	①	④

01
정답 ③

혜원쌤의 합격비법
단어끼리는 띄어 쓴다. 다만, 조사는 단어이지만 앞말과 붙여 써야 한다. 단어끼리 띄어 쓰는 것이 원칙이지만, 단음절로 단어가 이어질 때는 단위별로 붙여 쓸 수 있다.

정답 풀이
단음절로 된 단어가 연이어 나타날 적에는 붙여 쓸 수 있다는 규정에 따라 '좀∨더∨큰∨것'이 원칙이지만, '좀더∨큰것'으로 붙여쓰기도 가능하다. 따라서 ③의 띄어쓰기는 옳다.

오답 풀이
① 지난∨달→지난달: '지난달'은 한 단어이므로 붙여 써야 한다. 만날겸 → 만날∨겸, 할겸→할∨겸: '겸'은 의존 명사이다. 따라서 관형어 '만날', '할'과 띄어 써야 한다.
② 물∨샐∨틈없이 → 물샐틈없이: '물샐틈없이'는 비유적으로 '조금도 빈틈이 없이'라는 뜻을 가진 부사로, 하나의 단어이다. 따라서 붙여 써야 한다.
　※ '물샐틈없다'라는 형용사도 있다.
④ 감사하기는∨커녕 → 감사하기는커녕: 조사끼리는 붙여 써야 한다. 따라서 보조사 '는'과 '커녕'을 모두 붙여 써야 한다.

02
정답 ②

혜원쌤의 합격비법
'파생법'으로 만들어진 단어는 '파생어'이다. '파생어'인지 판단하려면, '접사'를 찾으면 된다.

정답 풀이
'파생법'은 어근에 접사를 붙여 파생어를 만드는 단어 형성 방법이다. 즉 파생법으로 만들어진 단어는 파생어이다. 그런데 '살펴보다'는 어근 '살피다'와 '보다'가 결합한 말로, 어근과 어근의 결합이므로 파생어가 아니라 합성어이다.

오답 풀이
① 어근 '교육자'와 접미사 '-답다'가 결합한 말로 파생어이다. 명사 '교육자'와 접사가 결합해 형용사 '교육자답다'를 만들었다.
③ 어근 '탐'과 접미사 '-스럽다'가 결합한 말로 파생어이다. 명사 '탐'과 접사가 결합해 형용사 '탐스럽다'를 만들었다.
④ 어근 '순수'와 접미사 '-하다'가 결합한 말로 파생어이다. 명사 '순수'와 접사가 결합해 형용사 '순수하다'를 만들었다.
　※ 접사 '-하다'는 형용사를 만들기도 하고, 동사를 만들기도 한다.
　◎ 순수하다(형용사), 공부하다(동사)

03
정답 ④

혜원쌤의 합격비법
낯선 한자 성어 한두 개를 추가해서 흔들 수 있다. 그러니 낯선 한자 성어 때문에 고민하지 말자. 이럴 때는 모르는 걸로 고민하기보다는 확실히 아는 한자 성어에서 승부를 보자!

정답 풀이
'전화위복(轉禍爲福: 구를 전, 재앙 화, 될 위, 복 복)'은 재앙과 근심, 걱정이 바뀌어 오히려 복이 됨을 이르는 말이다. 제시된 문장에는 '재앙'에 해당하는 내용은 제시되어 있지 않고, 단순히 크게 이겼다고만 하였다. 따라서 '전화위복'의 쓰임은 적절하지 않다.

오답 풀이
① 견강부회(牽强附會: 끌 견, 굳셀 강, 붙을 부, 모일 회)는 이치에 맞지 않는 말을 억지로 끌어 붙여 자기에게 유리하게 함을 이르는 말이다. 문맥상 '억지 논리'를 펼치지 말고, 타당한 논거로 반박하라는 의미이므로 그 쓰임이 적절하다.
② 호시우보(虎視牛步: 범 호, 볼 시, 소 우, 걸을 보)는 범처럼 노려 보고 소처럼 걷는다는 뜻으로, 예리한 통찰력으로 꿰뚫어 보며 성실하고 신중하게 행동함을 이르는 말이다. 문맥상 성실하고 신중하게 행동해서 훌륭한 리더가 되었다는 의미이므로 그 쓰임이 적절하다.
③ 도청도설(道聽塗說: 길 도, 들을 청, 진흙 도, 말씀 설)은 길에서 듣고 길에서 말한다는 뜻으로, 길거리에 퍼져 돌아다니는 뜬소문을 이르는 말이다. 따라서 떠도는 말에 현혹되어 주책없이 행동하지 말라고 말하는 상황에 어울리는 말이다.

04
정답 ④

혜원쌤의 합격비법
이런 유형의 문제는 '한자 표기' 그 자체는 몰라도 된다. 생각했을 때 의미가 이질적인 한자 하나를 고르면 된다.

정답 풀이
주어 '근육이'를 볼 때, '마비'는 '痲痹(저릴 마, 저릴 비)'이다. ④를 제외한 나머지는 모두 '磨(갈 마)'가 쓰였다. 따라서 한자가 다른 하나는 ④이다.

정답·해설

한 걸음 더!

마비(痲痹: 저릴 마, 저릴 비 / 麻痺: 삼 마, 저릴 비)
「1」『의학』 신경이나 근육이 형태의 변화 없이 기능을 잃어버리는 일. 감각이 없어지고 힘을 제대로 쓰지 못하게 된다.
　예 근육이 마비를 일으키다.
「2」본래의 기능이 둔하여지거나 정지되는 일을 비유적으로 이르는 말
　예 직원들의 집단 사표로 업무가 마비 상태다.

※ 문맥 없이 주어졌다고 하더라도, '마비'의 '마'가 ①~③처럼 '磨(갈 마)'는 아니다.

오답 풀이

① 마모(磨耗: 갈 마, 소모할 모): 마찰 부분이 닳아서 없어짐.

② 절차탁마(切磋琢磨: 끊을 절, 갈 차, 쫄 탁, 갈 마): 옥이나 돌 따위를 갈고 닦아서 빛을 낸다는 뜻으로, 부지런히 학문과 덕행을 닦음을 이르는 말

③ 연마(硏磨: 갈 연, 갈 마 / 練磨: 익힐 연(련), 갈 마 / 鍊磨: 불릴 연(련), 갈 마): 1) 주로 돌이나 쇠붙이, 보석, 유리 따위의 고체를 갈고 닦아서 표면을 반질반질하게 함. 2) 학문이나 기술 따위를 힘써 배우고 닦음.

05 　　　　　　　　　　　　　　　정답 ①

혜원쌤의 합격비법
'두 번', '세 번'이 안 되면, '한번'으로 붙여 쓴다.

정답 풀이

한번 → 한∨번: '한번'을 '두 번', '세 번'으로 바꾸어 뜻이 통하면 '한 번'으로 띄어 쓰고 그렇지 않으면 '한번'으로 붙여 쓴다. ①은 '두 번', '세 번'과 바꾸어도 그 뜻이 통한다는 점에서 '한∨번'으로 띄어 써야 한다.

오답 풀이

② '한번은 네거리에서 큰 사고를 낼 뻔했다.'의 '한번'은 '지난 어느 때나 기회'라는 의미이므로 붙여 쓴 것은 옳다.

③ '고 녀석, 울음소리 한번 크구나.'의 '한번'은 '어떤 행동이나 상태를 강조하는 뜻'을 나타내는 말이므로 붙여 쓴 것은 옳다.

④ '심심한데 노래나 한번 불러 볼까?'의 '한번'은 '어떤 일을 시험 삼아 시도함'을 나타내는 말이므로 붙여 쓴 것은 옳다.

한 걸음 더!

한번
[Ⅰ]「명사」
　(주로 '한번은' 꼴로 쓰여) 지난 어느 때나 기회.
　　예 한번은 그런 일도 있었지.

[Ⅱ]「부사」
　「1」(주로 '-어 보다' 구성과 함께 쓰여) 어떤 일을 시험 삼아 시도함을 나타내는 말.
　　예 한번 해 보다.
　「2」기회 있는 어떤 때에.
　　예 우리 집에 한번 놀러 오세요.
　「3」(명사 바로 뒤에 쓰여) 어떤 행동이나 상태를 강조하는 뜻을 나타내는 말.
　　예 춤 한번 잘 춘다.
　「4」일단 한 차례.
　　예 한번 물면 절대 놓지 않는다.

06 　　　　　　　　　　　　　　　정답 ②

혜원쌤의 합격비법
글의 '성격'을 파악하려면, 어떤 말을 쓰고 있는지를 봐야 한다. 즉 반복되는 단어가 무엇인지 살피면 된다.

정답 풀이

제시된 글에서 가장 많이 반복되는 단어는 '자연'이다. 글쓴이의 주장은 마지막 문장 "자연은 정복과 활용이 아니라 감사와 보존의 대상이다."에 나와 있다. 따라서 제시된 글에 나타난 글쓴이의 성격은 '자연주의자'임을 알 수 있다.

07 　　　　　　　　　　　　　　　정답 ③

혜원쌤의 합격비법
글의 중심 내용이 어디에 위치하는가에 따라 글의 구성 방식을 '두괄식(맨 앞)', '중괄식(가운데)', '미괄식(맨 끝)', '양괄식(맨 앞과 맨 끝)'으로 나눌 수 있다.

정답 풀이

제시된 글에서는 '자연'은 어떤 특성(속성)을 가짐을 반복해서 말하고 있다. 그것을 토대로 "자연은 정복과 활용이 아니라 감사와 보존의 대상이다."라는 주장을 이끌어내고 있다. 따라서 제시된 글의 중심 내용은 글의 맨 끝에 위치하므로, '미괄식' 구성 방식의 글이다.

08 　　　　　　　　　　　　　　　정답 ②

혜원쌤의 합격비법
라캉의 생각과 '거리가 먼 1개'를 고르라는 것이다. 즉 선지 3개는 일치한다는 의미로, 1개의 선지만 헛소리라는 의미이다.

정답 풀이

1문단에서 "인간이 후천적, 인위적으로 그 구조를 만들었다고 생각하는 것은 잘못이다. 인간은 단지 구조되어 있는 그 질서에 참여할 뿐이다."라고 하였다. 이를 볼 때, 새로운 문화 질서가 창조된다는 추론은 '라캉'의 생각과 일치하지 않는다.

오답 풀이

① 1문단과 2문단의 내용을 고려할 때, 라캉의 생각과 일치한다.

③ 마지막 문단의 "이런 연유에서 '인간의 욕망은 타자의 욕망'이라는 논리가 라캉에게 성립된다."를 고려할 때, 라캉의 생각과 일치한다.

④ 3문단의 "라캉에게 나의 사유와 나의 존재는 사실상 분리되어 있다. 그는 나의 사유가 나의 존재를 확인시켜 주지 못한다고 주장한다."를 볼 때, 라캉의 생각과 일치한다.

09 　　　　　　　　　　　　　　　정답 ③

혜원쌤의 합격비법
문제에서 시의 '주제'를 묻고 있을 때, 굳이 선지를 먼저 읽을 필요는 없다. 꼭 확인해야 할 것은 바로 '제목'이다!

정답 풀이

제시된 작품에서는 '해바라기'를 통해 보는 생명에 대한 강한 의욕을 드러내고 있다. 따라서 제시된 작품의 주제는 '생명에 대한 강렬한 의욕'이다.

김광섭, <해바라기>

주제	해바라기를 통해 보는 생명에 대한 강한 의욕
특징	① 순수 자연의 감각을 시각적 이미지로 표현함 ② 의욕적인 어조

10
정답 ①

독해 문제에서 '제목'을 묻고 있을 때는 바로 지문을 읽어도 된다.

정답 풀이

1문단에서 "통합 방정식의 경우, 통합을 하는 데 여러 변수가 있고 변수에 따라 통합이 성공하거나 실패할 수 있으므로 방정식이라는 표현은 대체로 적절하다."라고 하였다가, 2문단에서 "그런데 방정식은 '변수가 많은 고차 방정식', '국내·국제·남북 관계의 3차 방정식'이란 표현에서 보듯이 차수와 함께 거론되기도 한다. 엄밀하게 따지면 변수의 개수와 방정식의 차수는 무관하다."라고 하였다. 이를 볼 때, 제시된 글에서는 '방정식'의 용어를 활용할 때 옳은 경우와 그렇지 않은 경우를 함께 다루고 있다. 그러면서, "따라서 상황에 영향을 미치는 변수의 개수에 따라 m원 방정식으로, 상황의 복잡도에 따라 n차 방정식으로 구분할 필요가 있다. 또 4차 방정식까지는 근의 공식, 즉 일반해가 존재하므로 해를 구할 수 없을 정도의 난맥상이라면 5차 방정식 이상이라는 표현이 안전하다."라고 마무리를 짓고 있다. 따라서 제시된 글의 제목으로는 '수학 용어(방정식)의 올바른 활용'이 가장 적절하다.

오답 풀이

② '수학 공식'이 아닌 '수학 용어'의 활용에 대해 다룬 글이다.

③ '방정식의 정의와 구성 요소'를 다루고 있는 글이 아니다.

④ '수학 용어의 추상성과 엄밀성'을 다루고 있는 글이 아니다.

11
정답 ①

일반적으로 빈칸 문제는 앞뒤를 보면 된다. 다만, 제시된 글의 경우에는 첫 번째 문단이 중요한 힌트였다.

정답 풀이

1문단을 통해 망막의 앞쪽에 초점을 맺게 되면, 먼 곳의 물체가 흐리게 보이는 것을 '근시'라고 부른다는 것을 알 수 있다. 따라서 '근시인 눈'이라면 망막의 '앞쪽(㉠)'에 맺혔던 초점이 '뒤쪽 (㉡)'으로 이동하면 물체가 선명하게 보일 것이다. 또 근시의 정도가 심하면, 초점이 망막으로부터 '앞쪽(㉢)'으로 멀어질 것이다. ㉠~㉢에 알맞은 말을 순서대로 나열하면, '앞쪽(㉠), 뒤쪽(㉡), 앞쪽(㉢)'이다.

12
정답 ④

발문을 제대로 읽어야 한다! '적절하지 않은 것'을 고르는 문제이기 때문에, 어울리는 선지를 고르고 넘어가는 실수를 범하면 안된다.

정답 풀이

그 많던 전답도 다 팔고, 대대로 살던 집마저 남의 손에 넘기고, 결국에는 '악상(惡喪: 수명을 다 누리지 못하고 젊어서 죽은 사람의 상사. 흔히 젊어서 부모보다 먼저 자식이 죽는 경우를 이른다.)'까지 당한 상황이다. 그런데 '고장난명(孤掌難鳴: 외로울 고, 손바닥 장, 어려울 난, 울 명)'은 외손뼉만으로는 소리가 울리지 아니한다는 뜻으로, 혼자의 힘만으로 어떤 일을 이루기 어려움을 이르는 말, 맞서는 사람이 없으면 싸움이 일어나지 아니함을 이르는 말이다. 따라서 나쁜 상황이 연달아 일어난 ㉠의 상황을 가리키기에는 적절하지 않은 말이다.

오답 풀이

④를 제외한 나머지는 모두 안 좋은 일이 연속으로 일어나는 상황일 때 쓰는 말이다.

① 설상가상(雪上加霜: 눈 설, 위 상, 더할 가, 서리 상): 눈 위에 서리가 덮인다는 뜻으로, 난처한 일이나 불행한 일이 잇따라 일어남을 이르는 말

② 전호후랑(前虎後狼: 앞 전, 범 호, 뒤 후, 이리 랑): 앞문에서 호랑이를 막고 있으려니까 뒷문으로 이리가 들어온다는 뜻으로, 재앙이 끊일 사이 없이 닥침을 비유적으로 이르는 말

③ 화불단행(禍不單行: 재앙 화, 아닐 불, 홑 단, 다닐 행): 재앙은 번번이 겹쳐 옴.

황순원, <소나기>

주제	소년과 소녀의 순수한 사랑
특징	① 추보식 구조를 취함 ② 간결한 문장과 시적인 표현을 사용함

13
정답 ③

확실히 아닌 선지부터 제거하고 나머지 선지 중에서 고민하자.

정답 풀이

'아수라장(阿修羅場: 언덕 아, 닦을 수, 그물 라, 마당 장)'은 '한자어'와 '한자어'의 결합이다.

오답 풀이

① '가욋돈(加外돈)'은 한자어 '가외(加外: 더할 가, 바깥 외)'와 고유어 '돈'이 결합한 말이다.

② '고자질(告者질)'은 한자어 '고자(告者: 알릴 고, 사람 자)'와 고유어 접미사 '-질'이 결합한 말이다.

④ '관자놀이(貫子놀이)'는 한자어 '관자(貫子: 꿸 관, 아들 자)'와 고유어 '놀이'가 결합한 말이다.

혜원쌤의 합격비법

작품이 제시되고 그것과 비슷한 것을 찾는 문제라면, 제시된 작품의 내용부터 확인해야 한다.

정답 풀이

제시된 작품은 왕에 대한 자신의 충정을 하소연할 목적으로 지어졌으나 왕과 자신의 관계를 직접적으로 드러내지 않고 자신을 임의 사랑을 받지 못하는 여자로, 임금을 임으로 설정한 후, 사계절의 풍경과 함께 이별한 임을 그리워하는 형식으로 우의적으로 표현한 가사이다. 두 작품 모두 임에게 '꽃(매화, 묏버들)'을 꺾어 보내고 싶다는 내용이 있다. 물론, 전체적으로 '임과의 이별'이라는 내용을 다루고 있다는 점에서 공통되기도 한다. 또 두 작품 모두 '임에 대한 사랑'이라는 주제를 드러내고 있다는 점에서, 가장 유사한 작품은 ③이다.

오답 풀이

① 이황의 <도산십이곡>의 일부로, 주제는 '학문 수양에의 정진'이다.

② 조식의 시조로, 주제는 '임금(중종)의 승하를 애도함'이다.

④ 박인로의 시조로, 주제는 '돌아가신 부모님에 대한 그리움, 풍수지탄(風樹之嘆)'이다.

작품 정리

정철, <사미인곡>

주제	임금을 향한 일편단심, 연군지정(戀君之情)
특징	① 충신연주지사(忠臣戀主之詞)의 대표적 작품 ② 후편 격인 '속미인곡'과 더불어 가사 문학의 백미를 이룸

① 이황, <도산십이곡>

주제	학문 수양에의 정진
특징	생경한 한자어를 많이 사용함

② 조식

주제	임금(중종)의 승하를 애도함
특징	상징과 비유의 표현 방법을 사용하여 군신유의(君臣有義)의 유교적 정신을 드러냄

③ 홍랑

주제	임에게 보내는 사랑
특징	떠나는 임에 대한 사랑을 소박한 자연물을 통해 드러냄

④ 박인로

주제	돌아가신 부모님에 대한 그리움, 풍수지탄(風樹之嘆)
특징	중국 육적의 회귤 고사(懷橘故事)를 인용하여 부모님에 대한 그리움을 표현함

혜원쌤의 합격비법

모음조화를 지키지 않은 형태가 표준어인 경우도 있다. 예외는 반드시 기억해 두자!

정답 풀이

깡총깡총 → 깡충깡충: '짧은 다리를 모으고 자꾸 힘 있게 솟구쳐 뛰는 모양'을 이르는 표준어는 '깡충깡충'으로, 모음조화가 지켜지지 않은 형태가 표준어인 경우이다.

혜원쌤의 합격비법

'포괄'하여 설명하기에 적절한 것을 고르라고 했다면, 조건이 두 개 이상이 주어져 있을 것이다. 첫 번째 조건에 해당하는 것을 찾고, 남은 선지 중에서 나머지 조건에 해당하는 것을 고민하면 된다.

정답 풀이

조건 1	주체인 '할아버지'를 서술하는 용언은 '자다'와 '가다'로 2개이다. "만약 여러 개의 용언이 함께 나타나는 경우라면 ~ 대체로 문장의 마지막 용언에 선어말어미 '-시-'를 쓴다."에 따라 뒤의 서술어 '가다'에만 선어말 어미 '-시-'를 붙여 '가시다'로 표현하였다.
조건 2	"여러 개의 용언 가운데 어휘적으로 높임의 용언이 따로 있는 경우에는 반드시 그 용언을 사용해야 한다."에 따라 '자다'의 높임말 '주무시다'를 사용하였다. ※ '주무시다'의 '시'는 주체 높임의 선어말 어미가 아니다.

따라서 제시된 글의 내용을 포괄하여 설명하기에 적절한 문장은 ④의 '할아버지께서 주무시고 가셨다.'이다.

혜원쌤의 합격비법

나타나지 않는 설명 방식 1개를 고르는 유형이다. 즉 나머지 3개는 글에 제시되어 있다는 의미이다. 글을 읽으면서 사용된 설명 방식을 제거해 나가면 된다.

정답 풀이

'유추'는 생소한 개념이나 매우 어렵고 복잡한 어떤 주제를 설명하고자 할 경우, 그 개념이나 주제를 보다 친숙하고 단순한 어떤 개념이나 주제와 하나씩 하나씩 비교해 나가는 방법이다. 그런데 제시된 글에서는 '유추'의 방법이 쓰이지 않았다.

오답 풀이

① 2문단의 "관객이나 시청자가 읽을 수 있도록 화면에 보여 주는 글자"에서 '자막'의 개념을 정의하고 있다.

③ 1문단에서 '텔레비전'에서, 2문단에서는 '영화'에서 자막이 어떻게 쓰이는지 구체적으로 예시를 들고 있다.

④ '영화의 자막'과 '텔레비전의 자막'의 차이점을 보여주고 있다.

18

정답 ①

혜원쌤의 합격비법
순서 유형은 '선지'가 힌트인 경우가 많다. 더구나 이 문제는 첫 번째 문장이 제시된 경우이다. 첫 번째 문장을 읽고, 선지의 (나)와 (다) 중 어느 것이 더 그 뒤에 어울리는지 판단하면 된다.

정답 풀이

1단계	첫 문단에서는 각국의 정부들이 공격적인 환경보호 조치를 취해 왔다는 내용이 제시되어 있다. 따라서 많은 조치들이 성과를 거두었다는 (나)의 내용이 그 뒤에 이어지는 게 자연스럽다.
2단계	(가)는 규제 및 조치들이 실패한 경우도 있다는 내용이다. (가)가 '그러나'로 시작하고 있다는 점에서 조치들이 성과를 거두었다는 (나) 뒤에 (가)가 이어지는 게 자연스럽다.
3단계	(다)는 규제 및 조치들이 실패한 경우의 구체적인 사례이다. 따라서 (가) 뒤에 (다)가 이어지는 게 자연스럽다.

따라서 (가)~(다)를 문맥에 맞는 순서대로 나열하면, '(나) → (가) → (다)' 이다.

19

정답 ④

혜원쌤의 합격비법
밑줄 친 부분은 모두 '흰 ○○'이다. 이것이 무엇을 의미하는지 생각해 보면, 사용된 수사법도 어렵지 않게 찾을 수 있을 것이다.

정답 풀이

'흰 수건', '흰 고무신', '흰 저고리 치마, 흰 띠' 모두 '흰색'이라는 공통점이 있다. '흰색'은 우리 민족과 깊은 관련이 있는 것으로, '우리 민족'을 의미한다. 제시된 작품의 밑줄 친 부분에서는 어떤 사물을, 그것의 속성과 밀접한 관계가 있는 다른 낱말을 빌려서 표현하는 수사법인 '환유법'이 쓰였다. 이처럼 환유법이 쓰인 것은 ④이다. ④에서 '칼날'은 '자기희생', '고통'을 의미한다.
※ '환유법'과 '제유법'을 묶어 '대유법'이라 한다.

오답 풀이

① '내 누님같이'에서 'A같이'라는 표현을 볼 때, '직유법'이 쓰였다.
② '마음은 고요한 물결'은 'A는 B'의 구조이므로 '은유법'이 쓰였다.
③ 무생물인 '파도'가 생물처럼 '아가리를 쳐들고 달려든다'라고 표현하고 있다는 점에서, '활유법'이 쓰였다.

작품 정리

윤동주, <슬픈 족속>

주제	부정적 현실의 극복 의지
특징	① 각 연이 '~고, ~다'의 형태를 반복하면서 운율 형성 ② 흰 색을 반복함으로써 우리 민족의 정서적 통일감을 드러냄 ③ 1, 2연의 대칭적 구조를 통해 부정적 현실(1연)과 현실 극복 의지(2연)를 병치시켜 표현

20

정답 ①

혜원쌤의 합격비법
사잇소리 현상은 수의적 현상이기 때문에, '된소리되기, ㄴ 소리나 ㄴㄴ 소리가 덧나는 경우'에만 사이시옷을 받쳐 적는다.

정답 풀이

공기밥 → 공깃밥: '공기+밥'의 결합 과정에서 사잇소리가 덧나기 때문에 사이시옷을 받쳐, '공깃밥'으로 표기해야 한다.

오답 풀이

② '인사+말'의 합성어는 [인사말]로 발음된다. 즉 사잇소리가 덧나지 않기 때문에 사이시옷을 받쳐 적지 않은 '인사말'의 표기는 바르다.
③ 된소리나 거센소리 앞에서는 사이시옷을 받쳐 적지 않는다. 따라서 '뒤+처리'의 합성어는 '뒤처리'이다.
④ '편지+글'의 합성어는 [편ː지글]로 발음된다. 즉 사잇소리가 덧나지 않기 때문에 사이시옷을 받쳐 적지 않은 '편지글'의 표기는 바르다.

21

정답 ②

혜원쌤의 합격비법
선지가 'A를 활용하여(통해) B를 한다.'의 구조라면, A와 B가 모두 나타나는지 꼭 확인해야 한다.

정답 풀이

글쓴이의 생각은 글의 마지막 부분 "그러나 이 모두가 똑바로 듣지 못한 것이다. 단지 마음속에 품은 뜻이 귀로 소리를 받아들여 만들어낸 것일 따름이다."에 드러난다. 이를 볼 때, 글쓴이는 외물, 즉 관찰을 통한 인식에 현혹될 수 있다고 말하면서, 외물에 현혹되지 않는 삶의 자세를 강조하고 있다. 따라서 세심한 관찰을 통해 사물의 본질을 이해할 수 있음을 역설하였다는 이해는 적절하지 않다.

오답 풀이

① 2문단에서 '물소리'를 '수레와 말의 소리', '대포와 북의 소리'에 빗대고 있다. 따라서 '은유법'을 확인할 수 있다. 3문단에서 물소리를 직접 빗대고 있기 때문에 '직유법'이 쓰였다.
③ 글쓴이는 자신의 구체적인 경험을 바탕으로 결론을 이끌어내고 있다.
④ 1문단의 "어떤 사람은 이곳이 옛 전쟁터였기 때문에 물소리가 그렇다고 말하나 그래서가 아니라 물소리는 듣기 여하에 달린 것이다."에서 다른 이의 생각을 반박하고 있다.

작품 정리

박지원, <일야구도하기>

주제	① 외물(外物)에 현혹되지 않는 삶의 자세 ② 이목(耳目)에 구애됨이 없는 초연한 마음 ③ 마음을 다스리는 일의 중요성
특징	① 구체적인 경험을 바탕으로 자연스럽게 결론을 이끌어 냄 ② 치밀하고 예리한 관찰력으로 사물의 본질을 꿰뚫어 봄

22
정답 ②

[정답 풀이]

②를 제외한 나머지의 '보다'는 '대상을 평가하다'의 의미를 가지고 있다. 한편, ②의 '보다'는 '어떤 일을 당하거나 겪거나 얻어 가지다'의 의미를 가지고 있다. 따라서 의미가 가장 이질적인 하나는 ②이다.

23
정답 ④

[정답 풀이]

'동의의 격률'은 자신의 의견과 다른 사람의 의견 사이의 차이점을 최소화하고 자신의 의견과 다른 사람의 의견의 일치점을 극대화하는 것이다. 이에 따라 대화를 한 것은 ④이다. 갑과의 의견 차이를 최소화하기 위해 우선은 '그 침대가 크고 매우 우아해서 좋군요.'이라고 한 후에, '그런데 좀 커서 우리 방에 들어가지 않을 것 같아요.'라며 자신의 의견을 밝히고 있기 때문이다.

[오답 풀이]

① '갑'과 '을'은 요령의 격률을 지킨 표현으로 볼 수 있다. '동의의 격률'의 핵심은 '맞장구'이다. 그런데 '갑'의 부탁에 '을'은 '맞장구'를 치기는커녕, 급히 해야 할 일이 있어서 안 된다며 거절의 의사를 밝히고 있다. 따라서 '동의의 격률'을 따른 것으로 보기 어렵다.

② '을'이 '(제가) 귀가 어두워서 잘 들리지 않는데'라고 말한 것을 볼 때, 관용의 격률을 지킨 표현이다. 그러나 '동의의 격률'은 나타나지 않는다.

③ '갑'과 '을'은 겸양의 격률을 지킨 표현으로 볼 수 있다. 그러나 '동의의 격률'은 나타나지 않는다.

24
정답 ①

[정답 풀이]

승려가 시주(施主)를 얻으려고 돌아다니는 일 또는 그렇게 얻은 곡식을 이르는 '동냥'은 고유어이다.

※ '동냥'은 거지나 동냥아치가 돌아다니며 돈이나 물건 따위를 거저 달라고 비는 일 또는 그렇게 얻은 돈이나 물건을 의미하기도 한다.

[오답 풀이]

② 돈이나 곡식, 물건 따위를 거저 달라고 빎을 의미하는 '구걸(求乞: 구할 구, 빌 걸)'은 한자어이다.

③ 많은 사람, 모든 살아 있는 무리를 이르는 '중생(衆生: 무리 중, 살 생)'은 한자어이다.

④ 남을 깊이 사랑하고 가엾게 여김. 또는 그렇게 여겨서 베푸는 혜택, 중생에게 즐거움을 주고 괴로움을 없게 함을 이르는 '자비(慈悲: 사랑할 자, 슬플 비)'는 한자어이다.

25
정답 ④

[정답 풀이]

체언에서 'ㄱ, ㄷ, ㅂ' 뒤에 'ㅎ'이 따를 때에는 'ㅎ'을 밝혀 적는다. 따라서 '북한산'은 [부칸산]으로 거센소리되기가 일어나더라도, 체언이기 때문에 'ㅎ'을 밝혀 'Bukhansan'으로 표기한 것은 옳다.

[오답 풀이]

① 이름에서 일어나는 음운 변화는 표기에 반영하지 않는다. 또한 'ㅍ'은 로마자로 'ph'가 아닌 'p'로 적는다. 따라서 '복연필'은 'Bok Yeonpil' 또는 'Bok Yeon-pil'로 표기해야 한다.

② 모음 'ㅓ'는 로마자로 'un'이 아닌 'eo'로 적는다. 따라서 '청와대'는 'Cheongwadae'로 표기해야 한다.

③ '한라산'의 표준 발음은 [할:라산]이다. 'ㄹㄹ'은 'll'로 적는다. 따라서 '한라산'은 'Hallasan'으로 표기해야 한다.

35p

01	02	03	04	05
④	③	③	②	④
06	07	08	09	10
②	①	③	④	④
11	12	13	14	15
②	①	①	①	②
16	17	18	19	20
③	④	③	②	①
21	22	23	24	25
②	②	④	③	①

01

정답 ④

혜원쌤의 합격비법

'숫자'나 '수'의 띄어쓰기는 다음 4가지는 무조건 기억해 두자!
(1) '수 관형사+단위 명사'가 '차례'를 나타내면 붙여 쓸 수 있다.
(2) '연월일, 시각'도 '차례, 순서' 개념이므로 붙여 쓸 수 있다.
(3) '아라비아 숫자+단위 명사'는 붙여 쓸 수 있다.
(4) 수를 적을 때는 '만(萬: 일만 만)' 단위로 띄어 쓴다.

정답 풀이

십이∨억∨오십육∨만 → 십이억∨오십육만: 수를 적을 적에는 '만(萬)' 단위로 띄어 쓴다. 따라서 '경', '조', '억', '만'일 때 띄어 써야 하므로 '십이억∨오십육만'으로 써야 한다.

오답 풀이

① 본용언과 보조 용언은 띄어 쓰는 게 원칙이고, 붙여 쓰는 게 허용이다. 다만, 본용언이 복합어(합성어, 파생어)일 때는 보조 용언과 반드시 띄어 써야 한다. '떠내려가다'는 '뜨다+내려가다'가 결합한 복합어(합성어)이다. 따라서 보조 용언 '버리다'와 띄어 쓴 것은 옳다.

※ '떠내려가다'는 '떠-내려가다'로 분석된다. '내려가다'는 다시 '내려-가다'로 분석된다. 결국 '내리다'와 '가다'의 합성어 '내려가다'가 다시 '뜨다'와 결합한 합성어이다.

② '지'가 '시간의 경과'를 나타낸다면 의존 명사이다. '오래다'라는 말을 볼 때, '지'는 시간의 '시간의 경과'를 나타낸다는 점에서 '떠난∨지'로 띄어 쓴 것은 옳다.

③ '내지'는 '얼마에서 얼마까지'의 뜻을 나타내는 부사이다. 단어별로 띄어 써야 하기 때문에 '열∨내지∨스물'로 띄어 쓴 것은 옳다.

02

정답 ③

혜원쌤의 합격비법

(1) '수-'와 '숫-'의 구별, (2) '윗-'과 '웃-'의 구별, (3) '-장이'와 '-쟁이'의 구별은 표준어 문제의 단골 출제 영역이다. 따라서 반드시 기억해 두자! (1) '양, 염소, 쥐'에만 '숫-'을 쓴다. (2) '위/아래' 대립이 없다면 '웃-'을 쓴다. (3) '기술자(장인)'에게는 '-장이'를 쓴다.

정답 풀이

윗어른 → 웃어른: '윗-'은 '위/아래'의 대립이 있는 경우에만, '웃-'은 '위/아래'의 대립이 없는 경우에만 쓴다. '어른' 자체에 '위'의 의미가 포함되어 있기 때문에 '아랫어른'은 없다. 따라서 '웃어른'이 표준어이다.

※ '어른'과 달리 '사람'은 '위/아래' 대립이 있다. 따라서 '웃사람'이 아닌 '윗사람(↔아랫사람)'이 표준어이다.

오답 풀이

① '양, 염소, 쥐'에는 '숫-'이 붙은 형태가 표준어이다. 따라서 '숫염소'는 표준어이다.

※ '수-'와 관련해서는 거센소리가 나는 경우도 함께 기억해 둬야 한다. '수탉, 수평아리, 수캐, 수캉아지, 수키와, 수톨쩌귀, 수태지, 수탕나귀, 수컷'의 9가지이다.

② 어원을 밝히지 않은 '강낭콩'이 표준어이다.

※ '강낭콩'은 중국의 '강남(江南)' 지방에서 들여온 콩이기 때문에 붙여진 이름인데, '강남'의 형태가 변하여 '강낭'이 되었다. 언중이 이미 어원을 인식하지 않고 변한 형태대로 발음하는 언어 현실을 그대로 반영하여 '강낭콩'으로 쓰게 한 것이다.

④ '기술자'를 이르는 말이라는 점에서 '-장이'를 붙이 '유기장이'는 표준어이다.

※ 유기장이: 키버들로 고리짝이나 키 따위를 만들어 파는 일을 직업으로 하는 사람

03

정답 ③

혜원쌤의 합격비법

'분류'는 '분류분류'와 '구분분류'가 있다. '분류분류'는 하위 개념에서 상위 개념으로 묶는 것이다. 'A, B, C는 D이다.'의 형태로 실현된다. 한편, '구분분류'는 상위 개념에서 하위 개념으로 나누는 것이다. 'A에는 B, C, D가 있다.'의 형태로 실현된다.

정답 풀이

'알타이어족'은 상위 개념이고, '터키어, 몽골어, 만주어, 퉁구스어, 한국어, 일본어'는 하위 개념이다. 상위 개념에서 하위 개념으로 나누고 있다는 점에서 '구분(구분분류)'의 전개 방식이 쓰였다.

※ '분류분류'와 '구분분류'를 묶어서 '분류'라고 하는데, 선지에 '분류'와 '구분'이 동시에 제시되어 있다. 따라서 ①의 '분류'는 '분류분류'를, ③의 '구분'은 '구분분류'를 의미한다. 만약 선지 ③의 '구분'이 없었다면, ①의 '분류'가 답이 될 여지도 있다. 항상 답을 고를 때는 상대적으로!!

04

혜원쌤의 합격비법
선지가 'A를 통해 B'라는 구조라면, A와 B가 모두 나타났는지 살펴야 한다. A가 없거나 B가 없다면 옳지 않은 진술이다.

정답 풀이
2연에서는 '모른다'를 반복하여 일상에 매몰된 무감각한 존재인 자신에 대한 성찰의 정서를 강조하고 있다. 또 3연에서는 '-고 싶다'가 반복하여 알 수 없는 자신의 상황에서 벗어나고 싶은 의지의 정서를 강조하고 있다.

오답 풀이
① 화자는 허구적 상상을 통해 현실의 고난을 극복하고자 한다. 그러나 고난을 극복했는지 여부는 시의 내용만으로는 확인할 수가 없다.

③ 화자가 자신의 옛 경험을 묘사하고는 있다. 그러나 '사실적 묘사'라는 진술은 옳지 않다. 화자는 '허구적 상상'을 통해 자신의 옛 경험(과거)를 묘사하고 있다.

④ 화자는 자신의 무기력한 과거에 대해 반성하고 있다. 따라서 과거로 돌아가고 싶은 소망을 전한다고 볼 수 없다.

작품 정리

김기택, <우주인>

주제	자신의 무기력한 과거에 대해 반성하며 현실 극복을 소망함
특징	① 대조적 상태를 설정해 시적 의미를 강화함 ② 유사한 문장 구조와 시어의 반복을 통해 운율을 형성함 ③ 우주인이라는 독특한 소재를 통해 삶의 의미를 노래함

05

혜원쌤의 합격비법
잘 알려지지 않은 한용운의 글과 외국인들의 글이기 때문에, 최대한 글 속에 산재되어 있는 대상의 정보를 모아야 한다.

정답 풀이
한용운의 글에서 '총탄', 김택영의 글에서 '나라 원수 죽였다네', 쑨원의 글에서 '이토도 죄인이구나'를 통해 글에서 추모하는 사람이 1909년 만주의 하얼빈역에서 이토 히로부미를 사살한 '안중근'임을 알 수 있다.

06

혜원쌤의 합격비법
글쓴이 내지 화자의 심정은 대상을 어떤 '마음'으로 바라보는지를 통해 알수 있다. 모든 고전 운문이 그런 것은 아니지만, 대다수의 작품이 '임금을 향한 충정'이나 '자연에 대한 예찬'을 다루고 있다.

정답 풀이
'소양강에서 흘러내린 물'은 결국에 임금이 계신 '한양'으로 간다. '삼각산 제일봉'은 지금의 북한산으로, 이 역시 임금이 계신 '한양'이다. 가사의 내용이 모두 '임금'을 향하고 있다는 점에서, 제시된 작품은 '임금을 향한 충정'을 드러낸 작품으로 볼 수 있다.

※ 제시된 작품은 정철의 가사 <관동별곡(關東別曲)>이다. 이 작품의 다른 부분에서 '한양을 떠나는 슬픔', '여행길의 고달픔', '자연경관에 대한 감탄'을 확인할 수 있다. 그러나 제시된 시구에서는 '임금을 향한 충정'만 확인할 수 있다.

한 걸음 더!
소양강에서 흘러내리는 물이 어디로 흘러든다는 말인가?
임금 곁을 떠나는 외로운 신하가 근심이 많기도 많구나.
동주(철원)에서의 밤을 겨우 새우고 북관정에 오르니,
(한양에 있는) 삼각산의 가장 높은 봉우리가 웬만하면 보일 것도 같구나.

※ 1구와 4구는 '연군지정(戀君之情: 생각할 연(련), 임금 군, 어조사 지, 뜻 정)', 2구는 '우국지정(憂國之情: 근심할 우, 나라 국, 어조사 지, 뜻 정)', 3구는 '전전반측(輾轉反側: 돌 전, 구를 전, 돌이킬 반, 곁 측)'과 관련이 있다.

07

혜원쌤의 합격비법
선지에 제시된 작품을 모른다면, 풀기에 다소 난해한 유형이다. 그나마 다행인 점은 선지에 제시된 작품 모두 '특징'이 뚜렷하고 잘 알려진 것들이다. 따라서 설명을 읽어가면서 확실히 아닌 선지부터 제거하는 식으로 풀어 나가자.

정답 풀이
자연 속에 살면서 느낀 '물아일체'의 정감과 흥취를 맑은 분위기로 형성화한 '양반 가사'는 정극인의 '상춘곡'이다.

※ 정극인의 <상춘곡>은 '봄을 맞아 경치를 구경하며 즐기는 노래'라는 제목에서 드러나듯이 봄의 경치를 묘사하면서 그 속에서 느끼는 흥취와 풍류를 노래한 가사이다.

오답 풀이
② 첫 번째 줄에서 '자연 속에 살면서 느낀 흥취를 밝고 맑은 분위기'로 형상화했다고 하였다. 따라서 '임(임금)'과 헤어진 '여인(화자)'의 심정을 노래한 '사미인곡'은 답이 될 수 없다.

※ 정철의 <사미인곡>은 작가가 당파 싸움으로 관직에서 물러나 고향인 창평에 내려가 있을 때 임금을 향한 충성심을 임을 생각하는 여인의 마음과 견주어 지은 작품으로, 다양한 표현 기법과 절묘한 언어 구사가 돋보이는 가사이다.

③ 두 번째 줄에서 '자연 속에서 물아일체의 정감과 흥취'를 잘 보여준 작품이라고 하였다. 따라서 금강산과 관동 팔경을 유람한 내용을 담은 '관동별곡'은 답이 될 수 없다.

※ 정철의 <관동별곡>은 작가가 강원도 관찰사로 부임하여 금강산과 관동 팔경을 유람한 후 아름다운 경치와 고사, 풍속 등을 여정에 따라 읊은 기행 가사로, 우리말의 구사가 뛰어난 가사 문학의 대표적인 작품이다.

④ 첫 번째 줄에서 갈래를 '가사'라고 하였다. 따라서 갈래가 '연시조'인 '도산십이곡'은 답이 될 수 없다.

※ 이황의 <도산십이곡>은 작가가 속세를 떠나 자연에 흠뻑 취해 사는 자연 귀의(歸依) 생활과 후진 양성을 위한 강학(講學), 사색에 침잠(沈潛)하는 학문 생활을 솔직하고 담백하게 표현한 전 12수[전 6곡(자연), 후 6곡(학문)]의 시조이다.

08

혜원쌤의 합격비법

'내포하는 의미'가 다른 하나를 고르는 유형이다. 'A가 내포하는 의미는?' 이라는 말은 결국 'A가 무엇을 의미하는가?'라는 뜻이다. 따라서 각각의 시 구의 '주체'가 무엇인지를 파악한다면, 각각이 내포하는 의미가 무엇인지 파악할 수 있을 것이다.

정답 풀이

㉠과 ㉡의 주어는 '너는'으로 명시적으로 드러난다. ㉣은 명시적으로 '너 는'으로 드러나 있지 않지만, '얼굴을 가리운'은 ㉠의 '미지(未知)'와 ㉡의 '이름도 없이'와 관련이 있다는 점에서 이 역시 '너는'이다. 제시된 시에서 '너'는 '꽃'이다. 따라서 ㉠, ㉡, ㉣은 모두 '꽃'을 내포하고 있다. 한편, ㉢의 주어는 '나의 울음'이다. 따라서 내포하는 의미가 다른 하나는 ㉢이다.

작품 정리

김춘수, <꽃을 위한 서시>

주제	① 꽃의 참모습을 인식하지 못하는 안타까움 ② 존재의 본질 인식에의 염원
특징	① 존재론적 입장에서 사물을 본질을 추구함 ② 심오한 철학적 문제를 구체적인 시어를 통해 구상화함

09

혜원쌤의 합격비법

우리가 흔히 쓰는 '표기'와 외래어 표기법 규정에 맞는 '표기'가 있는 경우가 있다. 익숙하다고 올바른 표기가 아니라는 의미이다. 모든 외래어의 바른 표기를 알 수는 없기 때문에, 나올 때마다 눈으로 익히자!

정답 풀이

'해결'이나 '해법'의 의미를 가진 'solution'을 '솔루션'으로 자주 쓴다. 그러나 이는 외래어 표기법에 어긋난 표기이다. 'solution'의 바른 표기는 ④와 같이 '설루션'이다.

※ 국립국어원에서는 불가피한 경우가 아니라면, '설루션'보다는 '해결, 해명, 해법'으로 바꾸어 쓰는 것을 권하고 있다.

오답 풀이

① 트롯 → 트로트: 'trot'는 의미에 따라 표기가 달라진다. 우리나라 대중 가요의 하나를 의미할 때는 '트로트'로, 승마에서 말의 총총 걸음을 이를 때는 '트롯'으로 표기한다. ②의 '듣다(듣고)'라는 표현을 볼 때, 대중 가요의 하나를 의미하므로 '트로트'로 표기해야 한다.
② 컨퍼런스 → 콘퍼런스: '회의'나 '회담'을 의미하는 'conference'는 '콘퍼런스'로 표기해야 한다.
③ 글래스 → 글라스: '유리잔'을 의미하는 'glass'는 '글라스'로 표기해야 한다.

10

혜원쌤의 합격비법

처음 보는 속담이 나오더라도 당황하지 말자. 속담을 문자 그대로 이해하더라도 대개는 그 속담의 의미를 짐작할 수 있다.

정답 풀이

속담 '하늘 보고 손가락질한다.'는 상대가 되지도 아니하는 보잘것없는 사람이 건드려도 꿈쩍도 아니 할 대상에게 무모하게 시비를 걸며 욕함을 비유적으로 이르는 말, 어떤 일을 이루려고 노력을 하나 그럴만한 능력이 없으므로 공연한 짓을 함을 비유적으로 이르는 말이다.

오답 풀이

① '가난한 집 족보 자랑하기다.'는 가난한 양반은 내세울 것이 없기 때문에 자기 조상 자랑만 늘어놓는다는 뜻으로, 실속은 없으면서 허세만 부림을 비꼬아 이르는 말이다.
② '사또 덕분에 나팔 분다.'는 사또와 동행한 덕분에 나팔 불고 요란히 맞아 주는 호화로운 대접을 받는다는 뜻으로, 남의 덕으로 당치도 아니한 행세를 하게 되거나 그런 대접을 받고 우쭐대는 모양을 비유적으로 이르는 말이다.
③ '아쉬운 감 장수 유월부터 한다.'는 돈이 아쉬워서 물건답지 못한 것을 미리 내다 팖을 비유적으로 이르는 말, 변변치 못한 일을 남보다 일찍 함을 비유적으로 이르는 말이다.

11

혜원쌤의 합격비법

띄어쓰기 문제에서 '데'가 나오면 두 가지를 떠올리면 된다. (1) 의존 명사 '데', (2) 연결 어미 '–는데'의 일부. 의존 명사 '데'인지, 연결 어미 '–는데'의 일부인지 잘 모르겠다면 '데' 자리에 다른 명사나 의존 명사를 넣어 보자. 그것을 넣었을 때 말이 된다면 보통은 의존 명사 '데'이다.

정답 풀이

완화하는데 → 완화하는ㅅ데: '데' 자리에 '것'이나 '일'을 넣으면, '완화하는 것(일)에 효과적이다.'로 그 의미를 해치지 않는다. 이를 보아 '데'는 연결 어미 '–는데'의 일부가 아니라 의존 명사이다. 따라서 관형어 '완화하는'과 의존 명사 '데'를 띄어 써야 한다.

오답 풀이

① '뿐' 뒤에 '더러'가 있는 것을 보아, '많을뿐더러'는 '많다'의 어간 '많–'과 어미 '–을뿐더러'의 결합이다. 어간과 어미는 붙여 써야 하기 때문에 '많을뿐더러'로 붙여 쓴 것은 옳다.
③ '지난+○○'이 단순히 '지나다'의 의미를 가지고 있지 않다면, 합성어로 보고 붙여 쓴다. '지난여름' 역시 단순히 '지나다'의 의미가 아닌 '바로 전에 지나간 여름'이라는 의미이다. 즉 '지난+여름'이 결합한 합성어이므로 '지난여름'으로 붙여 쓴 것은 옳다.

※ '지난+○○'과 띄어쓰기

'지난○○'으로 붙여 쓰는 경우	'지난ㅅ○○'으로 띄어 쓰는 경우
지난봄, 지난여름, 지난가을, 지난겨울, 지난달, 지난주, 지난밤 등	지난ㅅ계절, 지난ㅅ일, 지난ㅅ학기, 지난ㅅ시간 등

④ 조사는 체언에 붙여 쓰고, 조사끼리는 붙여 쓴다. '은커녕'은 보조사 '은'과 '커녕'이다. 따라서 체언 '유산'과 조사 '은커녕'을 붙여 '유산은커녕'으로 붙여 쓴 것은 옳다.

※ 보조사 '은'과 '커녕'

은	「1」(받침 있는 체언이나 부사어, 합성 동사의 선행 요소 따위의 뒤에 붙어) 어떤 대상이 다른 것과 대조됨을 나타내는 보조사 예 인생은 짧고 예술은 길다. 「2」(받침 있는 체언 뒤에 붙어) 문장 속에서 어떤 대상이 화제임을 나타내는 보조사. 예 오늘은 금요일이다. 「3」(받침 있는 체언이나 부사어, 일부 연결 어미 뒤에 붙어) 강조의 뜻을 나타내는 보조사 예 공부만 하지 말고 가끔은 쉬기도 해라.
커녕	「1」어떤 사실을 부정하는 것은 물론 그보다 덜하거나 못한 것까지 부정하는 뜻을 나타내는 보조사 예 밥커녕 죽도 못 먹는다. 「2」'말할 것도 없거니와 도리어'의 뜻을 나타내는 보조사. 예 상커녕 벌을 받았다.

12

정답 ①

정답 풀이

'빗먹다'는 '물건을 벨 때 칼이나 톱이 먹줄대로 나가지 아니하고 비뚤어지게 잘못 들어가다.'라는 의미이다. 주어가 '생각이'이므로, '잘못 들어가다'라는 의미를 가진 '빗먹다'와는 호응하지 않는다. 따라서 ①의 문장에서 '빗먹다'의 쓰임은 적절하지 않다. '마음이나 생각 따위가 잘못 들다.'의 '빗들다' 정도가 적절하다.

※ 문맥상 생각이 '잘못 들면' 이때까지 애쓴 보람이 없다는 의미이다. 익숙한 단어인 '빗나가다'를 떠올려 봤을 때, '빗-'이 '잘못'의 의미이지 않을까 하는 짐작을 할 수 있다. 그런데 '먹다'와 '생각'은 영 상관이 없기 때문에, 의미에 맞지 않는 단어가 아닐까 하고 생각할 수 있다. 이러한 사고 과정을 통해 '빗먹다'가 '잘못 먹다(넣다)' 정도의 의미이지 않을까 하고 생각해 볼 수 있다.

오답 풀이

② '상없다'는 '보통의 이치에서 벗어나 막되고 상스럽다.'라는 의미이다. 즉 해당 문장은 어른에게 '막되고 상스러운' 소리는 하면 안된다는 의미이므로, '상없다'의 쓰임은 적절하다.

③ '치살리다'는 '지나치게 치켜세우다.'라는 의미이다. 즉 해당 문장은 상관의 환심을 사기 위해 상관을 '지나치게 치켜세웠다'는 의미이므로, '치살리다'의 쓰임은 적절하다.

④ '데알다'는 '자세히 모르고 대강 또는 반쯤만 알다.'라는 의미이다. 즉 해당 문장은 문제를 '대강 알고' 덤비다가 망신만 당했다는 의미이므로, '데알다'의 쓰임은 적절하다.

13

정답 ①

정답 풀이

마지막 문장 "박목월은 가난을 인간적 훈기로 감싸 안으면서 연민의 어조를 통해 시인의 격조가 어떠해야 하는지를 보여주었다."가 글의 중심 문장이다. 따라서 제시된 글의 제목으로 '시인의 진심과 격조'가 가장 적절하다.

14

정답 ①

정답 풀이

강도(强道 → 强度): '저항의 강도'라는 문맥을 볼 때, '강도'는 '강한 정도'라는 의미로 쓰였다. 한자 '道(길 도)'는 '정도'의 의미보다는 '길'이나 '방법'의 의미를 가진다. 따라서 '강도'의 표기에 '道'를 쓴 것은 적절하지 않다. '강한 정도'를 의미하는 '강도'는 '度(정도 도)'를 쓴 '强度(강할 강, 정도 도)'로 표기해야 한다.

오답 풀이

② '일제의 사상 통제'는 '일제가 사상을 통제하다'라는 의미이므로, '통제'가 '억제, 제한'의 의미로 쓰였음을 짐작할 수 있다. 따라서 '통제(統制: 거느릴 통, 억제할 제)'의 표기는 적절하다.

③ '작품의 행간에 감추어져'는 '작품 사이사이에 감추어져'라는 의미이므로, '행간'이 '사이사이'라는 의미로 쓰였음을 짐작할 수 있다. 따라서 '행간(行間: 행 행, 사이 간)'의 표기는 적절하다.

④ '단서를 찾아내다'는 '실마리를 찾아내다'라는 의미이므로, '단서'는 '실마리'라는 의미로 쓰였음을 짐작할 수 있다. 따라서 '단서(端緒: 끝 단, 실마리 서)'의 표기는 적절하다.

🦶 **한 걸음 더!**

통제(統制)	「1」일정한 방침이나 목적에 따라 행위를 제한하거나 제약함. 예 교통 통제 「2」권력으로 언론·경제 활동 따위에 제한을 가하는 일 예 언론 통제
행간(行間)	「1」쓰거나 인쇄한 글의 줄과 줄 사이. 또는 행과 행 사이. 예 행간이 넓다. 「2」글에 직접적으로 나타나 있지 아니하나 그 글을 통하여 나타 내려고 하는 숨은 뜻을 비유적으로 이르는 말. 예 행간을 읽다.
단서(端緒)	「1」어떤 문제를 해결하는 방향으로 이끌어 가는 일의 첫 부분 예 결정적 단서 「2」어떤 일의 시초 예 측량술의 발달은 수학 발달의 단서가 되었다.

15
정답 ②

혜원쌤의 합격비법
시어나 시구가 나온다면, 시에서 긍정적인 의미로 쓰였는지 부정적인 의미
로 쓰였는지를 우선적으로 살펴보자.

정답 풀이

제시된 작품은 '폭포'라는 자연물을 통해 시인이 말하고자 하는 바를 효과
적으로 전달하고 있다. '폭포'는 나태와 안정을 거부한다. 따라서 밑줄 친
시어 '나타(懶惰: 게으를 나, 게으를 타)'는 화자가 부정적으로 생각하는 대
상이다. 이처럼 화자가 부정적으로 생각하는 대상은 ②의 '쉴 사이'이다.

오답 풀이

※ '나타(懶惰)'는 부정적인 의미로 쓰였다. 그렇다면, ②를 제외한 나머지 선지들은
긍정적인 의미를 지니거나, 최소한 부정적인 의미를 지니지 않을 것이다.

① 화자는 '폭포'를 긍정적인 대상으로 바라보고 있다. 폭포의 물결이 '고
매한 정신'처럼 쉴 사이 없이 떨어진다고 하였다. 폭포가 떨어지는 모
습을 '고매한 정신'에 빗대고 있다는 점에서, '고매한 정신'은 긍정적인
의미를 지닌 시어이다.

③ 화자가 긍정적으로 바라보는 '폭포'가 '곧은 소리'로 떨어진다고 하였
고, '곧은 소리'는 다시 '곧은 소리'를 부른다고 하였다. 따라서 '곧은 소
리'도 긍정적인 의미를 지닌 시어이다.

④ '물방울'은 화자가 긍정적으로 바라보는 '폭포'의 '물방울'이다. 따라서
'물방울'도 긍정적인 의미를 지닌 시어이다.

작품 정리

김수영, <폭포>

주제	부조리한 현실에 타협하지 않는 의지적 삶
특징	① 시인의 지적 인식과 정신을 자연물에 효과적으로 투영함 ② 동일한 시어의 반복을 통해 운율을 형성하고 주제를 강조함 ③ 감각적이고 비유적인 표현을 통해 대상의 이미지를 선명 하게 드러냄

16
정답 ③

혜원쌤의 합격비법
주어진 상황에 고사성어의 쓰임이 적절한지를 묻는 유형이다. 고사성어의
뜻을 안다면, 익숙한 말로 바꿔서 넣어 보자.

정답 풀이

'후생가외(後生可畏: 뒤 후, 날 생, 옳을 가, 두려워할 외)'는 젊은 후학들을
두려워할 만하다는 뜻으로, 후진들이 선배들보다 젊고 기력이 좋아, 학문
을 닦음에 따라 큰 인물이 될 수 있으므로 가히 두렵다는 말이다. 따라서
예의를 모르는 후배들이 많아지는 상황에 어울리는 말은 아니다.

※ 원문은 다음과 같다.

날이 갈수록 뛰어난 후배들이 점점 많아져 후생가외라는 말을 실감하게 된다.

오답 풀이

① '불문곡직(不問曲直: 아닐 불, 물을 문, 굽을 곡, 곧을 직)'은 옳고 그름
을 따지지 아니함을 이르는 말이다. 따라서 전후 상황을 따지지 않고,
대뜸 멱살을 잡은 상황에 '불문곡직(不問曲直)'을 쓴 것은 적절하다.

② '도청도설(道聽塗說: 길 도, 들을 청, 진흙 도, 말씀 설)'은 길에서 듣고
길에서 말한다는 뜻으로, 길거리에 퍼져 돌아다니는 뜬소문을 이르는
말이다. 따라서 문맥상 임꺽정에 대한 이야기가 돌고 있음을 알 수 있
다. 임꺽정에 대한 이야기는 곧 '소문'이다. 따라서 '소문'의 의미로 '도
청도설(道聽塗說)'을 쓴 것은 적절하다.

④ '면종복배(面從腹背: 낯 면, 복종할 종, 배 복, 배반할 배)'는 겉으로는
복종하는 체하면서 내심으로는 배반함을 이르는 말이다. 따라서 '덕'이
아닌 '힘'으로 사람을 따르게 하면 생기는 부작용을 나타내는 상황에
'면종복배(面從腹背)'를 쓴 것은 적절하다.

17
정답 ④

혜원쌤의 합격비법
'ㄴ'은 'ㄹ'의 앞이나 뒤에서 [ㄹ]로 발음하는 게 일반적이다. 그러나 '2-1'
구조의 일부 한자어는 [ㄹㄹ]이 아닌 [ㄴㄴ]으로 발음 된다. 예외에 해당하
므로 다음 단어들의 표준 발음은 눈에 익혀 두자! 의견란[의:견난], 임진란
[임:진난], 생산량[생산냥], 결단력[결딴녁], 공권력[공꿘녁], 동원령[동:원
녕], 상견례[상견녜], 횡단로[횡단노], 이원론[이:원논], 입원료[이붠뇨], 구
근류[구근뉴]

정답 풀이

공권력[공꿜력 → 공꿘녁]: 'ㄴ'은 'ㄹ'의 앞이나 뒤에서 [ㄹ]로 발음한다는
규정(유음화)에 따라 '권력'의 표준 발음은 [궐력]이다. 그러나 '공권력'의
표준 발음은 [공꿜력]이 아니다. 왜냐하면, '공권력'은 '공-권력'의 결합이
아니라, '공권-력'의 결합이기 때문이다. 즉 '2-1'의 구조이므로 [ㄹㄹ]이
아닌 [ㄴㄴ]으로 발음된다. 따라서 '공권력'의 표준 발음은 [공꿘녁]이다.

오답 풀이

① '태권도'의 표준 발음은 된소리되기가 일어난 [태꿘도]이다.

※ '태권도'의 로마자 표기는 'taegwondo', 'taekwondo' 모두 인정한다.

② '홑이불'은 [홑이불 → (음절의 끝소리 규칙) → 혿이불 → (ㄴ 첨가) → 혿
니불 → (비음화) → 혼니불]의 과정을 거쳐 발음된다. 따라서 '홑이불'의
표준 발음은 [혼니불]이다.

③ '홑옷'은 [홑옷 → (음절의 끝소리 규칙) → 혿옫 → (연음법칙) → 호돋]의
과정을 거쳐 발음된다. 따라서 '홑옷'의 표준 발음은 [호돋]이다.

※ '받침 + 모음'이 이어질 때, '모음'이 형식 형태소라면 받침이 바로 연음된다.
그러나 '모음'이 실질 형태소라면 받침이 음절의 끝소리 규칙에 따라 'ㄱ, ㄴ,
ㄷ, ㄹ, ㅁ, ㅇ' 중 하나로 바뀐 후에 연음된다.

18
정답 ③

혜원쌤의 합격비법
로마자 표기는 '표준 발음'을 기준으로 한다. 따라서 비음화나 유음화가 일어
나지 않은 형태로 표기했다면, 그것은 단어의 로마자 표기를 잘못한 것이다.

정답 풀이

'ㄴ+ㄹ'이 연쇄되면, 유음화가 일어나 [ㄹㄹ]로 바뀐다. 유음화에 따라 '마
천령'의 표준 발음은 [마철령]이다. 'ㄹㄹ'은 'll'로 표기한다. 따라서 '마천
령'을 'Macheollyeong'으로 표기한 것은 옳다.

오답 풀이

① 가평군(Gapyeong-goon → Gapyeong-gun): 행정 구역 단위인 '군'은 'gun'으로 표기한다. 따라서 '가평군'은 'Gapyeong-gun'으로 표기해야 한다.

② 갈매봉(Galmaibong → Galmaebong): 모음 'ㅐ'에 대응되는 로마자는 'ae'이다. 따라서 '갈매봉'은 'Galmaebong'으로 표기해야 한다.

※ 고유 명사인 '갈매봉'도 있지만, "푸르고 높은 산봉우리"를 가리키는 말로 쓰일 때는 고유 명사가 아니다. "푸르고 높은 산봉우리"를 가리키는 말인 '갈매봉'은 민요 특히 육자배기조 모심는 소리에서 '갈미봉'이나 '갈매봉'으로 많이 등장한다.

④ 백령도(Baeknyeongdo → Baengnyeongdo): '백령도'의 표준 발음은 [뱅녕도]이다. 따라서 '백령도'는 'Baengnyeongdo'로 표기 해야 한다.

19
정답 ②

정답 풀이

'주말(朱抹: 붉을 주, 지울 말)'은 '붉은 먹을 묻힌 붓으로 글자 따위를 지움.'이라는 의미이다. 따라서 '주말'을 바꾼 쉬운 표현으로 '붉은 선으로 표시'는 적절하지 않다. '표시' 대신 '지움'에 해당하는 말이 들어가야 적절하다.

한 걸음 더!

문제를 출제하는 데 근거가 된 출처는 2019년 3월 4일 행정안전부가 발표한 '공문서에 사용되는 어려운 한자어 정비 현황' 자료이다. 총 80개의 용어 중 4개가 출제되었다는 점에서, 나머지 용어도 출제될 가능성은 있다. 따라서 눈에 익혀 두자.

번호	대상어	공문서 용어 지정어	사용 예시
1	가료	치료	병원에서 가료 중이다 → 병원에서 치료 중이다
2	개산(액)	추산(액), 개괄산정(액)	대손 개산액을 정하다 → 대손 추산액을 정하다
3	개산불	미리 개괄적으로 계산하여	긴급복구비용을 개산불로 지불하였다 → 긴급복구비용을 미리 개괄적으로 계산하여 지급하였다
4	개임	교체 임명	재산관리인을 개임하는 처분을 하다 → 재산관리인을 교체 임명하는 처분을 하다
5	게기	기재, 규정	목록에 게기된 서류를 붙인다 → 목록에 기재된 서류를 붙인다
6	견습	수습	견습 직원을 임용했다 → 수습 직원을 임용했다
7	계리	회계처리	일반회계와 구분하여 계리하였다 → 일반회계와 구분하여 회계처리 하였다
8	곤색	감색	요즘은 곤색을 많이 찾는다 → 요즘은 감색을 많이 찾는다
9	구배	기울기, 경사	구배가 가파르다 → 물매/비탈/오르막이 가파르다
10	구좌	계좌	구좌 추적에 착수했다 → 계좌 추적에 착수했다

번호	대상어	공문서 용어 지정어	사용 예시
11	공여	제공	이익 공여의 의사 표시를 하다 → 이익 제공의 의사 표시를 하다
12	공작물	인공 시설물 인공 구조물	공작물 등을 공급 받았다 → 인공시설물 등을 공급 받았다
13	납골당	봉안당	납골시설을 설치하였다 → 봉안시설을 설치하였다
14	내역	명세, 내용	상세 내역을 제출하여야 한다 → 상세 명세를 제출하여야 한다
15	녹비	풋거름	자운영은 녹비작물이다 → 자운영은 풋거름작물이다
16	대부	대출, 대여	은행에서 유료로 대부하였다 → 은행에서 유료로 대출하였다
17	미불	미지급	회사에서 임금을 미불하였다 → 회사에서 임금을 미지급하였다
18	부락	마을	부락 단위로 구분하여 편성한다 → 마을 단위로 구분하여 편성한다
19	불입	납입, 납부	유가증권을 불입하게 할 수 있다 → 유가증권을 납입하게 할 수 있다
20	불하	매각	소작농에게 농지를 불하하였다 → 소작농에게 농지를 매각하였다
21	사리	자갈	도로에 사리 부설을 하였다 → 도로에 자갈 깔기를 하였다
22	산입	포함	초일은 산입하지 않는다 → 초일은 포함하지 않는다
23	소요	필요, (비용이)들다	감정에 소요된 비용을 지급했다 → 감정에 들어간 비용을 지급했다
24	수급(需給)	수요와 공급	인력수급계획을 참작한다 → 인력의 수요와 공급계획을 고려한다
25	시건	잠금	굴삭기에는 굴삭 시건장치를 갖춰야 한다 → 굴삭기에는 굴삭 잠금장치를 갖춰야 한다
26	시말서	경위서	사건의 전말을 적은 시말서를 제출하였다 → 사건의 경위를 적은 경위서를 제출하였다
27	신립인	신청인	신립인은 소명할 자료를 제출하여야 한다 → 신청인은 소명할 자료를 제출하여야 한다
28	입회	가입, 참석/참관	참관자의 입회하에 봉인하여야 한다 → 참관자가 참석하여 봉인하여야 한다.
29	음용수	먹는 물, 마시는 물	이 물은 음용수로 사용한다 → 이 물은 먹는 물로 사용한다
30	일부인	날짜도장	일부인을 찍은 접수증을 발급한다 → 날짜도장을 찍은 접수증을 발급한다
31	잔여	남은, 나머지	잔여재산을 활용할 수 있다 → 남은재산을 활용할 수 있다

번호	대상어	공문서 용어 지정어	사용 예시
32	주재	주관	위원장이 회의를 주재한다 → 위원장이 회의를 주관한다
33	지적재산권	지식재산권	지적재산권 보호를 위해 노력하여야 한다 → 지식재산권 보호를 위해 노력하여야 한다
34	지참	지각	부상으로 인하여 지참하다 → 부상으로 인하여 지각하다
35	참작	고려	유사한 사례를 참작하여 치료비를 결정하다 → 유사한 사례를 고려하여 치료비를 결정하다
36	하구언	하구둑	홍수 피해를 줄이기 위해 하구언을 설치했다 → 홍수 피해를 줄이기 위해 하구둑을 설치했다
37	행선지	목적지, 가는곳	행선지를 정하여 외출하였다 → 목적지를 정하여 외출하였다
38	간주(하다)	보다, 여기다, 치다	사망한 것으로 간주하였다 → 사망한 것으로 보았다
39	감안(하다)	고려/참작하다	업무 특성을 감안하였다 → 업무 특성을 고려하였다
40	경과(하다)	지나다	계약 체결일로부터 2개월이 경과하였다 → 계약 체결일로부터 2개월이 지났다
41	경유(하다)	거치다	측정 장비가 설치된 장소를 경유하여야 한다 → 측정 장비가 설치된 장소를 거쳐야 한다
42	단축(하다)	줄이다	세율의 적용을 단축할 수 있다 → 세율의 적용을 줄일 수 있다
43	등재(하다)	적다	관리대장에 등재하였다 → 관리대장에 적었다
44	명기(하다)	분명히 밝히다	철회하는 이유를 명기하여야 한다 → 철회하는 이유를 분명히 밝혀야 한다
45	부기(하다)	덧붙여 적다, 덧붙이다	그 사유를 부기하였다 → 그 사유를 덧붙여 적었다
46	부의(하다)	회의에 부치다	안건을 심의회에 부의하였다 → 안건을 심의회의 회의에 부쳤다
47	부착(하다)	붙이다	물건에 상표를 부착하였다 → 물건에 상표를 붙였다
48	비치(하다)	갖춰 두다, 갖추어 두다	민원서식을 비치하였다 → 민원서식을 갖춰 두었다
49	식별(하다)	알아보다	가축을 식별하기 위한 번호를 부여하였다 → 가축을 알아 볼 수 있도록 번호를 표시하였다
50	소명(하다)	밝히다	신청 사유를 소명하였다 → 신청 사유를 밝혔다
51	오인(하다)	잘못 인식하다	중대한 사실 오인이 있었다 → 중대한 사실을 잘못 인식하였다
52	용이(하다)	쉽다	천막은 이동이 용이하다 → 천막은 이동이 쉽다

번호	대상어	공문서 용어 지정어	사용 예시
53	인도(하다)	넘겨주다	물건을 인도하였다 → 물건을 넘겨주었다
54	주말(하다)	붉은 선으로 지우다	변경사항을 주말하였다 → 변경사항을 붉은 선으로 지웠다
55	저해(하다)	해치다, 지장을 주다	공정한 거래를 저해할 우려가 있다 → 공정한 거래를 해칠 우려가 있다
56	지득(하다)	알게 되다	공무상 지득한 사실을 누설하였다 → 공무상 지득한 사실을 누설하였다
57	가(加)하다	주다, 끼치다, 더하다	사람에게 위해를 가하다 → 사람에게 위해를 끼치다
58	감(減)하다	줄이다, 빼다	보수를 감한다 → 보수를 줄이다
59	공(供)하다	제공하다, 사용하다	식용에 공하다 → 식용으로 제공하다
60	과(課)하다	부과하다	당사자에게 의무를 과하다 → 당사자에게 의무를 부과하다
61	기(企)하다	꾀하다, 도모하다	법령해석에 관한 정부 견해의 통일을 기하고 → 법령해석에 관한 정부 견해의 통일을 꾀하고
62	명(命)하다	요구하다, 시키다	자료의 제출을 명하다 → 자료의 제출을 요구하다
63	반(反)하다	어긋나다, 위협하다	공공의 안전에 반하는 행위 → 공공의 안전을 위협하는 행위
64	승(乘)하다	곱하다	벌금액을 일정한 금액에 배수를 승하여 정한다 → 벌금액을 일정한금액에 배수를 곱하여 정한다
65	요(要)하다	필요하다, 들다, 지키다	새로운 입법조치를 요하다 → 새로운 입법조치가 필요하다
66	응(應)하다	협조하다, 따르다	협조를 요청하면 응하여야 한다 → 협조를 요청하면 협조하여야 한다
67	중(重)하다	무거운	중한 형으로 처벌한다 → 무거운형으로 처벌한다
68	해(害)하다	해치다, 해를 끼치다	채권자의 이익을 해하지 못한다 → 채권자의 이익을 해치지 못한다
69	기타(其他)	그 밖에	기타 협의회의 구성에 관한 사항 → 그 밖에 협의회의 구성에 관한 사항
70	당해(當該)	해당, 그	당해 소송의 곤하여 지휘를 받아야 한다 → 해당 소송에 관하여 지휘를 받아야 한다
71	소속하(所屬)	소속으로	경찰청장 소속하에 경찰대학을 둔다 → 경찰청장 소속으로 경찰대학을 둔다
72	순차로(順次)	차례로	가장 불리한 의견의 수에 순차로 → 가장 불리한 의견의 수에 차례로
73	일방(一方)	어느 한 쪽	조정사건의 일방 분쟁당사자가 소를 제기 → 조정사건의 어느 한쪽 분쟁당사자가 소를 제기

번호	대상어	공문서 용어 지정어	사용 예시
74	상위(相違)	다른, (서로)다르다	등록된 것과 상위한 서명 → 등록된 것과 다른 서명
75	일체(一切)	모든, 모든 것, 전부	판매에 관한 일체 관련 장부 → 판매에 관한 모든 관련 장부
76	제반(諸般)	모든, 각종, 여러 가지	시행할 제반 정책의 연구 → 시행할 각종 정책의 연구
77	익년(翌年)	다음해, 이듬해	사용료를 익년에 지급한다 → 사용료를 다음해에 지급한다
78	기(旣)	이미	기 개발된 기술의 확산 → 이미 개발된 기술의 확산
79	수(數)	여러 (수개: 여러 개)	단위사업 내의 수개의 경비명세를 합하여 교부한다 → 단위사업 내의 여러 개의 경비명세를 합하여 교부한다
80	한(限)	하면, 한번만, 한차례만	1회에 한하여 보호처분을 변경할 수 있다 → 한번만 보호처분을 변경할 수 있다

20
정답 ①

혜원쌤의 합격비법
'작품 내용'뿐만 아니라, 갈래의 전승 방법이나 형식적인 요소까지 함께 묻고 있다. 현대 문학과 달리 고전 문학의 경우, 작품 내용뿐만 아니라 작품 외적인 정보까지 함께 묻는 경우가 있기 때문에 특징 외에 전승 과정이나 의의도 함께 공부해 둘 필요가 있다.

정답 풀이
궁중에서 연주된 가사는 맞다. 그러나 제시된 작품에서 '우리나라 대단하다.'처럼 국가의 번영을 찬양한 내용은 찾을 수 없다. '궁중에서 연주된 가사로 국가의 번영을 찬양하는 내용'은 '악장'에 대한 설명이다.

※ 고려 가요 <동동>은 바로 '1월령'으로 시작되지 않는다. 문제에는 제시되어 있지 않지만, 원문에는 다음의 서사가 따로 존재한다.

[원문]
덕(德)으란 곰비예 받줍고, 복(福)으란 림비예 받줍고
덕(德)이여 복(福)이라 호놀 나ᅀᆞ라 오소이다
아으 동동(動動)다리

[현대어]
덕은 뒤에(뒷전에, 신령님께) 바치옵고, 복은 앞에(앞잔에, 임에게) 받치오니
덕이며 복이라 하는 것을 진상하러 오십시오.

'서사'에서는 '임'이 덕이 있고, 복 되기를 기원하고 있다. 이 노래가 궁중에서 불렸다는 사실과 연결 지어 볼 때, '임'은 개인적 정서와 관계된 임이라기보다는 '임금'과 같은 공적인 존재로서의 '임'으로 해석될 가능성이 높다. 그러나 서사의 내용 역시 '국가의 번영'을 찬양하는 내용은 아니다.

작품 정리
작자 미상, <동동>

주제	임에 대한 송도(頌禱)와 연모(戀慕)의 정
특징	① 분절체 형식으로 서사인 1연과 본사인 12연으로 구성됨 ② 영탄법, 직유법, 은유법을 사용함 ③ 세시 풍속에 따라 사랑의 감정을 읊음

21
정답 ②

혜원쌤의 합격비법
비문학과 마찬가지로 문학 작품의 '제목'도 글의 '주제'와 관련이 깊다.

정답 풀이
오빠의 비극적 죽음에 초점을 맞췄을 때, 제목인 '엄마의 말뚝'은 오빠의 죽음을 가슴에 말뚝처럼 박고 살아온 엄마의 한으로 볼 수 있다. 따라서 제목의 뜻을 가장 잘 설명한 것은 '엄마의 상처가 가슴에 깊은 뿌리를 내리고 있음을 의미한다.'이다.

작품 정리
박완서, <엄마의 말뚝 2>

주제	전쟁의 비극과 아물지 않은 상처
특징	① 세 편의 연작(1편은 시골에서 남편을 잃고 상경한 엄마가 서울에 집을 얻고 두 자녀를 키워내는 의지와 집념을, 2편은 전쟁과 오빠의 죽음을, 3편은 엄마가 오빠가 뿌려진 바다에 뿌려지는 대신 서울 근교 공원묘지에 묻히게 된 이야기와 엄마가 깨우쳐 준 생명 의식을 다룸)으로 되어 있는 소설 중의 한 편임 ② 현재 시점에서 전쟁 당시를 회상하는 역순행적 구성

22
정답 ②

혜원쌤의 합격비법
빈칸에 들어갈 말이 적절하지 않은 것을 고르는 유형이다. 선지의 단어는 익숙한 것을 제시하는 경우가 많지만, 때로는 낯선 단어를 제시하기도 한다. 낯선 단어라고 당황할 필요가 없다. 왜냐하면, 낯선 단어일수록 함정일 확률이 높기 때문이다.

정답 풀이
글의 구조를 분석해 보면 'A라는 점에서 B이고, C라는 점에서 D이다.'이다. 따라서 'B'와 'D'에는 동일한 층위의 말이 들어가야 한다. 글에서 D 자리에 있는 단어는 낭만파를 이르는 '로맨티스트'이다. 따라서 ②에 해당하는 B 자리에도 '○○파'나 '○○주의자'를 이르는 말이 들어가야 한다. 여기까지만 보자면, ②에 '모럴리스트'가 들어가는 것이 적절해 보인다. 그러나 ② 앞의 "대상을 정확히 관찰한다는 점에서"라는 말을 볼 때, ②의 16세기부터 18세기에 프랑스에서 인간성과 인간이 살아가는 법을 탐구하여 이것을 수필이나 단편적인 글로 표현한 문필가를 이르는 말인 '모럴리스트(도덕학자, 도덕 지상주의자)'가 들어가는 것은 적절하지 않다. '대상을 정확히 관찰한다는 점에서'을 볼 때, ②에는 '사실주의자'를 의미하는 '리얼리스트'가 들어가야 한다.

※ 사전에는 '로맨티스트'는 등재되어 있지 않다. '로맨티시스트(romanticist)'만 등재되어 있다.

혜원쌤의 합격비법

표준어가 아니었던 말 중에서 표준어로 새롭게 인정되는 것 있듯이, 표준 발음이 아니었던 것 중에서 표준 발음으로 새롭게 인정되는 것도 있다. 특히 '된소리되기' 발음을 인정하는 경우가 많다. 대표적인 것으로 '김밥[김: 밥/김:빱]', '효과[효:과/효:꽈]'가 있다.

정답 풀이

ⓒ "소홀히 대접함"을 이르는 '홀대(忽待)'는 [홀때]가 표준 발음이다.

ⓒ 원래 '효과'는 [효:과]만 표준 발음이었다가, 지금은 [효:꽈]로 발음하는 것도 허용하고 있다.

ⓔ 원래 '교과서'는 [교:과서]만 표준 발음이었다가, 지금은 [교:꽈서]로 발음하는 것도 허용하고 있다.

오답 풀이

⊙ '창고'의 표준 발음은 [창고]이다.

한 걸음 더!

표준 발음의 수정

유형 1. '된소리'도 표준 발음으로 인정한 경우

단어	수정 전	수정 후
관건(關鍵)	[관건]	[관건/관껀]
불법(不法)	[불법]	[불법/불뻡]
교과(教科)	[교과]	[교과/교꽈]
효과(效果)	[효:과]	[효:과/효:꽈]
반값	[반:갑]	[반:갑/반:깝]

유형 2. '예사소리'도 표준 발음으로 인정한 경우

단어	수정 전	수정 후
안간힘	[안깐힘]	[안깐힘/안간힘]
인기척	[인끼척]	[인끼척/인기척]
분수(分數)	[분쑤]	[분쑤/분수]
점수(點數)	[점쑤]	[점쑤/점수]
함수(函數)	[함:쑤]	[함:쑤/함:수]

유형 3. '연음'을 표준 발음으로 인정한 경우

단어	수정 전	수정 후
감언이설	[가먼니설]	[가먼니설/가머니설]
괴담이설	[괴:담니설/궤:담니설]	[괴:담니설/괴:다미설/궤:담니설/궤:다미설]
밤이슬	[밤니슬]	[밤니슬/바미슬]
연이율	[연니율]	[연니율/여니율]

유형 4. 'ㄴ첨가'를 표준 발음으로 인정한 경우

단어	수정 전	수정 후
강약	[강약]	[강약/강냑]
영영(永永)	[영:영]	[영:영/영:녕]
의기양양	[의:기양양]	[의:기양양/의:기양냥]

혜원쌤의 합격비법

선지를 통해 맨 앞에 올 수 있는 단락을 좁힐 수 있다. 좁혀진 단락 중에 접속 부사로 시작하거나, 다른 단락의 내용을 받는 지시어가 있다면 그것은 맨 앞에 오기에 부적절하다.

정답 풀이

1단계	선택지를 볼 때, (라)와 (마) 중 하나가 가장 앞에 와야 한다. 그런데 (라)의 "앞서 언급한"이라는 표현을 볼 때, (라)가 가장 앞에 오기는 어렵다. 따라서 (마)가 가장 앞에 온 ③과 ④ 중에서 답을 골라야 한다.
2단계	(마)에서 "위계부터 따져야 한다."라고 하였다. 따라서 '위계'의 낱말과도 연결되고, 왜 위계를 따져야하는지 그 이유를 밝히고 있는 (다)와의 연결이 자연스럽다.

따라서 '(마) - (다) - (나) - (가) - (라)'로 배열하는 것이 가장 자연스럽다.

혜원쌤의 합격비법

새로 표준어로 인정된 단어 중에는, 해당 단어가 별도의 의미를 가진 것으로 보고 그것을 표준어로 인정한 경우가 있다. 별도의 의미를 가진 단어로 인정된 표준어의 경우 그 의미를 구별하여 사용하고 있는지를 판단하는 유형으로 출제될 수 있다. 따라서 주의 깊게 봐 두자!

정답 풀이

'의론'은 원래 '의논(어떤 일에 대하여 서로 의견을 주고받음)'에 대한 비표준어였으나, 2015년 12월 국립국어원에서 '의논'과 의미가 다른 것으로 보고, 별도의 표준어로 인정하였다. 즉 '의론'이 '어떤 사안에 대하여 각자의 의견을 제기함. 또는 그런 의견.'이라는 의미를 가진 것으로 보고, 표준어로 인정한 것이다. '맞서다(맞서서)'라는 서술어를 볼 때, '의론'의 쓰임은 적절하다. 따라서 ①에서 '의론'의 표기는 옳다.

오답 풀이

② 퍼래지더니 → 퍼레지더니: '퍼렇다'가 기본형이다. 따라서 '퍼레지더니'로 표기해야 맞춤법에 맞다.

③ 그리고는 → 그러고는: 접속 부사 '그리고' 뒤에는 보조사 '는'이 붙지 않는다. 동사 '그러다(그리하다)'의 활용형이므로 '그러고는'으로 표기해야 맞춤법에 맞다.

④ 잘다랗게 → 잗다랗게: "끝소리가 'ㄹ'인 말과 딴 말이 어울릴 적에 'ㄹ' 소리가 'ㄷ' 소리로 나는 것은 'ㄷ'으로 적는다."라는 규정에 따라 '잗다랗게'로 표기해야 맞춤법에 맞다.

41p

01	02	03	04	05
②	④	②	④	③
06	07	08	09	10
①	④	③	②	②
11	12	13	14	15
②	①	④	②	④
16	17	18	19	20
③	③	①	④	③
21	22	23	24	25
③	①	①	①	②

01

정답 ②

혜원쌤의 합격비법

어법 문제는 크게 '단어 표기의 적절성'과 '단어 사용의 적절성'을 묻는다. '단어 표기의 적절성'은 한글 맞춤법 규정에 알맞은 표기를 했는가 하는 것이다. 한편, '단어 사용의 적절성'은 형태가 비슷하지만 그 의미가 다른 단어들은 구별해서 썼는가 하는 것이다. 따라서 어법 문제가 나온다면, '한글 맞춤법'에 어긋난 표기와 문맥에 맞지 않은 단어가 쓰인 것을 골라내면 된다.

정답 풀이

내노라하는 → 내로라하는: 어원을 고려할 때, '어떤 분야를 대표할 만하다.'라는 의미를 가진 단어는 '내로라하다'이다.

※ 현대 국어 '내로라하다'의 옛말인 '내로라 ᄒᆞ다'는 15세기 문헌에서부터 나타난다. '내로라 ᄒᆞ다'는 통사적 구성으로서, 1인칭 대명사인 '나'와 서술격 조사 '-이-', 화자 주어 표시 선어말 어미 '-오-', 종결 어미 '-라'가 결합한 '내로라'와 동사 'ᄒᆞ다'가 결합한 것이다. 화자주어표시 선어말 어미 '-오-'는 서술격 조사 뒤에서 '-로-'로 변화된다. 20세기 이후 이러한 통사적 구성이 한 단어로 굳어져 '내로라하다'가 되었다.

오답 풀이

① 문맥상 이것으로 치사를 '대신하고자' 한다는 의미이다. 따라서 '다른 것으로 바꾸어 대신하다.'라는 의미를 가진 '갈음하다'의 사용은 어법에 맞다.

※ '갈음하다'와 형태는 비슷하지만 의미가 전혀 다른 '가늠하다(헤아리다)', '가름하다(나누다)'라는 단어가 있다.

③ 문맥상 예산을 '짐작해서' 말하지 말라는 의미이다. 따라서 '겉으로 보고 대강 짐작하여 헤아리다.'라는 의미를 가진 '겉잡다'의 사용은 어법에 맞다.

※ '겉잡다'와 형태는 비슷하지만 의미가 전혀 다른 '걷잡다(거두어 잡다)'라는 단어가 있다.

④ 문맥상 나와 눈길을 '마주치기'를 꺼려했다는 의미이다. 따라서 '눈길이나 시선 따위가 마주치다.'라는 의미를 가진 '부딪치다'는 어법에 맞다.

※ '부딪치다'와 형태는 비슷하지만 의미가 전혀 다른 '부딪히다('부딪다'의 피동)'라는 단어가 있다.

한 걸음 더!

구별해서 써야 하는 단어

1. 갈음, 가늠, 가름

갈음	가늠	가름
① 다른 것으로 바꾸어 대신 함. ② 일한 뒤나 외출할 때 갈아 입는 옷	① 목표나 기준에 맞고 안 맞음을 헤아려 봄. 또는 헤아려 보는 목표나 기준 예 매사가 다 그렇듯이 떡 반죽도 가늠을 알맞게 해야 송편을 빚기가 좋다. ② 사물을 어림잡아 헤아림 예 그 건물의 높이가 가늠이 안 된다.	① 쪼개거나 나누어 따로 따로 되게 하는 일 예 차림새만 봐서는 여자인지 남자인지 가름이 되지 않는다. ② 승부나 등수 따위를 정하는 일 예 이기고 지는 것은 대개 외발 싸움서 가름이 났다.

2. 겉잡다, 걷잡다

겉잡다	걷잡다
겉으로 보고 대강 짐작하여 헤아리다. 예 겉잡아도 일주일은 걸릴 일을 하루 만에 다 하라고 하다니.	① 한 방향으로 치우쳐 흘러가는 형세 따위를 붙들어 잡다. 예 불길이 걷잡을 수 없이 번져 나갔다. ② 마음을 진정하거나 억제하다. 예 걷잡을 수 없이 흐르는 눈물.

3. 부딪치다, 부딪히다

부딪치다	부딪히다
① '부딪다'를 강조하여 이르는 말 예 파도가 바위에 부딪쳤다. ② 눈길이나 시선 따위가 마주치다. 예 그 젊은 남녀는 시선을 부딪치며 사랑을 속삭이고 있었다. ③ 뜻하지 않게 어떤 사람을 만나다. 예 나는 학교 정문에서 그와 부딪쳤다.	※ '부딪히다'는 '부딪다'의 피동사이다. ① 무엇과 무엇이 힘 있게 마주 닿게 되거나 마주 대게 되다. 또는 닿게 되거나 대게 되다. 예 정박해 있던 배가 세찬 파도에 부딪혔다. ② 예상치 못한 일이나 상황 따위에 직면하게 되다. 예 냉혹한 현실에 부딪히다.

※ 형태가 비슷하지만, 구별해서 써야 하는 단어들은 묶어서 함께 익히자!

02

정답 ④

혜원쌤의 합격비법

조사는 체언에 붙여 쓰고, 조사끼리는 붙여 쓴다.

정답 풀이

돕기는∨커녕 → 돕기는커녕: '는'과 '커녕'은 모두 조사이다. 조사가 여러 개 이어지더라도, 조사끼리는 붙여 쓴다. 따라서 '돕다'의 명사형 '돕기'와 조사 '는커녕'을 모두 '돕기는커녕'으로 붙여 써야 한다.

① 보조 용언 중에는 의존 명사에 '하다'나 '싶다'가 붙은 것들이 있다. '만하다', '성싶다' 등이 그 예이다. 그렇기 때문에 의존 명사와 '하다'나 '싶다' 사이에 조사를 넣는다면, 더 이상 보조 용언이 아니다. 보조 용언, 즉 한 단어가 아니기 때문에 붙여 쓸 근거가 없다. 따라서 '모르는ˇ척하고'에서 '척하고'는 붙여 쓰지만, '넘어갈ˇ만도ˇ하다.'에서 '만도ˇ하다'는 띄어 쓴다.

※ 보조사 '도'가 없이 '만하다'라면, '넘어갈ˇ만하다'로 쓴다.

② '지'는 의존 명사일 수도 있고, 어미 '-ㄹ지'의 일부일 수도 있다. 만약 '시간의 경과'를 나타낸다면, 이때의 '지'는 의존 명사이다. 그렇지 않다면, 어미 '-ㄹ지'의 일부이다. ②의 문장에 '시간의 경과'는 나타나지 않는 것을 보아, '지'는 어미 '-ㄹ지'의 일부이다. 따라서 '몇 등일지'로 붙여 쓴 것은 옳다.

※ '몇 등일지'의 '등일지'는 의존 명사 '등', 서술격 조사 '이다'의 어간 '이-', 어미 '-ㄹ지'로 분석할 수 있다.

③ 의존 명사 '데'인지 아닌지 모르겠다면, 다른 명사나 의존 명사를 넣어 보자. 그것을 넣었을 때 말이 된다면 보통은 의존 명사 '데' 이다. ③의 '데' 자리에 다른 말 '것'이나 '일'을 넣었을 때 그 의미가 달라지지 않는다. 이를 보아 '데'는 의존 명사이다. 따라서 '읽는ˇ데'로 띄어 쓴 것은 옳다.

03

혜원쌤의 합격비법

'A 혹은 B라고 한다.'라는 구조라면, 'A'와 'B'는 유사한 의미를 가진 단어이어야 한다. 즉 'A'를 통해 'B'의 의미를, 반대로 'B'를 통해 'A'의 의미를 짐작할 수 있다.

정답 풀이

보판(保版 → 補板): 두 번째 문장에서 "이것을 보판 혹은 보수판이라고 한다."라고 하였다. 즉 'A 혹은 B라고 한다.'라는 구조이다. 'B' 자리에 있는 '보수판'을 통해 'A' 자리에 있는 '보판'의 '보'가 '보수'의 의미로 쓰이고 있음을 짐작할 수 있다. 따라서 '保(보전할 보)'를 쓴 ②의 한자 표기는 바르지 않다. '보충하다'의 의미를 가진 '補(기울 보)'를 쓴 '보판(補板: 기울 보, 널빤지 판)'을 써야 한다.

※ 첫 번째 문장의 "보충하는 경우가 있다."를 근거로 '補(기울 보)'를 쓴 '보판(補板: 기울 보, 널빤지 판)'이라고 생각할 수도 있다.

오답 풀이

① 훼손(毁損: 헐 훼, 덜 손)은 '헐거나 깨뜨려 못 쓰게 만듦.'을 이르는 말이다. 첫 번째 문장의 "목판이 오래되어"와 "다시 만들어 보충하는 경우가 있다."를 근거로 '훼손'의 한자를 짐작할 수 있다.

③ 매목(埋木: 묻을 매, 나무 목)은 '나무를 깎아서 만든 쐐기'로, 재목 따위의 갈라진 틈이나 구멍을 메우는 데 쓴다.

④ 상감(象嵌: 코끼리 상, 박아 넣을 감)은 '연판(鉛版)이나 동판(銅版) 따위에서 수정할 곳을 도려내고 옳은 활자를 끼워 판을 고치는 일'을 이르는 말이다. 마지막 문장의 "매목에 글자를 새로 새긴 것을"을 근거로 '상감'의 한자를 짐작할 수 있다.

04

혜원쌤의 합격비법

형태가 동일한 단어들 간의 의미적 관련성이 있다면 '다의 관계'이지만, 의미적 관련성이 없다면 '동음이의 관계'이다. 형태가 동일한 단어라고 하더라도 그 단어들의 품사나 활용 양상은 다를 수 있다.

정답 풀이

단어가 '성질'이나 '상태'를 나타낸다면, '진행 표현'을 쓸 수 없다. 즉 '진행 표현'을 사용하려면, 단어가 '동작'이나 '작용'을 나타내야 한다. 성질이나 상태를 나타내는 품사를 '형용사'라 하고, 동작이나 작용을 나타내는 품사를 '동사'라 한다. 따라서 현재 진행형은 '동사'만 가능하다. '고르다¹'과 '고르다²'는 동사이기 때문에 현재 진행형이 가능하다. 그러나 '고르다³'은 형용사이기 때문에 현재 진행형이 불가능하다. 따라서 '고르다¹', '고르다²', '고르다³' 모두 현재 진행형으로 사용할 수 있다는 설명은 옳지 않다.

오답 풀이

① '고르다¹', '고르다²', '고르다³'의 소리는 '고르다'로 동일하다. 그러나 각각의 의미는 서로 다르다. 이처럼 소리는 동일하지만, 각각의 의미는 다른 단어를 '동음이의어'라 한다.

② '고르다¹', '고르다²', '고르다³' 옆에 활용형이 제시되어 있는데, 셋의 활용형이 동일하다. '고르다'의 어간 '고르-'과 어미 '-아'와 결합할 때, '고르아'가 아니라 '골라'와 같이 활용한다. 따라서 제시된 '고르다'가 모두 'ㄹ' 불규칙 활용을 한다는 설명은 옳다.

③ '다의어'는 두 가지 이상의 뜻을 가진 단어라는 의미이다. '고르다²'와 '고르다³'은 두 가지 이상의 뜻을 가지고 있다는 점에서 '다의어'가 맞다. 한편, '고르다¹'은 '여럿 중에서 가려내거나 뽑다.'라는 뜻만 가지고 있다는 점에서 '다의어'가 아니다.

05

혜원쌤의 합격비법

사전의 뜻풀이와 예문을 연결하는 유형이다. '고르다' 자리에 사전의 뜻풀이의 '서술어' 부분을 넣었을 때, 자연스러운 하나를 골라내면 된다. '고르다'의 경우 품사가 '동사'인 것도 있고, '형용사'인 것도 있기 때문에 품사를 판단의 기준으로 삼는 것도 하나의 방법이 될 수 있다.

정답 풀이

'고르다²'의 「2」는 '붓이나 악기의 줄 따위가 제 기능을 발휘하도록 다듬거나 손질하다.'이다. 이에 해당하는 예문이 쓰인 것은 ③의 '고르다'이다. '숨'이 제 기능을 발휘하도록 다듬다는 의미로 쓰이고 있다.

※ '붓이나 악기의 줄 따위가'라고 하였다. 따라서 '붓이나 악기 줄'에만 쓰인다고 보면 안 된다. '제 기능을 발휘하도록 다듬거나 손질하다.'에 초점을 맞췄을 때, 가장 옳은 것은 ③이다.

오답 풀이

① 부사어 '판판하게'를 볼 때, 밑줄 친 '고르다'는 '가지런하게 하다'의 의미로 쓰였음을 알 수 있다. 따라서 '울퉁불퉁한 것을 평평하게 하거나 들쭉날쭉한 것을 가지런하게 하다.'라는 의미를 가진 '고르다² 「1」'의 예문이다.

② '요즘처럼 고른 날씨'를 볼 때, 밑줄 친 '고르다'는 '좋은 날씨, 괜찮은 날씨' 정도의 의미로 쓰였음을 알 수 있다. '좋다'와 '괜찮다'는 모두 상태를 나타낸다는 점에서 품사는 '형용사'이다. 따라서 '상태가 정상적으로 순조롭다.'라는 의미를 가진 '고르다³ 「2」'의 예문이다.

④ '사전에서 골라'를 볼 때, 밑줄 친 '고르다'는 '뽑다'의 의미로 쓰였음을 알 수 있다. 따라서 '여럿 중에서 가려내거나 뽑다.'라는 의미를 가진 '고르다¹'의 예문이다.

06
정답 ①

혜원쌤의 합격비법
들어갈 위치를 찾는 유형은 두 가지 방법으로 풀 수 있다. (1) 글을 읽으면서 어색하거나 연결이 매끄럽지 않은 부분에 '문장'을 넣어 보기, (2) '문장'에 숨어 있는 앞뒤 내용을 최대한 추론하고, 그 내용들이 있는 자리에 '문장'을 넣어 보기

정답 풀이
'문학의 범위를 좁게 잡은 것은 나중에 나타난 새로운 관습이다.'라는 문장을 통해, 제시된 문장의 앞에는 문학의 범위가 과거에는 넓었다는 내용이 있었을 것이라고 짐작할 수 있다. 또 제시된 문장 뒤에는 문학의 범위를 좁게 잡은 이유나 문학의 범위를 좁게 잡았다는 것의 구체적인 내용이 이어질 것이라는 짐작도 할 수 있다. 즉 제시된 문장은 '과거에는 문학의 범위가 넓었다.'는 내용이 있는 (가)와 구체적인 변화의 내용을 다루고 있는 (나) 사이에 들어가는 것이 가장 자연스럽다. 따라서 제시된 문장이 들어가기에 가장 적절한 위치는 (가) 문단의 뒤이다.

07
정답 ④

혜원쌤의 합격비법
'한글 맞춤법 규정'에는 '표기' 외에도 '띄어쓰기', '형태가 비슷한 단어의 구별', '문장 부호' 모두 포함되어 있다. 문제나 선지에 따라 상대적으로 풀 필요는 있지만, 우리 시험에서 '한글 맞춤법'이 나온다면, 일반적으로 '표기'나 '띄어쓰기' 초점을 맞춰 풀어도 무방하다. 그렇지만 만약 '표기'나 '띄어쓰기'만으로는 답을 찾을 수 없다면, '형태가 비슷한 단어의 구별', '문장 부호'도 고려해야 한다.

정답 풀이
모음이나 'ㄴ' 받침 뒤에 이어지는 '렬, 률'은 '열, 율'로 적는다. 따라서 '백분'은 'ㄴ' 받침으로 끝나고 있기 때문에, '백분율'로 적은 것은 옳다.

※ 모음이나 'ㄴ' 받침 뒤에 결합되는 '렬(列, 烈, 裂, 劣), 률(律, 率, 栗, 慄)'은 [열], [율]로 소리 나므로 소리대로 '열, 율'로 적는다.

오답 풀이
① 뺏겼나 → 뺏겼나: 기본형은 '뺏기다(빼앗기다)'이다. 따라서 과거형을 쓸 때, '빼'에도 'ㅆ'을 붙일 이유는 없다. '뺏겼나(뺏겼다)' 또는 '빼앗겼나(빼앗겼다)'로 표기해야 한다.

② 하룻동안 → 하루∨동안: 하나의 단어라면 붙여 써야 하지만, 하나의 단어가 아니라면 각각을 띄어 써야 한다. '하루'와 '동안'이 결합한 합성어는 없다. 즉 하나의 단어가 아니기 때문에 '하루∨동안'으로 띄어 써야 한다.

※ '하룻길', '하룻날', '하룻밤', '하룻저녁', '하룻강아지' 등은 한 단어이므로 붙여 쓴다.

③ 번번히 → 번번이: 부사 파생 접미사 '-히'가 붙은 '번번히'와 부사 파생 접미사 '-이'가 붙은 '번번이' 모두 우리말에 존재한다. '번번히'는 '번듯하게'의 의미이고, '번번이'는 '매번'의 의미이다. ③에서는 '매번'의 의미로 쓰이고 있기 때문에, '번번히'가 아닌 '번번이'로 표기해야 한다.

🚶 **한 걸음 더!**

'번번히'와 '번번이'

번번히	번번이(番番이)
① 구김살이나 울퉁불퉁한 데가 없이 편편하고 번듯하게 예 농지 정리를 하여 논 전체를 번번히 골랐다. ② 생김새가 음전하고 미끈하게 ③ 물건 따위가 멀끔하여 보기도 괜찮고 제법 쓸 만하게 ④ 지체가 제법 높게	매 때마다 예 약속을 번번이 어기다.

08
정답 ③

혜원쌤의 합격비법
적절한 '접속 부사'를 고르는 유형이다. '접속 부사'는 앞뒤 문장을 자연스럽게 접속, 즉 이어주는 역할을 한다. 따라서 '접속 부사' 유형에서 가장 중요한 것은 앞뒤 문장이나 문단의 관계 파악이다. 만약, 앞뒤로 내용을 나열하고 있다면 '그리고, 또한' 등의 접속 부사가 어울린다. 또 앞뒤로 서로 상반된 내용이 이어져 있다면 '그러나, 하지만' 등의 접속 부사가 어울린다. 마지막으로 앞뒤의 내용이 인과 관계에 있다면 '그래서, 그러므로' 등의 접속 부사가 어울린다.

정답 풀이
㉠ ㉠ 바로 뒤의 문장은 '~이었고, ~이다'라는 구조이다. 따라서 ㉠을 기준으로 앞뒤 문장을 간단히 하면, 'A이다. (㉠) B이다.'로 나타낼 수 있다. A 자리에는 골턴이 진화가 인간에게도 영향을 끼쳤다고 주장했다는 내용이, B 자리에는 골턴의 주장이 오늘날 설득이 떨어진다는 내용이 제시되어 있다. 즉 '골턴의 주장했지만, 그 주장은 설득이 떨어진다.'라는 의미 관계를 가진다. 따라서 ㉠에는 역접의 접속 부사 '그러나'가 어울린다.

㉡ ㉡이 포함된 문장은 'A이었고, (㉡) B이다.'의 구조이다. 연결 어미 '-고'로 연결되어 있기 때문에 'A이었다. (㉡) B이다.'로 쪼갤 수 있다. 쪼개면 '그의 관념은 빅토리아 시대적 편견을 가지고 있었다. (㉡) 그의 주장이 오늘날에는 설득력이 떨어진다.'가 된다. 즉 '편견을 가졌기 때문에, 설득력이 떨어진다.'라는 의미이므로, '인과 관계'를 가진다. 따라서 ㉡에는 인과의 접속 부사 '그리하여', '그래서', '따라서'가 어울린다.

㉠과 ㉡에 들어갈 말이 모두 적절한 것은 ②뿐이다.

09
정답 ②

혜원쌤의 합격비법
한 문장에서 밑줄 친 단어가 여러 개라면, 틀린 표기부터 골라 확실히 아닌 선지부터 걸러 내자! '모두 맞는 것'을 골라야 하기 때문에, 하나라도 틀리면 답이 될 수 없다. 따라서 오히려 답 찾기는 더 수월하다.

정답 풀이
'벤젠', '시너', '알코올'은 모두 외래어 표기법에 맞는다.

오답 풀이
① 리모콘 → 리모컨, 버턴 → 버튼

③ 컨센트 → 콘센트

④ 썬루프 → 선루프, 스폰지 → 스펀지

기출 외래어와 묶어서 익히기

바른 표기	잘못된 표기	바른 표기	잘못된 표기
리모컨(← remote control)	리모컨	버튼(button)	버턴, 버톤, 부톤
레미콘(▼remicon)	레미컨	커튼(curtain)	카튼, 커텐, 커테인
벤젠(benzene)	벤즈엔, 벤제네	시너(thinne)	시나, 신너, 신나, 씨너
벤진(benzine)	벤지네, 벤자인	시나리오(scenario)	시나리어, 시너리오, 시네리오
알코올(alcohol)	알코홀, 알콜, 앨코올, 앨코홀	코드(cord)	코오드
모닝콜(▼morning call)	모닝코올	리코더(recorder)	리코드, 리코다, 레코더
콘센트(←concentric plug)	컨센트	선루프(sunroof)	썬루프, 선루우프, 썬루우프
콘셉트(concept)	콘셉, 컨셉, 컨셉트	비타민시(vitamin C)	비타민씨
스펀지(sponge)	스폰지	스폰서(sponsor)	스펀서

10
정답 ②

혜원쌤의 합격비법

시상 전개 방식에는 (1) 공간의 이동, (2) 시선의 이동, (3) 시간의 변화, (4) 선경후정, (5) 기승전결 등이 있다.

정답 풀이

'나'는 '수간모옥(몇 칸 되는 초)'에 있다가 '시비(사립문)' 주변을 걸었다가 '정자'에도 앉아 보고 있다. 따라서 '수간모옥 → 시비 → 정자'로의 공간이 이동이 나타난다는 점에서, '공간의 이동에 따라 시상을 전개하고 있다는 설명은 옳다.

오답 풀이

① "紅塵에 뭇친 분네 이 내 生涯 엇더흔고 / 녯사룸 風流룰 미출가 못 미출가"에서 설의법을 통해 질문을 던지는 형식을 취하고 있다. 그러나 화자가 묻고 대답하는 형식은 아니다.

③ 자신이 느끼는 봄의 아름다움을 표현한 것이기 때문에(주관적 표현, 주관화) 봄의 아름다움을 객관화하고 있다고 보기는 어렵다.

④ 가사 구성의 특성상 '서사-본사-결사'로 진행된다고 볼 수는 있다. 그러나 여음은 따로 없다. 따라서 여음을 삽입하여 흥을 돋운다는 설명은 적절하지 않다.

11
정답 ②

혜원쌤의 합격비법

화자의 '정서'는 대상에 대해 화자가 어떤 시각으로 바라보는지를 찾으면 된다. 모든 고전 운문이 그런 것은 아니지만, 고전 운문에 자주 등장하는 정서는 '이별의 정한', '자연 속에 묻혀 사는 즐거움', '임금을 향한 충정'이다. 따라서 시간이 없다면, 자주 나오는 정서들 중 가장 어울리는 하나를 골라 보자.

정답 풀이

'봄을 맞아 경치를 구경하며 즐기는 노래'라는 제목(상춘곡)에서 드러나듯이 봄의 경치를 묘사하면서 그 속에서 느끼는 흥취와 풍류를 노래하고 있다. 따라서 화자의 정서로 가장 적절한 것은 ②의 '산수 자연 속의 모든 존재들과 합일하는 흥겨움의 마음'이다.

※ '物我一體어니 興이이 다룰소냐(자연과 내가 한몸이 되니 흥겨움이 다르겠는가?)'에 화자의 정서가 직접 드러나고 있다. 이 부분을 근거로 답을 찾아도 된다.

현대어 풀이

세속(속세)에 묻혀 사는 분들이여, 이 나의 (풍류) 생활이 어떠한가?
옛 사람들의 풍류 넘치는 삶에 미칠까 못 미칠까?
세상에 남자의 몸으로 태어나서 (처지가) 나만한 사람이 많건마는,
왜 그들은 자연에 묻혀 사는 지극한 즐거움을 모르는 것인가?
초가삼간을 맑은 시냇물 앞에 지어 놓고,
소나무와 대나무가 우거진 속에 자연을 즐기는 사람이 되었구나!
엊그제 겨울이 지나고 새봄이 돌아오니,
복숭아꽃과 살구꽃은 저녁 햇빛 속에 피어 있고,
푸른 버들과 꽃다운 풀은 가랑비 속에 푸르구나.
칼로 마름질해 내었는가? 붓으로 그려 내었는가?
조물주 신비한 솜씨가 사물마다 야단스럽구나!(굉장하구나)
수풀에서 우는 새는 봄기운을 끝내 못 이기어 소리마다 아양을 떠는 모습이구나.
자연과 내가 한몸이 되니 흥겨움이 다르겠는가?
사립문 주변을 걸어도 보고 정자에 앉아도 보니,
천천히 거닐며 나직이 시를 읊조리는 산 속의 하루가 적적한데,
한가로운 가운데 맛보는 참된 즐거움을 아는 사람이 없이 혼자로구나.
여보게 이웃 사람들아, 자연을 구경 가자꾸나.

작품 정리

정극인, <상춘곡(賞春曲)>

주제	봄 경치를 즐기는 강호가도(江湖歌道)와 안빈낙도(安貧樂道)
특징	① 대구법, 직유법, 의인법, 고사 인용 등 다양한 표현 방법을 사용함 ② 공간과 시선의 이동에 따라 시상을 전개함

혜원쌤의 합격비법

사동사를 만드는 접미사와 피동사를 만드는 접미사 중에는 겹치는 것들(-이-, -히-, -리-, -기-)이 있다. 이들 때문에, 단어가 사동사인지 피동사인지 혼란스러울 때가 있다. 이때는 '목적어'를 기억하자. '목적어'가 나온다면, '사동사'이다.

정답 풀이

목적어 '귀를'이 쓰인 것을 보아, '기울이다(기울였다)'는 '기울다'의 사동사이다. 따라서 '기울이다'가 '기울다'의 피동사라는 설명은 적절하지 않다. 물론, 의미상 귀를 '기울게 하다'의 의미로 쓰인 것을 보아, '기울다'의 사동사라고 판단해도 된다.

※ 사동사와 피동사의 형태가 동일한 것도 있지만, '기울이다'는 항상 '기울다'의 사동사이다.

오답 풀이

② '매다'와 '메다'의 형태는 비슷하지만, 뜻이 다르기 때문에 구별해서 써야 하는 단어이다. '망치를 들며'를 볼 때, '어깨에 걸치거나 올려놓다.'라는 의미를 가진 '메다'의 활용형 '메어'로 고쳐 쓴 것은 적절하다.

③ '문지기'가 '문을 지키는 사람'이라는 것을 떠올려 봤을 때, '종루지기'의 '-지기' 역시 그것을 지키는 사람을 뜻함을 짐작할 수 있다.

④ '엄지손가락'을 '무지(拇指: 엄지손가락 무, 손가락 지)'로도 부른다.

🚶 한 걸음 더!

1. '매다'와 '메다'

매다	매다¹	①【…을】 「1」 끈이나 줄 따위의 두 끝을 엇걸고 잡아당기어 풀어지지 아니하게 마디를 만들다. 웹 신발 끈을 매다. 「2」 끈이나 줄 따위로 꿰매거나 동이거나 하여 무엇을 만들다. 웹 붓을 매다. ②【…에 …을】 「1」 끈이나 줄 따위를 몸에 두르거나 감아 잘 풀어지지 아니하게 마디를 만들다. 웹 전대를 허리에 매다. 「2」 달아나지 못하도록 고정된 것에 끈이나 줄 따위로 잇대어 묶다. 웹 소를 말뚝에 매다.
	매다²	논밭에 난 잡풀을 뽑다. 웹 김을 매다.
메다	메다¹	「1」 뚫려 있거나 비어 있는 곳이 막히거나 채워지다. 웹 하수도 구멍이 메다. 「2」 어떤 장소에 가득 차다. 웹 마당이 메어 터지게 사람들이 들이닥쳤다. 「3」 어떤 감정이 북받쳐 목소리가 잘 나지 않다. 웹 나는 너무 기뻐 목이 메었다.
	메다²	「1」 어깨에 걸치거나 올려놓다. 웹 어깨에 배낭을 메다. 「2」 어떤 책임을 지거나 임무를 맡다. 웹 젊은이는 나라의 장래를 메고 나갈 사람이다.
	메다³	'메우다'의 준말 웹 통에 테를 메다.

2. 손가락의 명칭

엄지손가락	대무지(大拇指), 대지(大指), 무지(拇指), 벽지(擘指)
집게손가락	검지(검指), 두지(頭指), 식지(食指), 염지(鹽指), 인지(人指)
가운뎃손가락	장지(長指/將指), 장짓가락(長指가락), 중지(中指)
약손가락	무명지(無名指), 약손(藥손), 약지(藥指)
새끼손가락	계지(季指), 새끼손, 소지(小指), 수소지(手小指)

혜원쌤의 합격비법

로마자 표기는 '표준 발음'을 기준으로 한다. 단, 'ㅢ'의 경우 'ㅣ'로 발음되는 경우라도 항상 'ㅢ'의 로마자 'ui'로 표기해야 한다. 또 로마자를 표기할 때, '표준 발음'의 '원칙'과 '허용' 중 '원칙'만 따른다.

정답 풀이

'정릉'의 표준 발음은 [정능]이다. 따라서 'Jeongneung'으로 표기한 것은 옳다.

오답 풀이

① 순대(sundai → sundae): 모음 'ㅐ'는 로마자로 표기할 때, 'ae'로 적는다. 따라서 '순대'는 'sundae'로 표기해야 한다.

② 광희문(Gwanghimun → Gwanghuimun): 'ㅢ'는 [ㅣ]로 발음되더라도, 'ui'로 적어야 한다. 따라서 '광희문'은 'Gwanghuimun'으로 표기해야 한다.

③ 왕십리(Wangsibni → Wangsimni): '왕십리'의 표준 발음은 [왕심니]이다. 따라서 '왕십리'는 'Wangsimni'로 표기해야 한다.

혜원쌤의 합격비법

문장 부호는 자주 출제되는 파트는 아니기 때문에, 너무 많은 시간을 투자할 필요까지는 없지만, 기본적인 내용은 반드시 익혀 둬야 한다! 특히 '괄호(대괄호, 중괄호, 소괄호)'의 쓰임은 자주 출제되는 영역이기 때문에 필수 학습 영역이다!

정답 풀이

건물[에, 로, 까지] → 건물{에, 로, 까지}: 열거된 항목 중 어느 하나가 자유롭게 선택될 수 있음을 보일 때 '중괄호({})'를 써야 한다.

오답 풀이

① 말소리[音聲]: 괄호 안과 밖의 음이 다를 때는 '대괄호([ ])'를 쓴다. 따라서 '말소리'에 대응하는 한자어 '音聲(소리 음, 소리 성)'을 적을 때 '대괄호([ ])'를 쓴 것은 옳다.

③ [이상 전집3(1958), 235쪽 참조]: 괄호 안에 또 괄호를 쓸 필요가 있을 때 바깥쪽의 괄호로 '대괄호([ ])'를 쓴다. 따라서 '[이상 전집3(1958), 235쪽 참조]'처럼 '대괄호([ ])'를 쓴 것은 옳다.

④ 이야기[합격 소식]: 원문에 대한 이해를 돕기 위해 설명이나 논평 등을 덧붙일 때 '대괄호([])'를 쓴다. 따라서 '이야기'에 대한 설명인 '합격 소식'을 나타낼 적에 '대괄호([])'를 쓴 것은 옳다.

15

혜원쌤의 합격비법
선지 중 의미가 유사한 한자어가 있다면, 해당 단어를 직접 빈칸에 넣어 보자. 의미가 비슷하더라도, 실제로 쓰이는 문맥은 조금씩 차이가 있을 수 있다. 그러니 넣었을 때 보다 자연스러운 한자어를 골라야 한다.

정답 풀이
"(㉠)의 확산은 ~ 획일적인 풍경으로 바꿔 놓았는데"를 보아, ㉠에는 '널리 퍼짐'의 의미를 가진 단어가 어울린다. 선지 중에서 '널리 퍼짐'이라는 의미를 가진 단어는 '성행(盛行: 성할 성, 다닐 행)'과 '유행(流行: 흐를 유(류), 다닐 행)'이다. '성행'과 '유행'은 그 의미가 유사하기는 하지만, '(㉠)의 확산에 '성행'과 '유행'을 넣어 봤을 때, 더 자연스러운 것은 '유행'이다. 따라서 ㉠에 들어갈 단어로는 '유행(流行)'이 더 적절하다.

오답 풀이
① '성행(盛行: 성할 성, 다닐 행)'은 매우 성하게 유행함이라는 의미이다. 단어 자체에 '유행'이라는 의미를 담고 있기 때문에, 의미만 보자면 ㉠에 들어갈 수도 있다. 그러나 다른 단어들과의 호응이 어색하다는 점에서 답이 되기 어렵다.
② '편승(便乘: 편할 편, 탈 승)'은 세태나 남의 세력을 이용하여 자신의 이익을 거둠을 비유적으로 이르는 말이다. 제시된 글의 내용과 전혀 관련이 없다는 점에서 ㉠에 들어갈 수 없다.
③ '기승(氣勝: 기운 기, 이길 승)'은 기운이나 힘 따위가 성해서 좀처럼 누그러들지 않음. 또는 그 기운이나 힘을 이르는 말이다. 주로 '떨다', '떨치다', '부리다' 등의 서술어와 함께 쓰인다는 점에서 문맥상 ㉠에 들어갈 말로 적절하지 않다.

16

혜원쌤의 합격비법
선지를 통해 '시작 문단'을 고르기 어렵다면, 의미상 연결이 자연스러운 부분을 찾아보자! 예를 들어, 단락끼리 비슷한 내용이 이어진다거나, 서로 상반된 내용이 이어진다거나 하는 연결이 나타난 선지를 고르는 것도 하나의 방법이다.

정답 풀이
(다)는 '전 세계적으로 유행했다'는 내용이고, (나)는 '그러나 그 유행이 모두 동일한 것은 아니었다.'는 내용이다. 둘은 역접 관계를 가지고, (나)가 역접의 접속 부사 '그러나'로 이어져 있다는 점에서 '(다) - (나)'의 순서로 연결된다는 것을 짐작할 수 있다. 선지 중 '(다) - (나)'의 순서로 배열된 것은 ③뿐이다.
※ 선지를 볼 때, '시작 문단'은 (나), (다), (마) 세 개로 좁혀진다. 세 개를 첫 문단 (가)와 연결을 고려하여 '시작 문단'을 찾는 방법을 써도 괜찮다.

17

정답 풀이
(나)의 "1931년에 이르면 뉴욕이나 할리우드에서 유행하던 파자마라는 '침의패션'은 곧 바로 서울에서도 유행했다. 서구에서 시작한 유행이 일본을 거쳐 한국으로 전달되는 속도는 너무나 빨라 거의 동시적이었다."를 볼 때, 파자마 '침의패션'은 '서구(뉴욕이나 할리우드) → 일본 → 조선(서울)'을 거쳐 전달되었음을 알 수 있다. 따라서 뉴욕과 할리우드보다 일본에서 먼저 시작되었다는 이해는 적절하지 않다.

오답 풀이
① (나)의 "뉴욕걸이나 할리우드 배우들이나 경성의 모던걸이 입은 패션은 동일해도"를 통해 알 수 있는 내용이다.
② (라)의 "규방 여성이 근대여성이 되기까지는 그리 오랜 시간이 필요하지 않았다. 신문이나 라디오 같은 미디어를 통해 속성 세계인이 될 수 있었기 때문이다."를 통해 알 수 있는 내용이다.
④ (라)의 "규방 여성이 ~ 자본주의적 근대의 환상과 그 이면의 불안을 동시에 던져 주었던 것이다."를 통해 알 수 있는 내용이다.

18

혜원쌤의 합격비법
고유어처럼 보이는 한자어도 있고, 한자어처럼 보이는 고유어도 있다. 또 고유어와 한자어의 형태가 동일한 경우도 있다. 따라서 어근이 각각 어떤 의미인지 주의 깊게 살펴야 한다.

정답 풀이
'비지땀'은 고유어 '비지'와 '땀'이 결합한 합성어로, '몹시 힘든 일을 할 때 쏟아져 내리는 땀'을 이르는 말이다.

오답 풀이
② '사랑채'는 한자어 '사랑(舍廊: 집 사, 복도 랑)'과 고유어 '채'가 결합한 합성어이다.
　※ 'love'를 뜻하는 '사랑'은 고유어이다. 그러나 '사랑채'에서 '사랑'이 'love'를 뜻하지 않기 때문에, 고유어 합성어로 볼 수 없다.
③ '쌍동밤'은 한자어 '쌍동(雙童: 쌍 쌍, 아이 동)'과 고유어 '밤'이 결합한 합성어이다.
④ '장작불'은 한자어 '장작(長斫: 길 장, 벨 작)'과 고유어 '불'이 결합한 합성어이다.

19

혜원쌤의 합격비법
문학 작품에서 '성격'이 다른 하나를 고르는 유형이 나온다면, 화자나 서술자(인물)의 입장에서 그 대상이 '긍정적인 의미'인지, '부정적인 의미'인지 판단하면 쉽게 문제를 풀 수 있다.

정답 풀이
정 씨는 자신의 '고향'인 '삼포'를 가는 길이다. 그리던 고향이지만, 고향이 예전의 모습과 달라졌다는 노인의 말을 듣고 정 씨는 발걸음이 내키지 않았다고 하였다. 그 이유를 "그는 마음의 정처를 방금 잃어버렸던 때문이다."라고 밝히고 있다. 즉 '정 씨'에게 '고향(삼포)'는 '마음의 정처'를 의미한다. ㉠의 '고기잡이', ㉡의 '감자', ㉢의 '나룻배'는 모두 정 씨가 그리던 '과거 고향'의 모습이다. 즉 '정 씨' 입장에서는 긍정적인 의미이다. 그러나 ㉣의 '신작로'는 '변해버린 고향'의 모습이라는 점에서, '정 씨' 입장에서는 부정적인 의미이다. 따라서 문맥적 성격이 다른 하나는 ④이다.

20 정답 ③

혜원쌤의 합격비법
비문학과 달리, 문학 작품의 '주제'는 명시적으로 드러나지 않을 수 있다. 그러나 인물이 대상에 대해 어떤 태도나 마음을 가지는지에 초점을 맞춘다면, 주제 찾기가 그리 어렵지는 않을 것이다.

정답 풀이
정 씨는 그토록 가고 싶었던 고향에 가기를 망설여 하고 있다. 그 이유를 "그는 마음의 정처를 방금 잃어버렸던 때문이다."라고 말하고 있다. 즉 '마음의 안식처'로 삼고 있는 고향이 이제는 예전 모습이 아니기 때문에, 망설이고 있는 것이다. 시대적 배경과 연관 지어 보자면, 급속한 산업화의 물결 속에 '고향(삼포)'이 사라져 버린 것이다. 따라서 제시된 글의 주제를 가장 잘 표현한 것은 '고향 상실의 아픔'을 노래한 시구인 ③이다. '내가 사랑했던 자리'는 '고향'인데, 그 자리가 지금은 모두 '폐허(변해버린 고향)'라고 표현하고 있다는 점에서 '고향 상실의 아픔'을 노래한다고 볼 수 있다.

작품 정리
황석영, <삼포 가는 길>

주제	산업화 과정에서 소외된 사람들의 애환과 연대 의식
특징	① '정 씨'가 고향을 찾아가는 여로를 중심으로 사건이 전개됨 ② 여운을 남기는 방식으로 결말을 처리함

21 정답 ③

혜원쌤의 합격비법
고전 운문 중 '고대 가요', '향가', '한시'는 한자어 원문만 제시될 수 있다. 전체 부분을 모두 알 필요까지는 없겠지만, 보고 어떤 작품인지 정도는 눈에 익혀 두면 문제 풀기가 수월할 것이다.

정답 풀이
표면적으로는 을지문덕이 패배를 스스로 인정하고 우중문의 지혜와 계책을 칭찬하고 있지만, 그 이면에는 상대방을 조롱하는 내용이 포함되어 있다. 제시된 작품에는 30만 대군을 무찌른 을지문덕의 기개와 자신감이 드러나 있으며, 이를 통해 당시 고구려인의 씩씩한 기상을 엿볼 수 있다는 점에서 제시된 작품의 주된 정조는 '득의만면(得意滿面: 얻을 득, 뜻 의, 가득 찰 만, 낯 면)'이다.

※ 득의만면(得意滿面): 일이 뜻대로 이루어져 기쁜 표정이 얼굴에 가득함.

오답 풀이
① 유유자적(悠悠自適: 멀 유, 멀 유, 스스로 자, 갈 적): 속세를 떠나 아무 속박 없이 조용하고 편안하게 삶.
② 연연불망(戀戀不忘: 사모할 연(련), 사모할 연(련), 아닐 불, 잊을 망): 그리워서 잊지 못함.
④ 산자수명(山紫水明: 산 산, 자줏빛 자, 물 수, 밝을 명): 산은 자줏빛이고 물은 맑다는 뜻으로, 경치가 아름다움을 이르는 말.

현대어 풀이

신책구천문	그대의 신기한 계책은 하늘의 이치를 다 하였고
묘산궁지리	기묘한 헤아림은 땅의 이치를 통하였네.
전승공기고	싸움에 이겨 그 공이 이미 높으니
지족원운지	만족함을 알고 그만두기를 바라노라.

작품 정리
을지문덕, <여수장우중문시(與隨將于仲文詩)>

주제	적장 우중문에 대한 야유와 조롱
특징	반어법, 억양법, 대구법을 사용함

22 정답 ①

혜원쌤의 합격비법
문장으로 상황이 주어져 있기 때문에, '어떤 상황인지'를 파악하는 것이 중요하다.

정답 풀이
요청으로 부담감을 덜었다는 내용이다. 즉 원래는 부담감을 가졌지만, 차마 말하지 못했는데 요청 덕분에 부담감에서 벗어날 수 있었다는 의미이다. 따라서 ㉠에는 바랐지만 말하지 못했다는 의미의 속담이 들어가기에 적절하다. 그러므로 ㉠에는 '청하지는 못하였으나 본래 바라고 있던 바라는 말'이라는 의미를 가진 '불감청이언정 고소원이라'가 어울린다.

오답 풀이
② '배보다 배꼽이 더 크다.'는 발보다 거기에 붙은 발가락이 더 크다는 뜻으로, 기본이 되는 것보다 덧붙이는 것이 더 많거나 큰 경우를 비유적으로 이르는 말이다. 부담이 예상보다 더 커진 상황이 아니기 때문에, ㉠에 어울리지 않는다.
③ '미운 자식 떡 하나 더 준다.' 아이들 버릇을 잘 가르치기 위해서는 아이에게 당장 좋게만 해 주는 것이 오히려 해로움(떡을 하나 더 주는 것은 아이를 밉게 만드는 일이다.)을 비유적으로 이르는 말이다. 문맥과는 관련이 없는 말이기 때문에, ㉠에 어울리지 않는다.
④ '똥 묻은 개가 겨 묻은 개를 나무란다.'는 자기는 더 큰 흉이 있으면서 도리어 남의 작은 흉을 본다는 말이다. 부담감을 덜어줘서 다행이라고 말하는 상황이므로 남의 흉을 보는 상황이 아니다. 따라서 ㉠에 어울리지 않는다.

23 정답 ①

혜원쌤의 합격비법
시어의 의미를 바르게 이해했는지 묻는 유형이다. 앞뒤 문맥과 수식어나 서술어를 활용해서 의미의 적절성을 판단하면 된다.

정답 풀이
'구름'과 '물길'은 모두 흘러간다는 공통점이 있다. '나그네' 역시 '흘러 가는, 유랑하는 삶'을 사는 존재이다. 따라서 '구름, 물결'이 정처 없이 유랑하는 내적 현실을 암시한다는 설명은 옳다.

오답 풀이
② 화자가 '정착'하고 싶다는 마음을 드러낸 부분은 없다. '강마을'은 나그네가 유랑하던 중 들른 공간 중 하나일 뿐이다.
③ '나그네'가 유랑하고 있는 상황은 맞지만, 유랑의 이유가 현실의 질곡을 벗어나기 위함인지는 제시된 시를 통해 알 수가 없다.
④ 5연의 '한'이 민중적 삶 속에 구현된 '몹시 원망스럽고 억울하거나 안타깝고 슬퍼 응어리진 마음'인 '한'을 뜻하지는 않는다.
※ 나그네는 마을에서 술 익는 냄새가 가득하고 저녁 노을빛이 눈에 어리는 가운데 '꽃잎에 젖어' 잠시나마 무념무상의 경지에 빠져든다. 그러나 그 시간은 순간일 뿐이고, 이 밤이 지나고 나면 꽃은 질 것이라는 점을 나그네도 알고 있기 때문에 '다정하고 한 많음도 병'이라고 말하며 애상감에 젖어든다. 따라서 전통적인 민중의 '한'과는 거리가 있다.

조지훈, <완화삼>

주제	유랑하는 나그네의 삶과 한
특징	① 3음보의 전통적인 운율을 사용함 ② 감정 이입을 통해 화자의 정서를 표현함 ③ 다양한 감각적 이미지를 사용함

24　　　　　　　　　　　　　　　　정답 ①

혜원쌤의 합격비법
'ㄴ+ㄹ'이 이어질 때 유음화가 일어나 [ㄹㄹ]로 발음하는 것이 원칙이고 [ㄴㄴ]으로 발음하는 것이 예외이다. 예외는 '2-1' 구조의 일부 한자어이다. 예외 한자어는 다음과 같다.

> 의견란[의:견난], 임진란[임:진난], 생산량[생산냥], 결단력[결딴녁],
> 이원론[이:원논], 동원령[동:원녕], 상견례[상견녜], 횡단로[횡단노],
> 공권력[공꿘녁], 입원료[이붠뇨], 구근류[구근뉴]

정답 풀이
마천루[마천누 → 마철루]: '마천루'는 '마천-루'로 분석된다는 점에서, '2-1' 구조의 한자어는 맞다. 그러나 예외에 속한 한자어는 아니다. 그러므로 원칙에 따라 'ㄴ+ㄹ'을 [ㄹㄹ]로 발음해야 한다. 따라서 '마천루'의 표준 발음은 [마철루]이다.

오답 풀이
①을 제외한 나머지는 '2-1' 구조의 예외 한자어이다. 따라서 [ㄴㄴ]으로 발음한 것은 옳다.

② 공권-력(公權力)

③ 생산-력(生産力)

④ 결단-력(決斷力)

※ '권력'의 표준 발음은 [궐력]이다.

25　　　　　　　　　　　　　　　　정답 ②

혜원쌤의 합격비법
중심 내용에는 글쓴이가 글에서 중점적으로 다루고 있는 내용과 글쓴이가 궁극적으로 하고 싶은 말이 들어가야 한다. 글쓴이의 생각은 글의 맨 앞이나 맨 뒤에 제시되는 것이 일반적이다.

정답 풀이
글의 첫 번째 문장 "이제 우리는 세계의 변방이 아니다."와 글의 끝부분의 "선진이 선진이고 후진이 후진이면 역사는 바뀌지 않는다. 선진이 후진되고 후진이 선진 될 때 시대가 바뀌고 새로운 역사가 시작되는 법이다. 우리 앞에 그런 전환점이 놓여 있다."를 볼 때, 제시된 글의 중심 내용은 '다가오는 미래에 대한 희망찬 포부'이다.

46p

01	02	03	04	05
③	②	③	①	②
06	07	08	09	10
②	①	①	②	②
11	12	13	14	15
④	④	①	③	②
16	17	18	19	20
④	①	④	②	③
21	22	23	24	25
④	①	④	③	②

01 ⠀⠀⠀⠀⠀⠀⠀⠀⠀⠀⠀⠀⠀⠀⠀⠀정답 ③

정답 풀이

'필자(筆者)'는 '글쓴이'를 뜻하는 말이다. '글쓴이'가 누구냐는 '좋은 글'을 선택하는 기준이 되지 못한다.

오답 풀이

① 독자는 '글'을 선택하는 주체이다. 따라서 좋은 글을 선택하는 기준에 '독자'도 포함된다.

② 글을 선택할 때 '맥락'도 고려해야 한다. 따라서 좋은 글을 선택하는 기준도 '맥락'도 포함된다.

④ 독서의 목적이나 글의 가치를 고려하여 좋은 글을 선택할 때 '글의 내용'이 가장 중요한 기준이다.

한 걸음 더!

독서의 구성 요인과 독자

독서는 여러 가지 요인이 함께 작용하는 복잡한 정신 작용이다. 독서의 요인은 매우 다양하지만, 대표적인 요인으로는 독서의 목적이나 과제, 독자의 자료가 되는 텍스트, 독서의 주체인 독자, 그리고 독서 행위가 이루어지는 상황이나 맥락을 들 수 있다. 이 중에서 가장 큰 주목을 받은 요인은 텍스트이다. 독서의 역사 속에서 텍스트는 독서의 출발점이자 목적이었다. 전통적으로 독서는 텍스트에 내재된 의미를 독자가 이해하고 수용하는 행위로 인식되었기 때문이다. 텍스트는 필자의 메시지를 독자에게 전달하는 일종의 매개물로서 독서의 핵심이었다. 이런 이유로 초기의 독서 연구자들은 독서의 여러 요인 중에서도 텍스트에 특별한 관심을 기울였다. 그 결과 1970~80년대를 거치면서 텍스트의 내용, 주제, 장르, 구조, 난도, 스키마의 영향과 독해에 대한 관심이 현재까지 지속되고 있다.

– 이순영 외 4, 《독서 교육론》 (사회평론아카데미, 2017)

02 ⠀⠀⠀⠀⠀⠀⠀⠀⠀⠀⠀⠀⠀⠀⠀⠀정답 ②

혜원쌤의 합격비법

한자어가 문맥에 맞게 쓰였는지 판단하는 유형이다. 특히 형태가 비슷한 한자어는 단골 출제 영역이니, 형태가 비슷한 한자어는 짝을 지어서 익히자!

정답 풀이

ⓒ '탐사(探査: 찾을 탐, 조사할 사)'는 '알려지지 않은 사물이나 사실 따위를 샅샅이 더듬어 조사함'의 의미이다. 문맥상 유적지를 '다녀간' 관람객을 조사했다는 의미이지, 유적지를 '샅샅이 조사한' 관람객을 조사했다는 의미는 아니다. 따라서 '탐사'의 쓰임은 적절하지 않다. 문맥을 고려할 때, '관람(觀覽: 볼 관, 볼 람), 견학(見學: 볼 견, 배울 학)' 등이 어울린다.

ⓒ '개별(個別: 낱 개, 나눌 별)'은 '여럿 중에서 하나씩 따로 나뉘어 있는 상태'를 이르는 말이다. 바로 앞 문장 "이코모스가 충청남도에 대해 백제역사유적지구의 체계적인 관리 방안을 권고한 것도 주목할 일이다."와 바로 뒤에 '유산별'이 등장하는 것으로 보아 '개별'의 쓰임은 적절하지 않다. 문맥상 '전체(全體: 온전할 전, 몸 체), 통합(統合: 거느릴 통, 합할 합)' 등의 말이 어울린다.

오답 풀이

㉠ '보존(保存: 지킬 보, 있을 존)'은 '잘 보호하고 간수하여 남김'을 이르는 말이다. 문맥상 "백제역사유적지구를 '잘 보호하고 간수하여 남기기' 위해서는"의 의미이기 때문에 '보존'의 쓰임은 적절하다.

㉣ '경주(傾注: 기울 경, 물댈 주)'는 '힘이나 정신을 한곳에만 기울임'을 이르는 말이다. 문맥상 "총력을 '다하는' 것"의 의미로 쓰이고 있다. 따라서 '경주'의 쓰임은 적절하다.

03 ⠀⠀⠀⠀⠀⠀⠀⠀⠀⠀⠀⠀⠀⠀⠀⠀정답 ③

혜원쌤의 합격비법

처음 보는 속담이 나오더라도 당황하지 말자. 속담을 문자 그대로 이해하더라도 대개는 그 속담의 의미를 짐작할 수 있다.

정답 풀이

속담 '말 같지 않은 말은 귀가 없다.'는 '이치에 맞지 아니한 말은 못 들은 척한다.'는 말이다. 따라서 '이치에 맞지 않은 말은 널리 퍼진다.'라는 뜻풀이는 적절하지 않다.

※ 속담의 의미를 몰랐더라도 문자 그대로 의미를 이해함으로써 뜻풀이를 짐작할 수 있다. 즉 '말 같지 않은 말은 귀가 없다.'의 '귀가 없다'와 뜻풀이의 '널리 퍼지다'는 어울리지 않는다.

오답 풀이

① '남의 말이라면 쌍지팡이 짚고 나선다.'는 '남에게 시비를 잘 걸고 나서는 사람을 이르는 말'이다.

※ 쌍지팡이를 짚고[들고] 나서다: 어떤 일에 대하여 적극적으로 반대하거나 간섭하여 나서다.

② '말 안 하면 귀신도 모른다.'는 '마음속으로만 애태울 것이 아니라 시원스럽게 말을 하여야 한다.'는 말이다.

※ 귀신도 모른다: (형편이나 상황이) 아주 감쪽같다.

④ '남의 말도 석 달'은 '소문은 시일이 지나면 흐지부지 없어지고 만다.'는 말이다.

동음이의 한자어의 의미 파악을 묻는 유형이다. 빈칸 앞뒤의 내용을 보고, 빈칸에 들어갈 단어를 짐작할 수 있다. 따라서 글 전체보다는 빈칸 앞뒤의 내용 파악에 초점을 맞추자! 한자어의 정확한 뜻을 모르더라도, 한자를 통해 그 의미를 짐작할 수 있다.

정답 풀이

㉠ 선지에 제시된 한자어 '묵상(黙想: 묵묵할 묵, 생각할 상)', '묵상(墨床: 먹 묵, 상 상)'의 독음은 모두 '묵상'이다. 앞뒤 내용을 고려할 때, 빈칸에는 '생각하다' 정도의 의미를 가진 단어가 어울린다. 따라서 '想(생각할 상)'이 들어간 '黙想'이 들어가는 것이 자연스럽다.

㉡ 선지에 제시된 한자어 '고찰(考察: 생각할 고, 살필 찰)', '고찰(古刹: 옛 고, 사찰 찰)'의 독음은 모두 '고찰'이다. 앞뒤 내용을 고려 할 때, 빈칸에는 '생각'의 의미를 가진 단어가 어울린다. 따라서 '考(생각할 고)'가 들어간 '考察'이 들어가는 것이 자연스럽다.

따라서 ㉠, ㉡에 알맞은 단어를 순서대로 나열하면 '黙想(㉠)', '考察(㉡)'이다.

한 걸음 더!

묵상	黙想(묵묵할 묵, 생각할 상)	눈을 감고 말없이 마음속으로 생각함
	墨床(먹 묵, 상 상)	먹을 올려놓고 쓰는 받침
고찰	考察(생각할 고, 살필 찰)	어떤 것을 깊이 생각하고 연구함
	古刹(옛 고, 사찰 찰)	역사가 오래된 옛 절

발문을 잘 읽어야 한다. 'A이면서 B인 것'은 'A'와 'B'의 조건을 모두 만족하는 것이라는 의미이다. 이는 곧 A나 B 둘 중 하나라도 조건을 충족하지 않는다면, 답이 아니라는 의미이다. 따라서 둘 중 하나를 기준으로 잡고 가장 아닌 선지부터 걸러 내자.

정답 풀이

잇몸소리	국어의 '잇몸소리'에는 'ㄴ, ㄷ(ㄸ, ㅌ), ㄹ, ㅅ(ㅆ)'이 있다. 선택지 중 '잇몸소리'인 것은 'ㄴ(①)', 'ㄷ(②)', 'ㅅ(③)'이다.
파열음	국어의 '파열음'에는 'ㅂ(ㅃ, ㅍ), ㄷ(ㄸ, ㅌ), ㄱ(ㄲ, ㅋ)'이 있다. 선택지 중 '파열음'은 'ㄷ(②)'이다.

따라서 '잇몸소리(치조음)'이면서 '파열음'인 것은 ②의 'ㄷ'뿐이다.

오답 풀이

① 'ㄴ'은 '잇몸소리'이면서 '비음'이다.

③ 'ㅅ'은 '잇몸소리'이면서 '마찰음'이다.

④ 'ㅈ'은 '센입천장소리(경구개음)'이면서 '파찰음'이다.

조음 방법 \ 조음 위치		입술소리	잇몸소리	센입천장소리	여린입천장소리	목청소리
파열음(破裂音)	예사소리	ㅂ	ㄷ		ㄱ	
	된소리	ㅃ	ㄸ		ㄲ	
	거센소리	ㅍ	ㅌ		ㅋ	
파찰음(破擦音)	예사소리			ㅈ		
	된소리			ㅉ		
	거센소리			ㅊ		
마찰음(摩擦音)	예사소리		ㅅ			ㅎ
	된소리		ㅆ			
비음(鼻音)		ㅁ	ㄴ		ㅇ	
유음(流音)			ㄹ			

'표상(表象: 겉 표, 코끼리 상)하다'는 '추상적이거나 드러나 아니한 것을 구체적인 형상으로 드러내어 나타내다.'라는 의미이다. 따라서 'A가 표상하다.'는 결국 'A가 나타내다.'라는 의미이다.

정답 풀이

제시된 시에서는 화자의 마음을 '기(旗: 깃발 기)'이라는 구체적 사물에 비유하여, '순수한 삶(①), 기도하는 마음(③), 시적 자아의 희원 (④)'을 가시적으로 형상화하고 있다. 그러나 '절제된 사랑'을 형상화하고 있지는 않다.

※ 희원(希願: 바랄 희, 바랄 원): 어떤 일을 이루거나 하기를 바람. = 희망(希望)

발문에 익숙하지 않은 단어가 나왔다고 당황하지 말자! '화자(시에서 말하는 사람)'를 '시적 자아' 또는 '서정적 자아'라고도 부른다. 또 '자세'는 대상에 대한 '마음가짐', '태도' 정도로 이해하면 된다. 따라서 '시적 자아의 자세'는 곧 '대상에 대한 화자의 마음가짐 내지 태도'를 의미한다.

정답 풀이

'A는 B이다.'는 은유법이다. 따라서 1연의 1행에서 화자는 자신의 '마음'을 '한 폭의 기(旗: 깃발 기)'에 빗대고 있음을 알 수 있다. ㉠에서 화자는 자신의 마음이 보는 사람이 없는 시간과 공간에 마치 없는 것과 같이, 즉 의미가 없는 상태로 지내왔다고 말하고 있다. 화자는 지금까지의 자신이 어떠한 마음 상태로 지내왔는지 스스로 알고 있다. 따라서 ㉠에는 화자의 '자성(自醒: 스스로 자, 깰 성)'의 자세가 나타난다고 볼 수 있다.

※ 지금까지의 자신의 상태를 스스로 살핀다는 의미에서 '자성(自省: 스스로 자, 살필 성)'으로 파악할 수도 있다. 한자 표기 없이 한글 표기만 제시되어 있으나, 의미상 '자성(自醒)'과 '자성(自省)' 모두 가능하다.

오답 풀이

② '자책(自責: 스스로 자, 꾸짖을 책)'은 '자신의 결함이나 잘못에 대하여 스스로 깊이 뉘우치고 자신을 책망함'이라는 의미이다. ㉠에 '나 때문이다.'와 같은 자책의 자세는 드러나지 않는다.

③ '체념(諦念: 살필 체, 생각할 념)'은 '아주 단념함'이라는 의미이다. ㉠에 '이제 그만할 거야.'와 같은 체념, 단념의 자세는 드러나지 않는다.

④ '회한(悔恨: 뉘우칠 회, 한할 한)'은 '뉘우치고 한탄함.'이라는 의미이다. ㉠에 '내가 왜 그랬나. 후회가 되고 한이 돼!'와 같은 '회한'의 자세는 드러나지 않는다.

08
정답 ①

혜원쌤의 합격비법
'A하는 B'라는 문장이 있다면, 'B는 A하다.'와 같이 풀어 보면, 그 의미가 보다 명확해진다.

정답 풀이
'시적 자아의 흔들리는 내면'이라는 발문을 통해, 화자의 내면이 흔들리고 있음을 알 수 있다. 내면이 흔들린다는 것은 '혼란스럽다'는 의미이다. 따라서 '혼란스러움'과 관련이 있는 시구를 찾으면 된다. ㉡에 '혼란'이라는 시어가 직접적으로 제시되어 있다. 따라서 화자의 흔들리는 내면을 표출한 시구는 ㉡이다.

오답 풀이
② ㉢의 '편안한'이라는 시어를 볼 때, 흔들리는 내면을 표출한 시구로 볼 수 없다.
③ ㉣은 살면서 겪는 커다란 슬픔과 고통을 의미한다.
④ ㉤은 화자가 기도하는 공간일 뿐, 시적 자아의 내면과는 관련이 없다.

작품 정리

김남조, <정념의 기>

주제	순수한 삶에 대한 열망과 종교적 기원
특징	① '기'에 자신의 마음을 빗대어 순수한 삶을 기원함 ② 시행을 자유롭게 배열하면서도 유려한 리듬을 살림 ③ '혼란'에서 '안정'으로 시상이 전개됨

09
정답 ②

혜원쌤의 합격비법
들어갈 말을 찾아야 할 때에는 앞뒤의 문맥을 반드시 확인해야 한다. 특히 보조사가 주어져 있다면, 보조사의 의미를 적극 활용해 보자!

정답 풀이
㉠ 바로 뒤에 '더함'의 뜻을 나타내는 보조사 '도'가 쓰였다. 따라서 ㉠이 포함된 문장의 앞뒤를 정리하면, '긴장의 이완은 일의 한 양태이다. 이른바 ㉠도 다른 시간을 만들어내지 못한다.(= 일의 한 양태이다.)'이다. 즉 '긴장의 이완'과 의미가 유사한 말이 ㉠에 와야 함을 짐작할 수 있다. '빠르게 살기'와 '느리게 살기' 중에서 '긴장의 이완(弛緩: 늦출 이, 느릴 완)'과 관련이 있는 것은 '느리게 살기'이다. 따라서 ㉠에 들어갈 말로는 '느리게 살기'가 적절하다.
㉡ 글쓴이는 '일의 시간'이 오늘날 '시간 전체'를 잠식해 버린 현상에 대해 말하면서, 일반적으로 사람들은 ㉡을 이러한 현상(문제점)의 극복 방안이라고 생각하지만 실상은 그렇지 않다고 말하고 있다. ㉠이 포함된 앞뒤 문장에서 '긴장의 이완과 느리게 살기 모두 일의 한 양태이다.'라고 말했다. 이를 보아, ㉡에 들어갈 말로도 '느리게 살기'가 적절하다.

10
정답 ②

혜원쌤의 합격비법
<보기>의 단어가 여러 개라면, 가장 확실한 단어를 고른 후 그 단어의 표준 발음부터 찾아보자! 그래서 확실히 아닌 선지부터 걸러 내자! 겹받침의 예외는 'ㄺ'와 'ㄼ'에만 존재한다. 'ㄺ'은 [ㄱ]으로 발음하는 것이 원칙이지만, 'ㄱ'으로 시작하는 어미 앞에서는 [ㄹ]로 발음한다. 또 'ㄼ'은 [ㄹ]로 발음하는 것이 원칙이지만, '밟-'은 [밥]으로 발음하고 '넓-'이 붙은 복합어는 [넙]으로 발음한다.

정답 풀이

㉠	'ㄼ'은 [ㄹ]로 발음한다. '짧네요'는 [짧네요 → (자음군단순화) → 짤네요 → (유음화) → 짤레요]의 과정을 거쳐 발음된다. 따라서 '짧네요'의 표준 발음은 [짤레요]이다.
㉡	'ㄺ'은 [ㄱ]으로 발음한다. 그러나 'ㄱ'으로 시작하는 어미가 이어질 때는 [ㄹ]로 발음한다. '맑거나'는 [맑거나 → (자음군단순화) → 말거나 → (된소리되기) → 말꺼나]의 과정을 거쳐 발음된다. 따라서 '맑거나'의 표준 발음은 [말꺼나]이다.
㉢	'떫지'는 [떫:지 → (자음군단순화) → 떨:지 → (된소리되기) → 떨:찌]의 과정을 거쳐 발음된다.

따라서 제시된 단어들의 발음이 적절하게 연결된 것은 ②이다.

11
정답 ④

혜원쌤의 합격비법
'사례'라는 말은 없지만, 사실상 글에 부합하는 사례가 아닌 것을 고르는 유형이다. 따라서 글의 내용을 파악하는 것이 가장 중요하다. 만약 시간이 없다면, 선지부터 읽으면서 가장 이질적인 하나를 고르고 글을 통해 답이 맞는지 확인하는 방법을 활용해 보자.

정답 풀이
제시된 글에서는 언어 표현이 병렬될 때의 '규칙'을 구체적으로 나열하고 있다. 그 규칙을 간단히 정리하면 다음과 같다.

ⓐ 자연시간의 순서대로, ⓑ 가까운 쪽부터, ⓒ 위쪽, 앞쪽, 왼쪽부터

ⓐ~ⓒ의 '규칙'을 지키지 않고 있는 것은 ④이다. 자연시간의 순서대로라면, 방에 '들어와서' 그 후에 문을 '닫아야' 한다. 즉 '들어오다 → 닫다'의 순서로 병렬되어야 한다. 그러나 ④에서는 '닫다 → 들어오다'로 표현되어 있다는 점에서, ④는 '규칙(ⓐ)'의 사례로 적절하지 않다.

오답 풀이
① 꽃이 '핀' 후에 '지는' 것은 자연시간 순서에 따른 것이다. 따라서 '규칙(ⓐ)'의 사례로 적절하다.
② '수입(收入: 거둘 수, 들 입)'은 '돈이 들어옴'을, '지출(支出: 가를 지, 날 출)'은 '돈이 나감'을 의미한다. 쓸 돈이 '들어오면', 그것을 '쓰는' 것이 일반적이다. 따라서 '규칙(ⓐ)'의 사례로 적절하다.
③ 사람이 서 있다고 가정했을 때, '머리끝'은 위쪽이고 '발끝'은 아래쪽이다. 따라서 '규칙(ⓒ)'의 사례로 적절하다.
※ '머리끝에서 발끝까지'는 관용어로, 온몸 전체를 강조하여 이르는 말이다.

혜원쌤의 합격비법
주어와 서술어 관계가 1번만 나타나면 '홑문장'이고, 2번 이상 나타나면 '겹문장'이다. '겹문장'은 크게 '안은문장'과 '이어진문장'으로 나뉜다. '안은 문장'은 다시 '명사절을 안은문장', '서술절을 안은문장', '관형절을 안은문 장', '부사절을 안은문장', '인용절을 안은문장'으로 나뉜다. 한편, '이어진문 장'은 '대등하게 이어진문장'과 '종속적으로 이어진문장'으로 나뉜다. 문장을 간단히 했을 때 'A는 B이다.'의 구조로 파악이 된다면, '안은문장'이다. 'A는 B이(고, 면) C는 D이다.'의 구조라면 '이어진문장'이다.
※ 발문에서 '문장의 확장 방식'이 나와 있다. '확장(擴張: 넓힐 확, 베풀 장)'은 넓힌다는 의미이다. 문장을 넓힌다는 것은 곧 '겹문장'을 만든다는 것을 의미 한다. 따라서 '문장의 확장 방식'이라는 말을 통해 선지가 모두 '겹문장'임을 짐작할 수 있다. 따라서 선지가 '안은문장'인지, '이어진문장'인지만 파악하면 된다.

정답 풀이
문장의 확장 방식이 다른 하나는 ④이다. '봄이 오면 꽃이 핀다.'는 '봄이 오 다.'와 '꽃이 피다.'라는 두 개의 문장이 나란히 이어진 형식이다. 따라서 '이어진문장'이다.
※ 이어진문장에는 '대등하게 이어진문장'과 '종속적으로 이어진문장'이 있다. '대등 하게 이어진문장'은 '대등하게'라는 말처럼, 앞뒤 문장의 관계가 대등하다. 따라서 앞뒤 문장의 순서를 바꿔도 전체 문장의 의미는 바뀌지 않는다. 그러나 '종속적으 로 이어진문장'은 '종속적'이라는 말처럼, 앞뒤 문장의 관계가 종속적이다. 즉 어 느 한 문장이 다른 한 문장에 속해 있는 것이다. 따라서 앞뒤 문장의 순서를 바꾸 면 전체 문장의 의미는 바뀐다. '봄이 오면 꽃이 핀다.'를 '꽃이 피면 봄이 온다.'와 바꾸면 그 의미는 달라진다는 점에서 이는 '종속적으로 이어진문장'이다.

오답 풀이
① 문장을 간단히 하면, '사람이 줄어들고 있다.'로 분석할 수 있다. 따라서 '안은문장'이다. '담배를 피우다.'라는 문장이 '담배를 피우는'의 형태로 바뀌어, 관형사처럼 체언 '사람'을 꾸미고 있다. 따라서 관형절을 안은 문장이다.
② 문장을 간단히 하면, '철수가 가버렸다.'로 분석할 수 있다. 따라서 '안은 문장'이다. '말도 없다.'라는 문장이 '말도 없이'의 형태로 바뀌어, 부사 처럼 용언 '가버렸다'를 꾸미고 있다. 따라서 부사절을 안은문장이다.
③ 문장을 간단히 하면, '나는 들었다.'로 분석할 수 있다. 따라서 '안은문 장'이다. '그가 귀국했다.'라는 문장이 '그가 귀국했다고'의 형태로 바뀌 어, 인용되고 있다. 따라서 인용절을 안은문장이다.
　※ '라고'는 직접 인용격 조사이고, '고'는 간접 인용격 조사이다. ③은 간접 인용 격 조사 '고'가 쓰인 것을 보아, 간접 인용절을 안은문장이다.

혜원쌤의 합격비법
'不(아닐 부)'와 '否(아닐 부)'는 일정 부분 통용된다. 하지만 대체적으로 '不'는 '不當(부당: 아닐 부, 마땅할 당)'이나 '不同(부동: 아닐 부, 같을 동)'처럼 뒤에 오는 말을 부정할 때 사용한다. 한편, '否'는 '安否(안부: 편 안할 안, 아닐 부)'나 '可否(가부: 옳을 가, 아닐 부)'처럼 대립적 부정 역할 이나 '否定(부정: 아닐 부, 정할 정)'처럼 '그러하지 않다'는 서술적 의미를 나타낼 때 사용한다.

정답 풀이
㉠ '조리'를 부정하기 위해 '부'를 붙인 것이기 때문에, '不'를 쓴 '부조리(不 條理: 아닐 부, 가지 조, 다스릴 리)'로 표기한다.
　※ 부조리(不條理): 이치에 맞지 아니하거나 도리에 어긋남. 또는 그런 일

㉡ '응시(凝視: 엉길 응, 바라볼 시)'는 '똑바로 바라봄'이라는 의미이고, '응 시(鷹視: 매 응, 볼 시)'는 '매처럼 날카롭게 노려봄.'이라는 의미이다. 둘 다 '보다'라는 의미를 공유하고 있기는 하지만, ㉡ 뒤의 '객관적인 자신' 이라는 말을 보아, '똑바로 바라봄'을 의미하는 '凝視'로 표기하는 것이 자연스럽다.
㉢ '여과(濾過: 거를 여(려), 지날 과)'는 '거르기'라는 의미이고, '여과(勵果: 힘쓸 여(려), 열매 과)'는 조선 시대의 벼슬 중 하나를 이르는 말이다. 문 맥상 '걸러진' 감정이 아름답다는 의미이다. 따라서 '濾過'로 표기하는 것이 자연스럽다.
　※ 여과(勵果): 조선 시대에 둔, 토관직(土官職)의 정육품 무관 벼슬. 부여과(副勵 果)의 위, 부여직(副勵直)의 아래이다.

정답 풀이
'얼굴'은 원래 '몸[형체]'을 의미했는데, 지금은 '안면(顔面)'의 의미로만 쓰 이고 있다. 따라서 '얼굴'의 의미 변화는 '얼굴: [형체] → [안면]'으로 나타 내야 한다.

오답 풀이
① '겨레'는 원래 '종족(부족, 친척)'의 의미로 쓰였는데, 지금은 '민족'의 의 미로도 쓰인다. 따라서 '겨레: [종족] → [민족]'으로 나타낸 것은 적절하 다. 의미 변화의 종류로 보면 '의미 확대'에 해당한다.
② '놈'은 원래 일반적으로 '사람'을 이르는 말이었다. 그러나 지금은 낮잡 아 이르는 말로만 쓰인다. 따라서 '놈: [평칭] → [비칭]'으로 나타낸 것 은 적절하다. 의미 변화의 종류로 보면 '의미 축소'에 해당한다.
④ '끼'는 원래 '시간'을 나타내는 말이었는데, 현재는 '끼니[식사]'의 의미 로 쓰인다. 따라서 '끼: [시간] → [식사]'로 나타낸 것은 적절하다. 의미 변화의 종류로 보면 '의미 이동'에 해당한다.

혜원쌤의 합격비법
설득 전략의 유형에는 '이성적 설득 전략', '감성적 설득 전략', '인성적 설득 전략'이 있다. '이성적 설득 전략'은 '논리'가 핵심이고, '감성적 설득 전략' 은 '감정에 호소'가 핵심이고, '인성적 설득 전략'은 '발화자의 됨됨이(공신 력)'가 핵심이다.

정답 풀이
'인성적 설득 전략'은 발화자의 신뢰성이 중요하다. 따라서 ②의 '신뢰성을 높이기 위해 어떤 태도로 말할 것인가?'는 '인성적 설득 전략'에 해당한다.

오답 풀이
① '청자의 어떤 감정에 호소할 것인가?'는 청중의 '감정'에 호소한 전략이 다. 따라서 '감성적 설득 전략'에 해당한다.
③ '주장이 분명하고 근거가 이를 논리적으로 뒷받침하는가?'는 '논리적, 이성적' 방법으로 상대를 설득하려는 전략이다. 따라서 '이성적 설득 전 략'에 해당한다.
④ '구체적 사례, 객관적 통계 자료, 전문가의 의견 등을 어떻게 근거로 활 용할 것인가?'는 '논리적, 이성적' 방법으로 상대를 설득하려는 전략이 다. 따라서 '이성적 설득 전략'에 해당한다.

설득 전략의 유형

이성적 설득 전략	논리적, 이성적인 방법으로 화자의 주장을 뒷받침하는 전략
감성적 설득 전략	청중의 욕망과 분노, 자긍심, 동정심 등과 같은 감정에 호소하는 전략
인성적 설득 전략	화자의 사람 됨됨이를 바탕으로 하여 메시지에 신뢰를 갖게 하는 전략

16
정답 ④

정답 풀이

㉠ 해당 문장을 간단히 하면, '영화를 보면 어떠한 ㉠이 나온다.'로 표현할 수 있다. '영화'에 나오는 부분은 '상황'보다는 '장면'이라는 말로 표현하는 것이 더 자연스럽다. 따라서 ㉠에는 '장면'이 들어가야 한다.

※ 장면(場面: 마당 장, 낯 면): 영화, 연극, 문학 작품 따위의 한 정경(情景)

㉡ 2문단의 마지막 문장 "그러나 3D 프린터로 샘플을 만들어" 부분을 참고할 때, ㉡에는 '샘플'에 해당하는 '시제품'이 들어가는 게 자연스럽다.

㉢ 3문단은 '의료용'으로도 유용하다는 내용이다. 따라서 ㉢에는 '의료용'이 들어가는 게 자연스럽다.

㉣ 문맥상 '막연하게 미래에'의 의미보다는 '곧 머지않아'의 의미에 해당하는 단어가 어울린다. 따라서 ㉣에는 '언젠가'보다는 '조만간'이 들어가는 게 자연스럽다.

따라서 ㉠~㉣에 들어갈 말로 가장 적절하게 묶인 것은 ④이다.

17
정답 ①

혜원쌤의 합격비법

글의 내용을 간단히 하면, '합성어의 유형에는 통사적 합성어와 비통사적 합성어가 있다. 통사적 합성어에 포함되는 것에는 A와 B가 있고, 비통사적 합성어에 포함되는 것에는 C와 D가 있다.'로 정리할 수 있다. 이런 글의 구조라면, 글 전체를 읽을 필요는 없다. 밑줄 친 부분만 읽고, 그에 해당하는 사례를 선지에서 고르면 된다.

정답 풀이

'용언의 연결형'은 '용언의 어간'에 '연결 어미'가 결합한 형태를 말한다. 결국 ㉠에는 '용언의 어간+연결어미+용언의 어간'의 구성이 들어가야 한다. 이러한 구성은 ①의 '들어가다'이다. '들어가다'는 용언의 어간 '들–', 연결 어미 '–어', 용언의 어간 '가–'가 결합하여 만들어진 합성어이기 때문이다.

오답 풀이

② '부슬비'는 부사 '부슬'과 명사 '비'가 결합한 형태이다. 앞뒤 어근 모두 '용언'이 아니기 때문에 ㉠의 예로 적절하지 않다. 한편, 우리말에서 체언을 수식하는 것은 '부사'가 아니라 '관형사'이다. 그런데 '부슬비'는 부사가 체언을 수식하는 구조이다. 즉 우리말의 일반적인 배열 방법에는 어긋나기 때문에, '비통사적 합성어'의 예이다.

③ '불고기'는 명사 '불'과 '고기'가 결합한 형태이다. 앞뒤 어근 모두 '용언'이 아니기 때문에 ㉠의 예로 적절하지 않다. 한편, '명사+명사' 구성인 '통사적 합성어'의 예이다.

④ '높푸르다'는 어간 '높–'과 '푸르다'의 어간 '푸르–'가 연결 어미 없이 바로 결합한 형태이다. 따라서 ㉠의 예로 적절하지 않다. 어간이 어미 없이 바로 다른 용언 어간에 연결된 경우이므로 '비통사적 합성어'이다.

18
정답 ④

정답 풀이

'주제 통합적 읽기'는 하나의 화제, 주제, 쟁점에 대해 다양한 관점과 형식으로 쓰인 글들을 비판적, 통합적으로 읽으며 새로운 주제를 도출하거나 의미를 재구성해 나가는 것을 말한다. 즉 독자가 자신의 궁금증과 문제의식을 바탕으로 어떤 화제 또는 주제, 쟁점과 관련된 다양한 글을 종합적으로 읽고, 관련 내용들을 비판적으로 통합하여 확장된 의미를 만들어 나가는 심화된 읽기를 뜻한다. '주제 통합적 읽기'는 일정한 절차가 있는데, 그 절차는 다음과 같다.

절차	(1) 관심 있는 화제, 주제, 쟁점 확인 　　관심 있는 화제, 주제, 쟁점을 스스로 확인하고 이와 관련된 질문을 만든다. (2) 다양한 글과 자료의 선정 　　분야, 자료의 유형(서적, 인터넷 자료 등)이나 갈래 등을 고려하여 글과 자료를 선정한다. (3) 선정한 글과 자료의 관점 정리 　　선정한 글과 자료를 꼼꼼하게 읽으면서 화제나 주제, 쟁점에 대한 필자의 관점, 관련된 주요 용어와 개념 등을 정리한다. (4) 관점의 비교, 대조와 평가 　　각각의 필자의 관점들을 비교, 대조하며 관점이 타당한지를 평가한다. (5) 자신의 관점 재구성 　　비교, 대조하고 평가한 결과를 바탕으로 자신의 관점과 생각을 비판적이고 창의적으로 재구성한다.

따라서 절차와 방법을 순서대로 제시한 것은 ④의 '관심 있는 화제, 주제, 쟁점 확인 → 다양한 글과 자료의 선정 → 선정한 글과 자료의 관점 정리 → 관점의 비교, 대조와 평가 → 자신의 관점 재구성'이다.

19
정답 ②

정답 풀이

타모어 → 타워: 중모음은 각 단모음의 음가를 살려서 적되, [ou]는 '오'로, [auə]는 '아워'로 적는다는 규정에 따라 'tower[tauə]'는 '타워'로 적어야 한다.

오답 풀이

① 어떤 사람을 환영하거나 어떤 일을 축하하기 위하여 베푸는 공식적인 모임을 이르는 'reception'을 '리셉션'으로 표기한 것은 옳다.

※ 잘못된 표기: 리셉슌, 리쎕션, 리쎕슌

③ 어떤 작품이나 제품, 공연, 행사 따위에서 드러내려고 하는 주된 생각을 이르는 'concept'을 '콘셉트'로 표기한 것은 옳다.

※ 잘못된 표기: 콘셉, 컨셉, 컨셉트

④ 주요한 내용을 시청각 보조 자료를 이용하여 발표하는 일을 이르는 'presentation'을 '프레젠테이션'으로 표기한 것은 옳다.

※ 잘못된 표기: 프리젠테이션, 프레젠테이슌

혜원쌤의 합격비법

고전 소설에 삽입되어 있는 '시'는 주로 작품 속 인물의 '정서'와 관련된 경우가 많다. 따라서 '정서'나 '태도'를 찾고 싶다면, 작품에 삽입되어 있는 '시'를 주의 깊게 보자.

정답 풀이

양생이 읊조린 '시'의 내용을 통해 '양생'의 처지와 정서를 짐작할 수 있다. '청춘에 홀로 외로이 창가에 누었는데 / 어디서 들려오나 고운님 피리 소리', '내 인연 어딨을까' 등을 볼 때, 양생은 '시'를 통해 짝이 없이 홀로 지내는 외로움을 드러내고 있다. 즉 인물인 '양생'이 처한 상황과 정조는 '외로움'이다. 그러나 그 상황과 정조가 '이별'에서 비롯된 것인지는 제시된 글의 내용만으로는 알 수가 없다.

오답 풀이

① 양생은 자신의 처지를 '외로운 비취새', '짝 잃은 원앙새'에 빗대어 드러내고 있다.

② '바야흐로 봄을 맞아'를 볼 때, 계절적 배경은 '봄'이다. '봄'은 만물이 소생하는 계절이다. 그런 좋은 계절에 '양생'은 짝이 없이 홀로 지내고 있다. '봄'이라는 계절은 '양생'이 '외로운 감정'을 더 느끼도록 만드는 역할을 한다는 점에서 밀접한 관련이 있다.

④ '내 인연 어딨을까 바둑알로 맞춰 보고 / 등불로 점을 치다'를 볼 때, '양생'은 '우연'과 같은 운명에 기대어 살아가는 인물임을 짐작할 수 있다.

작품 정리

김시습, <만복사저포기>

주제	생사(生死)를 초월한 남녀 간의 애절한 사랑
특징	① 한문 문어체로 사물을 미화해서 표현함 ② 불교의 연(緣) 사상과 윤회 사상을 바탕으로 함 ③ 시를 삽입하여 인물의 심리를 효과적으로 전달함

정답 풀이

제시된 글에서 풀이한 말에 해당하는 표제어는 '살별(= 꼬리별, 혜성)'이다.

오답 풀이

① 별똥별: '유성(지구의 대기권 안으로 들어와 빛을 내며 떨어지는 작은 물체)'을 일상적으로 이르는 말

② 떠돌이별(행성): 중심 별의 강한 인력의 영향으로 타원 궤도를 그리며 중심 별의 주위를 도는 천체

③ 샛별(계명성): '금성(태양에서 둘째로 가까운 행성)'을 일상적으로 이르는 말

혜원쌤의 합격비법

한자어는 '동음이의어'가 많다. 따라서 그 의미를 파악하기 위해서 '수식어'를 적극 활용할 필요가 있다.

정답 풀이

항성(亢星 → 恒星): ⊙의 '항성'을 수식하는 말인 "언제나 그 자리를 지키며 다른 별들의 중심이 되어 주는"을 볼 때, '항성(붙박이 별)'은 '항상 그 자리를 지키며 다른 별들의 중심이 되어 주는 별'임을 알 수 있다. 그런데 '항성(亢星: 목 항, 별 성)'에는 '항상'의 의미를 가진 한자가 포함되어 있지 않다. 따라서 ⊙의 '항성'은 '恒(항상 항)'을 쓴 '항성(恒星: 항상 상, 별 성)'으로 표기해야 한다.

※ 항성(亢星): 『천문』 이십팔수의 둘째 별자리에 있는 별들.

오답 풀이

② ⓒ의 '행성(떠돌이별)'을 수식하는 말인 "항성 주위의 궤도를 규칙적으로 도는"을 볼 때, '행성'은 '도는 별'임을 알 수 있다. 따라서 '行(다닐 행)'을 쓴 '행성(行星: 다닐 행, 별 성)'으로 표기한 것은 옳다.

③ ⓒ의 '유성(별똥별)'을 수식하는 말인 "잠시 반짝 나타났다가 금방 사라져 버리는"을 볼 때, '유성'은 '잠깐 나타났다가 금방 사라지는 별'임을 알 수 있다. 내용상 '흘러버린다'는 의미로 확장할 수 있다. 따라서 '流(흐를 유(류))'를 쓴 '유성(流星: 흐를 유(류), 별 성)'으로 표기한 것은 옳다.

※ 유성(流星): 『천문』 지구의 대기권 안으로 들어와 빛을 내며 떨어지는 작은 물체.

④ "북극성이 길 잃은 사람에게 방향을 제시하듯"을 볼 때, 북극 가까이에 있는 '북극성' 그대로의 의미로 쓰였음을 알 수 있다. 따라서 '북극성(北極星: 북녘 북, 지극할 극, 별 성)'으로 표기한 것은 옳다.

※ 수식어는 따로 없기 때문에, 수식어로 '북극성'의 한자 표기를 짐작하기는 어렵다. 그러나 일반적으로 널리 알려진 '북극성'의 특징이 제시된 것을 통해, '북극' 가까이에 있는 '북극성'의 한자를 짐작할 수 있다.

정답 풀이

2문단에서 "그렇고 그런 수준의 유성 같은 책은 아무리 많이 읽어도 삶의 깊이와 두께는 늘 제자리 걸음이다."라고 하면서, 부정적으로 보고 있다. 따라서 유성 같은 책은 많이 읽어야 삶의 본질을 꿰뚫어 볼 수 있다는 ④는 제시된 글의 내용과 일치하지 않는다.

오답 풀이

① 1문단의 "북극성이 길 잃은 사람에게 방향을 제시하듯 항성과 같은" 부분을 통해 확인할 수 있다.

② 1문단의 "철학자 쇼펜하우어는 세상의 모든 책을 별에 비유하여 세 가지로 구분했다." 부분을 통해 알 수 있다.

③ 제시된 글에서 '항성과 같은 책'을 좋은 책으로 보고 있다. 2문단에서 "좋은 책은 세상살이의 일반성에 관한 이해를 넓혀 주는 동시에 개인적 삶의 특수성까지도 풍부하게 해 준다."라고 하였다. 따라서 항성 같은 책은 개인적 삶의 특수성을 풍부하게 해석해 준다는 설명은 옳다.

24

혜원쌤의 합격비법

형태가 비슷하지만, 그 의미가 전혀 다른 단어들이 있다. 이러한 단어들의 구별을 묻는 것은 군무원 시험의 단골 유형이다. 따라서 나올 때마다 '묶어서' 암기하고, 예문 위주로 공부해 두자! 어미 '-느라고'와 '-노라고'의 구별은 이미 여러 차례 출제된 바 있다. 둘의 형태는 비슷하지만, 그 의미는 차이가 있다. '목적'이나 '원인'의 의미라면 '-느라고'를, '자기 나름대로 꽤 노력했음'을 드러낼 때는 '-노라고'를 써야 한다.

정답 풀이

㉠ 어젯밤에 공부를 '하는 것 때문에(원인)' 늦게 잤다는 의미이다. 따라서 어미 '-느라고'가 들어가야 한다.

㉡ 사흘 밤낮을 '내 나름대로 한다고 노력했는데' 이 모양이라는 의미이다. 따라서 어미 '-노라고'가 들어가야 한다.

한 걸음 더!

어미 '-느라고'와 '-노라고'

-느라고	((동사 어간이나 어미 '-으시-' 뒤에 붙어)) 앞 절의 사태가 뒤 절의 사태에 목적이나 원인이 됨을 나타내는 연결 어미 예 영희는 웃음을 참느라고 딴 데를 보았다. 철수는 어제 책을 읽느라고 밤을 새웠다. 먼 길을 오느라고 힘들었겠구나.
-노라고	((동사 어간 뒤에 붙어)) 자기 나름대로 꽤 노력했음을 나타내는 연결 어미 예 하노라고 했는데 마음에 드실지 모르겠습니다.

25

혜원쌤의 합격비법

낯설거나 새로운 유형이라고 당황하지 말자! 낯설고 새로운 유형일수록 출제자는 문제의 답을 더 쉽게 찾을 수 있도록 장치를 해 놓았을 것이다. 주어진 지문의 정보를 최대한 활용해 보자!

정답 풀이

가장 먼 것을 골라보면, (가)이다.

가장 먼 것	(가)에서 소리가 '은은하게' 들렸다는 내용을 볼 때, 대포 소리의 거리가 가장 멀 것이라고 짐작할 수 있다.

선택지를 보면 가장 먼 (가)가 마지막에 있는 것은 ②뿐이다. 따라서 (라)가 가장 앞에 있고, (가)가 가장 나중에 있는 '(라) - (다) - (나) - (가)'로 배열할 수 있다. 따라서 '쿵' 소리를 처음 들은 시점이 '가장 멀게' 느껴졌고 점점 '가까이 느끼게' 되었음을 확인할 수 있다.

51p

01	02	03	04	05
④	③	②	①	②
06	07	08	09	10
④	③	①	④	③
11	12	13	14	15
③	②	①	③	②
16	17	18	19	20
③	④	④	③	④
21	22	23	24	25
①	②	①	②	④

01
정답 ④

혜원쌤의 합격비법
'홑문장'은 주어와 서술어 관계가 1번만 나타나는 문장을, '겹문장'은 주어와 서술어 관계가 2번 이상 나타나는 문장을 의미한다. '홑문장'과 '겹문장'의 구별은 단골 출제 유형이다. 이런 유형이 나오면, 서술성을 가진 말에 동그라미를 하자! 동그라미의 개수가 1개면 '홑문장'이고, 2개 이상이면 '겹문장'이다. 주의할 건 '서술절은 안은문장'은 서술어가 1개처럼 보이지만, '서술절'이 다시 '서술어' 역할을 한다는 점을 잊으면 안 된다.

정답 풀이
주어와 서술어 관계가 1번만 나타나는 '홑문장'은 ④이다. ④에서 서술성을 가진 말은 '피다(피었다)' 1개뿐이다. 즉 ④는 주어(장미꽃이)와 서술어(피었다)의 관계가 1번만 나타나는 '홑문장'이다. 주어와 서술어를 제외한 나머지는 모두 수식어(관형어, 부사어)이다.

우리	집	앞마당에	드디어	장미꽃이	피었다
관형어	관형어	부사어	부사어	주어	서술어

오답 풀이
※ ④를 제외한 나머지는 서술성을 가진 말이 '2개' 이상이므로 '겹문장'이다.

① 서술성을 가진 말은 '빨갛다(빨간)'와 '사다(샀다)'로 2개이다. 따라서 '겹문장'이다. '어제 모자를 샀다.'라는 문장에 '모자가 빨갛다.'라는 문장이 안겨 관형사처럼 쓰이고 있다. 따라서 '관형절을 안은문장'이다. → 어제 [(모자가) 빨간] 모자를 샀다.
   ※ 관형절 내의 주어 '모자가'가 생략된 이유는 전체 문장의 목적어 '모자를'과 중복되기 때문이다.

② 서술성을 가진 말은 '오다(오니)'와 '피다(피었다)' '봄이 오다.'와 '꽃이 피었다.'라는 문장이 나란히 이어져 있다. '봄이 오다.'와 '꽃이 피다.'의 순서를 바꿔 '꽃이 피니 봄이 왔다.'로 표현하면 본래 문장의 의미와 달라진다. 즉 두 문장의 의미 관계가 '종속적'이다. 따라서 '종속적으로 이어진문장'이다.

③ 서술성을 가진 말은 '남기다(남긴)', '버려지다(버려지고)', '버리다(버린)', '오염되다(오염된다)'로 4개이다. '남긴 만큼 버려지다.'와 '버린 만큼 오염된다.'라는 문장이 나란히 이어져 있다. '남긴 만큼 버려지다.'와 '버린 만큼 오염된다.'의 순서를 바꿔 '버린 만큼 오염되고, 남긴 만큼 버려진다.'로 표현해도 문장의 의미 자체는 달라지지 않는다. 즉 두 문장의 의미 관계가 '대등'하다. 따라서 '대등하게 이어진문장'이다.
   ※ '남긴'과 '버린'이 각각의 문장에 안겨 관형사처럼 쓰이고 있다는 점에서, '남긴 만큼 버려지다.', '버린 만큼 오염된다.'로 쪼개서 본다면 각각은 관형절을 안은문장이다.

02
정답 ③

혜원쌤의 합격비법
자연스러운 문장이나 적절한 문장을 찾는 유형이다. 이러한 유형이라면 단어 사용의 적절성 여부, 의미 중복되는 단어의 사용 여부, 문장 성분 간의 호응 여부, 생략된 문장 성분의 존재 여부를 살피자.

정답 풀이
③을 간단히 하면 'A나 B를 일으킬 수 있다.'의 구조이다. 따라서 목적어 'A'와 'B' 모두 서술어 '일으킬 수 있다'와 호응해야 한다. ③의 서술어 '일으킬 수 있다'는 목적어 '인명 사고를'과 '차량 파손을' 모두와 호응한다. 따라서 ③은 자연스러운 문장이다.

오답 풀이
① 도움을 받기도 한다. → 남에게 도움을 받기도 한다.: 동사 '받다'는 주어, 목적어, 부사어가 있어야 완전한 문장이 되기 때문에 세 자리 서술어이다. 그런데 ①의 문장에는 '누구에게'에 해당하는 부사어가 없다. 따라서 적절한 문장이 되기 위해서는 '받다'에 어울리는 부사어를 넣어야 한다.

② 환담 → 이야기: '환담'은 동음이의어가 존재한다. '환담(歡談: 기뻐할 환, 이야기 담)'은 '정답고 즐거운 이야기'를 의미하고, '환담(幻談: 변할 환, 이야기 담)'은 '괴상한 이야기'를 의미한다. '조문'이라는 상황에 두 '환담' 모두 어울리지 않는다. 따라서 적절한 문장이 되기 위해서는 '환담'을 '이야기'로 수정해야 한다.

④ 여간한 우대였다. → 여간한 우대가 아니었다.: 형용사 '여간하다'는 '아니다', '않다' 따위의 부정어 앞에 쓰여 '이만저만하거나 어지간하다.'라는 의미를 가진다. 따라서 적절한 문장이 되기 위해서는 서술어 '우대였다'를 부정어 '우대가 아니었다'로 수정해야 한다.

03
정답 ②

혜원쌤의 합격비법
우리말로 번역한 말이 '순화어'는 아니다. 즉 번역했을 때 적당한 의미더라도 '순화어'가 아닐 수 있다.

정답 풀이
'스크린 도어'의 순화어는 '차단문'이 아니라 '안전문'이다.

04

혜원쌤의 합격비법

'비유법'에는 '직유법', '은유법', '의인법', '활유법', '대유법(제유법, 환유법)', '풍유법', '중의법'이다. 비교적 한눈에 찾기가 어려운 것은 '은유법'과 '대유법'이다. 'A는 B이다.', 'A의 B', 'B'의 형태라면 '은유법'이다. '대유법'에는 '제유법'과 '환유법'이 있는데, '제유법(提喩法: 끌 제, 비유할 유, 방법 법)'은 표현하고자 하는 대상의 일부를 '끌어와' 전체를 나타내는 방법이다. 반면, '환유법(換喩法: 바꿀 환, 비유할 유, 방법 법)'은 표현하고자 하는 대상과 밀접한 관련이 있는 것으로 '바꿔' 그 대상을 드러내는 방법이다.

정답 풀이

과거에 생산직에 종사하는 육체노동자들은 푸른 작업복을 입었었다. '육체노동자'와 밀접한 관련이 있는 '푸른 작업복'의 '옷깃'을 통해 '육체노동자'를 나타내고 있다. 따라서 이는 '비유법' 중 '대유법(환유법)'이 쓰인 경우이다. 한편, ①을 제외한 나머지는 '은유법'이 쓰인 경우이므로 방식이 다른 하나는 ①이다.

※ 나머지 선지에 '은유법'이 나타났는지 모르더라도, 나머지 선지에 '블루칼라'처럼 표현하고자 하는 대상과 밀접한 관련이 있는 것으로 '바꿔' 그 대상을 드러 내는 방법이 쓰이지 않았음은 추론할 수 있다.

오답 풀이

② '마음'을 '유리'에 빗대어 표현하고 있다. 즉 '그의 마음은 유리이다. 그 마음이 산산조각이 났다.'로 볼 수 있다는 점에서, '은유법'이 쓰였다.

③ 내부의 '보이지 않는 장벽'을 '유리 천장'에 빗대고 있다. 따라서 '은유법'이 쓰였다.

④ '사회 최하층'을 '밑바닥'에 빗대고 있다. 즉 '아무것도 없는 최하층은 밑바닥이다. 그런데 그 밑바닥으로 떨어졌다.'로 볼 수 있다는 점에서, '은유법'이 쓰였다.

05

혜원쌤의 합격비법

'잘 요약된 글'이라면, 여러 개의 문장이나 문단으로 이루어진 '글'에서 글쓴이가 말하고자 하는 핵심이 잘 반영되어 있을 것이다. '잘 요약된 글'에는 '글쓴이가 말하고자 하는 핵심'이 꼭 들어 가야 한다. 글쓴이의 생각은 주로 문단의 맨 앞이나 맨 끝에 나오므로, 그 부분을 주의 깊게 보자.

정답 풀이

글쓴이의 생각이 드러난 문장은 "무리하게 움직이면 오히려 역효과를 가져온다. 그러므로 운동의 강도를 결정할 때는 자신의 신체 조건을 우선적으로 고려해야 한다."와 "가장 바람직한 것은 매일 일정량의 운동을 실천하여 운동을 하나의 생활 습관으로 정착시키는 것이다."이다. 이러한 글쓴이의 생각을 반영하여, 잘 요약한 것은 ②이다.

오답 풀이

① 'A보다는 B가 좋다.'가 '항상 B가 좋다.'로 해석되는 것은 아니다. 즉 제시된 글에 일주일에 한 번씩 오랜 시간 운동을 하는 것보다는 짧더라도 빈도를 높여서 자주 운동을 하라는 내용이 있기는 하다. 그러나 이것이 빈도를 높일수록 무조건 운동 효과가 좋음을 의미하지는 않는다. 따라서 적절하지 않은 요약이다.

③ 글의 내용과는 일치하는 내용이다. 그러나 '잘 요약된 글'에는 '글쓴이가 말하고자 하는 핵심'이 꼭 들어가야 한다. 제시된 글의 핵심은 마지막 문장인 "가장 바람직한 것은 매일 일정량의 운동을 실천하여 운동을 하나의 생활 습관으로 정착시키는 것이다."이다. 즉 핵심 내용이 빠져 있기 때문에, 적절하지 않은 요약이다.

④ 글쓴이가 '운동을 생활 습관으로 정착시키는 것'을 바람직하게 보고 있는 것은 맞다. 그러나 글에 그것을 위해 운동의 긍정적인 측면과 부정적인 측면을 모두 고려해야 한다는 내용은 확인할 수 없다. 따라서 적절하지 않은 요약이다.

06

혜원쌤의 합격비법

'ㄱ, ㄷ, ㅂ'과 'ㄹ'은 실현 환경에 따라 표기하는 '로마자'가 달라진다. 즉 'ㄱ, ㄷ, ㅂ'은 모음 앞에서는 'g, d, b'로, 자음 앞이나 어말에서는 'k, t, p'로 적는다. 또 'ㄹ'은 모음 앞에서는 'r'로, 자음 앞이나 어말에서는 'l'로 적는다. 단, 'ㄹㄹ'은 'll'로 적는다.

정답 풀이

금강(Keumgang → Geumgang): 'ㄱ'은 모음 앞에서 'g'로 적어야 한다. 따라서 '금강'의 바른 로마자 표기는 'Geumgang'이다.

오답 풀이

① '종로'의 표준 발음은 [종노]이기 때문에 'Jongno 2(i)-ga'로 표기한 것은 옳다.

② '신라'의 표준 발음은 [실라]이기 때문에 'Silla'로 표기한 것은 옳다.

③ '속리산'의 표준 발음은 [송니산]이기 때문에 'Songnisan'으로 표기한 것은 옳다.

07

혜원쌤의 합격비법

사동사를 만드는 접미사에는 '-이-', '-히-', '-리-', '-기-', '-우-', '-구-', '-추-' 따위가 있고, 피동사를 만드는 접미사에는 '-이-', '-히-', '-리-', '-기-' 따위가 있다. 즉 '-이-', '-히-', '-리-', '-기-'는 사동사를 만드는 접미사이기도 하고, 피동사를 만드는 접미사이기도 하다. 따라서 사동사와 피동사의 형태가 동일한 경우가 많다.

정답 풀이

'밀다'와 결합할 수 있는 사동 접미사는 따로 없다. 따라서 접미사를 활용하여 '밀다'의 사동사를 만들 수 없다. 한편, '밀다'는 피동 접미사 '-리-'와 결합하여 피동사 '밀리다'를 만들 수 있다.

※ '밀다'는 접미사가 붙어서 '사동문'을 만드는 파생적 사동은 불가능하지만, '-게 하다'의 형태가 붙어 '사동문'을 만드는 통사적 사동(밀게 하다)은 가능하다.

오답 풀이

① '보다'의 사동사와 피동사는 모두 '보이다'이다.

사동사	1. 눈으로 대상의 존재나 형태적 특징을 알게 하다. 예 그는 나에게 사진첩을 보였다. 2. 눈으로 대상을 즐기거나 감상하게 하다. '보다'의 사동사. 예 친구에게 영화를 보이다.
피동사	1. 눈으로 대상의 존재나 형태적 특징을 알게 되다. 예 산이 보이다. 2. 대상의 내용이나 상태가 짐작되다. '보다'의 피동사. 예 기회가 보이다.

② '잡다'의 사동사와 피동사는 모두 '잡히다'이다.

사동사	1. 손으로 움키고 놓지 않게 하다. 예 아이에게 겨우 연필을 <u>잡혔지만</u> 아이는 아무것도 쓰지 않았다. 2. 짐승을 죽이게 하다. 예 마님은 손수 나서서 잔치 준비를 하면서 머슴들에게는 돼지를 <u>잡혔다</u>.
피동사	1. 붙들리다. 예 일단 경찰의 포위망에 <u>잡히면</u> 도망치기 어렵다. 2. 짐승이 죽임을 당하다. 예 그의 칼에 <u>잡힌</u> 돼지만 해도 헤아릴 수 없을 정도로 많다.

④ '안다'의 사동사와 피동사는 모두 '안기다'이다.

사동사	1. 두 팔로 감싸게 하거나 그렇게 하여 품 안에 있게 하다. 예 할머니 품에 아기를 <u>안기다</u>. 2. 손해나 빚 또는 책임을 맡게 하다. 예 일을 잘못 처리해서 회사에 손해를 <u>안겼다</u>.
피동사	두 팔을 벌린 가슴 쪽으로 끌어당겨지거나 그렇게 되어 품 안에 있게 되다. 예 어머니 품에 <u>안긴</u> 아이는 깊이 잠이 들었다.

08
정답 ①

혜원쌤의 합격비법
문학 작품에서 화자나 인물의 '상황'이나 '처지'를 파악하기 위해서는, 어떤 상황에서 어떤 행동을 했는지를 살피면 된다.

정답 풀이

나그네는 주인어른이 준 '대궁(먹다가 그릇에 남긴 밥)'을 김치와 함께 주니 감지덕지 받고, 물 한 모금도 마시지 않고 순식간에 다 먹어 버렸다. 이를 통해 '나그네'가 몹시 배고프고 가난한 처지임을 짐작할 수 있다. 따라서 '나그네'의 처지에 관련된 속담은 아주 가난하여 떠돌아다니며 얻어먹을 정도임을 비유적으로 이르는 말인 '패랭이에 숟가락 꽂고 산다.'이다.

오답 풀이

② '태산 명동에 서일필이라.'는 태산이 쩡쩡 울리도록 야단법석을 떨었는데 결과는 생쥐 한 마리가 튀어나왔을 뿐이라는 뜻으로, 아주 야단스러운 소문(예고)에 비하여 결과는 별것 아닌 것을 비유적으로 이르는 말이다.

③ '터진 방앗공이에 보리알 끼듯 하였다.'는 버리자니 아깝고 파내자니 품이 들어 할 수 없이 내버려 둘 수밖에 없음을 비유적으로 이르는 말, 성가신 어떤 방해물이 끼어든 경우를 비유적으로 이르는 말이다.

④ '보리누름까지 세배한다.'는 보리가 누렇게 익을 무렵 즉 사오월까지도 세배를 한다는 뜻으로, 형식적인 인사 차림이 너무 과함을 이르는 말이다.

작품 정리

김유정, <산골 나그네>

주제	가난한 삶의 애환과 애정
특징	토속적, 해학적

09
정답 ④

혜원쌤의 합격비법
'부사'와 '관형사'의 공통점은 모두 다른 말을 꾸민다는 것이다. 차이가 있다면 꾸밈을 받는 대상이다. '부사'는 주로 용언을, '관형사'는 체언을 꾸민다. 따라서 뒷말을 수식하는 말이 나왔다면, 꾸밈을 받는 말의 품사부터 살피자!

정답 풀이

'둘째'는 바로 뒤의 체언 '며느리'를 꾸미고 있다. 따라서 '둘째'의 품사는 관형사이다.

※ ④에서 '둘째'는 체언을 꾸미는 '관형사'로 쓰였지만, '둘째'는 의미에 따라 '수사', '명사'로도 쓰인다.

오답 풀이

① '혼자'는 용언 '먹다(먹고 있었다)'를 꾸미고 있다. 따라서 '혼자'의 품사는 부사이다.

② '정녕'은 바로 뒤의 용언 '가다(가시겠다면)'를 꾸미고 있다. 따라서 '정녕'의 품사는 부사이다.

③ '제일'은 바로 뒤의 용언 '좋아하다(좋아한다)'를 꾸미고 있다. 따라서 '제일'의 품사는 부사이다.

한 걸음 더!

- '혼자'의 품사

부사	다른 사람과 어울리거나 함께 있지 아니하고 동떨어져서 예 <u>혼자</u> 내버려 두다.
명사	다른 사람과 어울리거나 함께 있지 아니하고 그 사람 한 명만 있는 상태 예 가족들과 헤어져 <u>혼자</u>서 지낸 지 10년이 넘는다.

- '둘째'의 품사

관형사	순서가 두 번째가 되는 차례의 예 어머니는 맏이보다는 <u>둘째</u> 아이를 더 걱정하신다.
수사	순서가 두 번째가 되는 차례 예 첫째, 부모와 형들의 말을 잘 들어라. <u>둘째</u>, 공부를 열심히 해라.
명사	「1」 맨 앞에서부터 세어 모두 두 개가 됨을 이르는 말. 예 새치를 벌써 <u>둘째</u> 뽑는다. 「2」 둘째 자식. 예 이 녀석이 우리 <u>둘째</u>야

- '제일'의 품사

부사	여럿 가운데 가장 예 세상에서 <u>제일</u> 무서운 이야기
명사	여럿 가운데서 첫째가는 것 예 감기에 걸렸을 때는 쉬는 게 <u>제일</u>이다.

혜원쌤의 합격비법

처음 보는 한자라도 당황하기보다는 '부수'를 확인해 보자. '부수'를 통해 대강의 한자 의미를 짐작할 수 있다. 예를 들어 'ㅣ(삼수변 수)'가 있다면 '물'과 관련이 있는 한자일 것이다.

정답 풀이

방역(紡疫 → 防疫): '감염병 예방 시스템'이라는 말을 볼 때, '방역'은 '감염병을 막다'라는 의미이다. 따라서 ⓒ은 감염병이 발생하거나 유행하는 것을 미리 막는 일이라는 의미를 가진 '방역(防疫: 막을 방, 염병 역)'으로 표기해야 한다.

※ ⓒ의 '방역'의 한자 표기로 '糸(실 사)'가 부수로 쓰인 것을 볼 때, '막다'라는 의미와는 관련이 없음을 짐작할 수 있다. '紡'은 '길쌈 방'이다.

오답 풀이

① 침체(沈滯: 잠길 침, 막힐 체): 어떤 현상이나 사물이 진전하지 못하고 제자리에 머무름.

② 위축(萎縮: 시들 위, 줄일 축): 마르거나 시들어서 우그러지고 쭈그러듦, 어떤 힘에 눌려 졸아들고 기를 펴지 못함.

④ 차치(且置: 또 차, 둘 치): 내버려 두고 문제 삼지 아니함.

혜원쌤의 합격비법

'만'이 나오면, 크게 3가지를 생각하면 된다. (1) 조사 '만', (2) 조사 '마는'의 준말. (3) 의존 명사 '만'. 조사는 앞말과 붙여 써야 하고, 의존 명사는 앞말과 띄어 써야 한다. 시간이나 횟수를 나타내는 경우에는 의존 명사 '만'이다. 또 조사 '마는'은 주로 '-지마는(지만)', '-다마는(다만)' 등의 형태로 실현된다.

정답 풀이

세∨번만에 → 세∨번∨만에: '세 번'이라는 횟수가 나온 것을 볼 때, '만'은 시간의 경과를 나타내는 의존 명사이다. 따라서 '세∨번'과 의존 명사 '만'은 띄어 써야 한다.

오답 풀이

① 외국에 나간 목적이 '사업'이다. 따라서 '사업' 뒤의 '차'는 '목적'의 뜻을 더하는 접미사 '-차'이다. 그러므로 '사업차'와 같이 붙여 쓴 것은 옳다.

※ 의존 명사 '차'와 접미사 '-차'가 있다. '목적'의 뜻을 더할 때는 '-차'가 접미사이다. 따라서 '목적'의 의미가 있다면, '○○차'와 같이 붙여 쓴다.

② '들다. 그리고 가다.'의 의미이므로, '들고 가다'는 한 단어가 아닌 각각의 단어이다. 따라서 '들고∨가다'로 띄어 쓴 것은 옳다. '만큼'은 조사도 있고, 의존 명사도 있다. 조사 앞에는 체언이, 의존 명사 앞에는 관형어가 온다. '만큼' 앞에 관형어 '있을'이 있는 것을 보아, '만큼'은 의존 명사이다. 따라서 '있을∨만큼'으로 띄어 쓴 것은 옳다.

④ '쌀, 보리, 콩, 조, 기장'을 나열하고 있는 것을 보아, '들'은 의존 명사이다. 따라서 '쌀, 보리, 콩, 조, 기장∨들'로 띄어 쓴 것은 옳다.

※ '들'은 의존 명사도 있고, 접미사도 있다. 의존 명사 '들'은 '등, 따위'의 의미이므로 앞에 두 개 이상의 사물을 나열할 때 쓴다. 접미사 '-들'은 '복수'의 뜻을 더한다.

혜원쌤의 합격비법

'우리말의 언어 예절'에 맞는 표현이 쓰였는지 판단하는 유형이다. 이 유형이 나오면, 번역 투의 표현이 없는지, 형용사를 명령형이나 청유형으로 쓰지 않았는지를 반드시 살펴야 한다.

정답 풀이

집에서 손님을 보낼 때 하는 인사말은 '안녕히 가십시오.'이다. 친한 사이인 경우 '안녕히 가세요.'라고 인사할 수도 있다. 손아래 사람에게는 '잘 가', '잘 가라', '잘 가거라.'를, 특별한 경우 손위 사람에게는 '살펴 가십시오.'도 가능하다. 따라서 손님을 보낼 때 손위 사람에게 '살펴 가십시오.'로 말하는 것은 언어 예절에 알맞은 표현이다.

오답 풀이

① '좋은 아침'은 영어 'Good morning'의 번역 투 표현이기 때문에 우리말 언어 예절에 맞지 않다.

③ '건강하다'는 형용사이다. 형용사에 명령형을 하는 것은 우리말 어법에 어긋난다. 따라서 명령형 '건강하십시오.'의 표현은 우리말 언어 예절에 맞지 않다.

④ '어서 오십시오.' 없이 바로 '무엇을 도와드릴까요?'로 표현하면 상대에게 불친절하고 사무적인 느낌을 줄 수 있다. 따라서 '어서 오십시오.'로 인사를 먼저 한 후에, '무엇을 도와드릴까요?'로 묻는 게 언어 예절에 맞는 표현이다.

정답 풀이

(가)의 '상형'은 제시된 글의 '천지인(天地人) 삼극(三極)'을 뜻한다. 또 (가)의 '사성을 기초로 하고 음(音)이 칠조(七調)를 갖추었다.'는 제시된 글의 '모든 음에 정통하였다.'와 의미가 통한다. 따라서 (가)는 ①에 들어가는 게 가장 적절하다.

※ 글의 흐름상으로 보더라도 ②~④는 (가)와 관련이 없기 때문에 (가)가 들어가기에 적절하지 않다.

혜원쌤의 합격비법

적절한 '접속 부사'를 고르는 유형이다. '접속 부사'는 앞뒤 문장을 자연스럽게 접속, 즉 이어주는 역할을 한다. 따라서 '접속 부사' 유형에서 가장 중요한 것은 앞뒤 문장이나 문단의 관계 파악이다. 만약, 앞뒤로 내용을 나열하고 있다면 '그리고, 또한' 등의 접속 부사가 어울린다. 또 앞뒤로 서로 상반된 내용이 이어져 있다면 '그러나, 하지만' 등의 접속 부사가 어울린다. 마지막으로 앞뒤의 내용이 인과 관계에 있다면 '그래서, 그러므로' 등의 접속 부사가 어울린다.

정답 풀이

⊙ 앞의 이유 때문에, 슬기로운 사람은 하루아침을 마치기도 전에 깨우치고, 어리석은 이라도 열흘이면 배울 수 있다는 것이 글의 흐름이다. 즉 ⊙을 기준으로 앞뒤 문장은 '인과 관계'를 이루고 있다. 따라서 ⊙에는 인과의 접속 부사 '그러므로'가 어울린다.

15

혜원쌤의 합격비법
발문에 '어법'과 '자연스러운 문장'이 함께 제시되어 있는 유형이다. 이 유형은 '표기'의 적절성과 함께 문장의 호응이나 단어 사용의 적절성, 의미의 중복도 함께 살펴야 한다.

정답 풀이
'저녁노을이 지는 들판에서 농부 내외가 조용히 기도하는 모습이 멀리 보였다.'는 잘못 사용된 '표기'나 '단어'도 없고, 문장 성분 간의 호응도 자연스럽다. 그리고 의미가 중복 사용된 부분도 없다.

오답 풀이
① • 하루 일과(日課: 하루 일, 매길 과) → 일과: 의미의 중복이 나타난다. '일과(日課)'라는 말 속에 '하루'라는 의미가 포함되어 있다. 따라서 '일과' 앞에 '하루'는 삭제해야 자연스럽다.
　　• 그의 ~ 일어나자마 → 그는 ~ 일어나자마자: 서술어와 호응하는 주어도 빠져 있다. 서술어 '일어나다(일어나자마자)'와 호응하는 '누가'에 해당하는 주어가 제시되어 있지 않다. 따라서 '그의'를 '그는'으로 고쳐야 자연스럽다.
　　※ 관형격 조사 '의' 대신에 주격 조사 '이/가'를 넣어야 한다는 점에서 단어 사용이 적절하지 않은 경우로 볼 수도 있다. 또 주격 조사 '이/가'는 보조사 '은/는'이 올 때 생략된다. 그래서 '그는'으로 적은 것일 뿐, 문장 성분은 '주어'이다.
③ • 하물며 ~ 덤볐다. → 하물며 ~ 덤볐다고?/덤볐느냐?: 부사어와 서술어의 호응이 바르지 않다. '하물며'는 앞의 사실이 그러하다면 뒤의 사실은 말할 것도 없다는 뜻의 접속 부사로, 'A가 그러한데, 하물며 B가?'의 꼴로 자주 쓰인다. 따라서 서술어 '덤볐다'를 '덤볐다고'나 '덤볐느냐'로 고쳐야 자연스럽다.
④ • 당부하고 싶은 것은 ~ 마시기 바랍니다. → 당부하고 싶은 것은 ~ 말라는 것입니다./마시기 바란다는 것입니다.: 주어와 서술어의 호응이 바르지 않다. 주어 '당부하고 싶은 것은'과 서술어 '마시기 바랍니다'는 호응하지 않는다. 따라서 주어에 맞춰 서술어를 '말라는 겁니다'나 '마시기 바란다는 것입니다'로 고쳐야 자연스럽다.

16

혜원쌤의 합격비법
의미 관계가 나오면 두 개씩 짝을 지어서 생각하자. (1) '유의 관계'와 '반의 관계' (2) '다의 관계'와 '동음이의 관계' (3) '상하 관계'와 '전체-부분 관계' 오답 선지로 짝이 되는 관계가 출제될 확률이 높으니 꼭 묶어서 기억해 두자! 그리고 관계가 다른 하나를 고르는 유형이라면, 선지부터 보고 이질적인 하나를 고른 후에 박스로 자기의 답이 맞는지 확인하는 식으로 푸는 방법도 있다.

정답 풀이
'성김'과 '빽빽함'은 각각 '성기다'와 '빽빽하다'의 명사형이다. '성기다'는 '물건의 사이가 뜨다.'라는 의미이고, '빽빽하다'는 '사이가 촘촘하다.'라는 의미이다. 따라서 둘은 '반의 관계'이다. 한편, '넉넉하다'와 '푼푼하다(푼하다)'는 모두 '모자람이 없다'의 의미이기 때문에 유의 관계이다. 따라서 의미 관계가 같지 않은 것은 ③이다.

오답 풀이
③을 제외한 나머지는 반의 관계이다.

17

혜원쌤의 합격비법
'모두' 고르는 유형을 까다롭다고 생각할 수도 있지만, 확실히 아닌 것만 골라낸다면 쉽게 답을 고를 수 있는 유형이니 미리 겁먹지 말자!

정답 풀이
ⓒ 목적어 '밥을'을 볼 때, '안치다'는 '밥, 떡, 찌개 따위를 만들기 위하여 그 재료를 솥이나 냄비 따위에 넣고 불 위에 올리다.'라는 의미로 쓰였다. 따라서 ⓒ의 '안치다'의 활용형 '안쳤다'의 표기는 어법에 맞다.
ⓒ 목적어 '불을'을 볼 때, 불을 '붙게 하다'의 의미로 쓰였다. 따라서 '붙이다'의 활용형 '붙였다'는 어법에 맞다.
ⓜ '두부에 달걀옷을 입혀'를 볼 때, '지지다'의 의미이다. 따라서 '붙다'와 의미적 관련성이 없기 때문에 '부치다'의 활용형 '부쳤다'는 어법에 맞다.

오답 풀이
ⓝ 담궈 → 담가: '담그다'가 기본형이다. 따라서 '담가(담그-+-아)'로 표기해야 한다.
ⓔ 졸였다 → 조렸다: '양념을 한 고기나 생선, 채소 따위를 국물에 넣고 바짝 끓여서 양념이 배어들게 하다.'라는 의미이다. 따라서 '조리다'의 활용형 '조렸다'로 표기해야 한다.
ⓗ 하느라고 → 하노라고: '나름대로 꽤 노력한다고 했는데', 영 볼품이 없다는 내용이다. 따라서 어미 '-노라고'를 쓴 '하노라고'로 표기해야 한다.

✏️ **한 걸음 더!**

형태가 비슷한 단어
• '안치다'와 '앉히다'

안치다	앉히다
안치다¹ 어려운 일이 앞에 밀리다. ⑩ 당장 눈앞에 안친 일이 많아 어찌 할 바를 모르겠다. 안치다² 밥, 떡, 찌개 따위를 만들기 위하여 그 재료를 솥이나 냄비에 넣고 불 위에 올리다. ⑩ 시루에 떡을 안치다.	① 사람이나 동물이 윗몸을 바로 한 상태에서 엉덩이에 몸무게를 실어 다른 물건이나 바닥에 몸을 올려놓게 하다. '앉다'의 사동사. ⑩ 아이를 무릎에 앉힌 여자. ② 버릇을 가르치다. ⑩ 자식들에게 일찍 일어나는 습관을 앉히다.

• '붙이다'와 '부치다'

붙이다	부치다
1 맞닿아 떨어지지 않게 하다. '붙다'의 사동사. 예 봉투에 우표를 붙이다. 2 물체와 물체 또는 사람을 서로 바짝 가깝게 하다. '붙다'의 사동사. 예 가구를 벽에 붙이다. 3 목숨이나 생명 따위를 끊어지지 않게 하다. '붙다'의 사동사. 예 목숨을 붙이기 위해 할 수 있는 일은 다 하였다. 4 겨루는 일 따위를 서로 어울려 시작하게 하다. '붙다'의 사동사. 예 주인과 손님을 흥정을 붙이다.	부치다¹ 모자라거나 미치지 못하다. 예 그 일은 힘에 부친다. 부치다² 1 편지나 물건 따위를 일정한 수단이나 방법을 써서 상대에게로 보내다. 예 편지를 부치다. 2 어떤 문제를 다른 곳이나 다른 기회로 넘기어 맡기다. 예 안건을 회의에 부치다. 부치다³ 논밭을 이용하여 농사를 짓다. 예 부쳐 먹을 내 땅 한 평 없다. 부치다⁴ 번철이나 프라이팬 따위에 기름을 바르고 빈대떡, 저냐, 전병(煎餠) 따위의 음식을 익혀서 만들다. 예 달걀을 부치다. 부치다⁵ 부채 따위를 흔들어서 바람을 일으키다. 예 부채를 부치다.

• '조리다'와 '졸이다'

조리다	졸이다
1. 양념을 한 고기나 생선, 채소 따위를 국물에 넣고 바짝 끓여서 양념이 배어들게 하다. 예 생선을 조리다. 2. 식물의 열매나 뿌리, 줄기 따위를 꿀이나 설탕물 따위에 넣고 계속 끓여서 단맛이 배어들게 하다. 예 시장에서 복숭아를 싸게 팔길래 한 상자 사다가 설탕물에 조려 냉장고에 넣어 두었다.	1. 찌개, 국, 한약 따위의 물을 증발시켜 분량을 적어지게 하다. '졸다'의 사동사. 예 찌개를 졸이다. 2. (주로 '마음', '가슴' 따위와 함께 쓰여) 속을 태우다시피 초조해하다. 예 마음을 졸이다.

18
정답 ④

혜원쌤의 합격비법
'한자 성어' 문제처럼 보이지만, '내용 일치' 문제처럼 풀어야 하는 문제이다. 한자 성어의 의미를 대강 파악하고 글을 읽어 나가자. 그리고 관계가 없는 선지 1개를 고르는 유형이다. 따라서 선지 중에서 가장 이질적인 것을 고른 후에 글을 읽으면서 답이 맞는지 확인하는 식으로 푸는 것도 하나의 방법이다.

정답 풀이
④의 '양상군자(梁上君子: 들보 양(량), 위 상, 군자 군, 아들 자)'는 들보 위의 군자라는 뜻으로, 도둑을 완곡하게 이르는 말이다. 따라서 '선비'가 중점을 두어야 할 것, '선비'의 궁극적인 목적, '선비'가 갖추어야 할 덕목을 다루고 있는 제시된 글의 내용과 관계가 없다.

오답 풀이
① 견리사의(見利思義: 볼 견, 이익 이(리), 생각 사, 옳을 의)는 '눈앞의 이익을 보면 의리를 먼저 생각함.'이라는 의미이다. 이는 두 번째 문장 "선비는 개인의 이익보다 사회 정의를 생각하며 행동하고 살아간다."와 관계있다.

② 노겸군자(勞謙君子: 일할 노(로), 겸손할 겸, 군자 군, 아들 자)는 큰 공로에도 겸손한 사람을 의미한다. 이는 '신비가 갖추어야 할 덕목' 중 '자신을 낮추는 자세'와 관계있다.

③ '수기안인(修己安人: 닦을 수, 몸 기, 편안할 안, 사람 인)'은 자신을 잘 가꾸어 사람을 편안하게 한다는 의미이다. 이는 '선비의 궁극적인 목적'인 '자신의 인격을 완성하고 그것을 통해 모든 사람에게 평안한 삶을 살게 하는 것'과 관계있다.

19
정답 ③

혜원쌤의 합격비법
관형격 조사 '의'의 의미 내지 쓰임을 묻는다면 4가지 정도는 기억해 두자!
(1) 주어와 서술어 관계 예 나의 합격, (2) 목적어와 서술어 관계 예 평화의 파괴, (3) 소유의 의미 예 나의 가방 (4) 동격 예 근대화의 물결

정답 풀이
'기쁨의 열매'는 '기쁨'이라는 '열매', 곧 '기쁨 = 열매'의 의미이다. 따라서 '기쁨의 열매'에서 관형격 조사 '의'는 앞뒤 말이 '동격'임을 나타낸다. 이처럼 '동격'의 의미로 쓰인 것은 ③이다. ③의 '인도(정신)'라는 '간과(무기)', 곧 '인도 = 간과'의 의미이다.

※ • 인도(人道: 사람 인, 길 도): 사람으로서 마땅히 지켜야 할 도리
　 • 간과(干戈: 방패 간, 창 과): 방패와 창이라는 뜻으로, 전쟁에 쓰는 병기를 통틀어 이르는 말

오답 풀이
① '조선이 독립국이다'의 의미이다. 따라서 '의'는 주어와 서술어 관계를 나타낸다.

② '천(하늘)이 명령하다'의 의미이다. 따라서 '의'는 주어와 서술어 관계를 나타낸다.
　 ※ 천(天: 하늘 천), 명명(明命: 밝을 명, 명령할 령)

④ '대의'를 '똑똑히 밝히다'의 의미이다. 따라서 목적어와 서술어 관계를 나타낸다.
　 ※ • 대의(大義: 큰 대, 옳을 의), 극명(克明: 이길 극, 밝힐 명)
　 • '국립국어원 표준국어대사전'에 '세계 평화의 대의를 극명하다.'라는 예문이 있는 것을 보아, 목적어와 서술어 관계가 맞다. 만약, '극명하다'를 '속속들이 똑똑하게 밝히다'라는 동사가 아닌, '매우 분명하다'라는 형용사로 보더라도 주어와 서술어 관계이지, 동격은 아니다.

20

혜원쌤의 합격비법
우리말을 대신할 수 있는 적절한 한자어를 고르는 유형이다. 가장 쉬운 방법은 선지의 한자어를 직접 밑줄 친 부분에 넣어 보는 것이다. 넣었을 때 가장 자연스러운 것을 고르거나, 가장 어색한 것부터 제거해 나가면 된다. 만약 우리말이 '한 단어'가 아닌 '여러 단어'라면 그 단어들 중 하나와 의미가 통하는 한자가 없는지 찾는 것도 하나의 방법이다.

정답 풀이

㉠과 바꿔 쓰기에 가장 적절한 한자어는 '새로운 문화 현상, 학설 따위가 당연한 것으로 사회에 받아들여지다.'라는 의미를 가진 '정착(定着: 정할 정, 붙을 착)되다'이다.

※ 선지 ①~④ 모두 '정'이 들어가는 한자어이지만, 그 한자는 각기 다르다. 따라서 '정'이 어떤 의미를 가진 한자인지를 통해서도 답을 유추할 수 있다. 문맥상 이때부터 독특한 체크무늬가 각 씨족을 대표하는 의상으로 '정해졌다, 받아들여졌다' 정도의 의미이다. 따라서 '定(정할 정)'이 있는 '정착(定着)되었다'와 바꿔 쓰는 것이 가장 자연스럽다.

오답 풀이

① '정돈(整頓: 가지런할 정, 조아릴 돈)되다'는 '어지럽게 흩어진 것이 규모 있게 고쳐져 놓이거나 가지런히 바로잡혀 정리되다.'라는 의미이다.

② '정제(精製: 정밀할 정, 지을 제)되다'는 '물질에 섞인 불순물이 없어져 그 물질이 더 순수하게 되다.'라는 의미이다.

③ '정리(整理: 가지런할 정, 다스릴 리)되다'는 '흐트러지거나 혼란스러운 상태에 있는 것이 한데 모아지거나 치워져서 질서 있는 상태가 되다.'라는 의미이다.

※ '정돈(整頓)'과 '정리(整理)'에는 '整(가지런할 정)'이 쓰였다. 문맥상 ㉠은 '가지런하다, 정리되다'의 의미가 아니므로 바꿔 쓰기에 적절하지 않다. '정제(精製)'에는 '精(정할 정)'이 쓰였다. 문맥상 ㉠은 '매우 곱다(정하다)'의 의미가 아니므로 바꿔 쓰기에 적절하지 않다.

21

혜원쌤의 합격비법
글의 내용에 부합하는 진술은 '1개'뿐이다. 이런 유형은 '글 읽기 → 선지 읽기'의 순서로 풀어도 괜찮다. 글을 읽은 후에 글의 내용에 부합하는, 가장 옳은 선지를 고르면 된다.

정답 풀이

"페르소나란 한 개인이 사회에서 요구하는 역할에 적응하면서 얻어진 자아의 한 측면을 의미한다."를 볼 때, 페르소나는 '현실적인 속성'을 갖고 있음을 알 수 있다. 또 "그림자는 인간의 원시적인 본능 성향을 의미한다."를 볼 때, 그림자는 '근원적인 속성'을 갖고 있음을 알 수 있다. 따라서 제시된 글의 내용과 부합하는 것은 ①이다.

오답 풀이

② "오로지 페르소나만 추구하려 한다면 그림자가 위축되어 결국 자기 자신으로부터 소외를 당해 무기력하고 생기가 없어지게 된다."를 볼 때, 자아가 무기력하게 되는 경우는 오로지 '페르소나'만 추구하려 할 때이다.

③ '자발성과 창의성'이 '그림자'와 관계있는 것은 맞다. 그러나 "페르소나란 한 개인이 사회에서 요구하는 역할에 적응하면서 얻어진 자아의 한 측면을 의미한다."를 볼 때, '도덕성' 추구와 관련이 있는 것은 '페르소나'이다.

④ 선후 관계가 틀렸다. 그림자를 억압하게 되면 페르소나를 더욱 추구하게 되는 것이 아니라, 페르소나를 지나치게 추구하는 행위가 그림자를 억압하는 것을 의미한다.

22

혜원쌤의 합격비법
'ㅎ'은 예사소리 'ㄱ, ㄷ, ㅂ, ㅈ'와 만나면 거센소리 'ㅋ, ㅌ, ㅍ, ㅊ'로 축약되고, 예사소리 'ㅅ'과 만나면 된소리 'ㅆ'이 된다. 또 모음으로 시작하는 어미와 만나면 탈락한다.

정답 풀이

끊기다[끈기다 → 끈키다]: 'ㅎ'과 'ㄱ'이 만나면 'ㅋ'으로 축약된다. 따라서 '끊기다'의 표준 발음은 [끈키다]이다.

오답 풀이

① 'ㄺ'은 [ㄱ]으로 발음한다. 다만, 'ㄱ'으로 시작하는 어미가 이어질 때는 [ㄹ]로 발음한다. 따라서 '맑고'의 표준 발음은 [말꼬]가 맞다.

③ 'ㄷ'과 'ㅎ'이 만나면 'ㅌ'으로 축약된다. 따라서 '맏형'의 표준 발음은 [마텽]이 맞다.

④ 'ㄼ'은 [ㄹ]로 발음한다. 다만, 어간 '밟-'은 예외적으로 [ㅂ]으로 발음한다. 따라서 '밟고'의 표준 발음은 [밥ː꼬]가 맞다.

23

혜원쌤의 합격비법
국어의 단어 형성 방법은 크게 '단일어'와 '복합어'로 나뉜다. 하나의 어근으로만 이루어진 '단일어', 어근과 어근이 결합한 '합성어', 어근과 접사가 결합한 '파생어' '합성어'와 '파생어'는 '복합어'로 묶인다. 따라서 '단어의 구조'를 묻는다면, 다음 순서로 체크하자. (1) 단일어인지 복합어인지, (2) 합성어인지 파생어인지

정답 풀이

'도시락'은 하나의 어근으로만 이루어진 단일어이다. '도시락'을 제외한 나머지는 복합어이다. 따라서 단어의 구조가 다른 하나는 ①이다.

※ ①을 제외한 나머지 단어에는 '합성어'도 있고, '파생어'도 있다. 이들을 묶어 '복합어'라고 부른다. 결국 '단일어'와 '복합어'를 구별하는 문제이다.

오답 풀이

② '선생님'은 어근 '선생'과 높임의 뜻을 더하는 접미사 '-님'이 결합한 말이다. 하나의 어근으로만 이루어진 단어가 아니기 때문에 단일어가 아니다. 어근과 접사의 결합이므로 파생어(복합어)이다.

③ '날고기'는 '말리거나 익히거나 가공하지 않은'의 뜻을 더하는 접두사 '날-'과 어근 '고기'가 결합한 말이다. 하나의 어근으로만 이루어진 단어가 아니기 때문에 단일어가 아니다. 어근과 접사의 결합이므로 파생어(복합어)이다.

※ '날고기'는 파생어이다. 그러나 '날짐승'은 합성어이다. 왜냐하면, '날아다니는 짐승'을 통틀어 이르는 말인 '날짐승'은 '날다'의 어근 '날-'과 어근 '짐승'이 결합한 말이기 때문이다. 즉 어근과 어근의 결합이기 때문에 '파생어'가 아니라 '합성어'이다.

④ '밤나무'는 어근 '밤'과 '나무'가 결합한 말이다. 하나의 어근으로만 이루어진 단어가 아니기 때문에 단일어가 아니다. 어근과 어근의 결합이므로 합성어(복합어)이다.

24

혜원쌤의 합격비법

발문은 '다음 글의 내용과 거리가 먼 것은?'이지만, 선지는 '문장'이 아닌 '단어'이다. 따라서 발문을 '글에서 확인할 수 없는 내용은?' 정도로 이해해도 무방하다.

정답 풀이

제시된 글에서 '항생제'에 대해 다루고 있기는 하지만, '항생제의 내성(약물의 반복 복용에 의해 약효가 저하하는 현상) 정도'에 대한 언급은 따로 하지 않았다. 따라서 '항생제의 내성 정도'는 제시된 글의 내용과 거리가 멀다.

오답 풀이

① 1문단의 첫 번째 문장 "항생제는 세균에 대한 항균 효과가 있는 물질을 말한다."에서 '항생제의 정의'를 밝히고 있다.

③ 2문단에서 항생제별로 어떤 방법으로 '향균 작용'을 하는지 그 기제(작용이나 원리)를 밝히고 있다.

④ 1문단의 두 번째 문장 "프로폴리스' 같이 자연적으로 존재하는 항생제를 자연 요법제라고 하고, '설파제' 같이 화학적으로 합성된 항생제를 화학 요법제라고 한다."를 통해 '항생제의 분류 방법'을 알 수 있다.

25

혜원쌤의 합격비법

논리적 오류의 명칭을 몰라도 풀 수 있는 문제이다. 논리적 오류의 유형이 다른 '1개'를 찾으면 되기 때문에, 선지를 읽고 가장 이질적인 하나를 골라내면 된다.

정답 풀이

식이요법을 시작하지 못하게 막아야 한다는 주장을 펼치기 위해, '식이요법'이 '알코올 중독'에 영향을 준다고 말하고 있다. 그러나 '식이요법'과 '알코올 중독' 사이에는 아무런 관련이 없다. 즉 주장과 전혀 관련이 없는 논거를 가져와 주장을 펼치고 있다는 점에서 '논점 이탈의 오류'를 범하고 있다.

※ ④을 제외한 나머지는 모두 'A하면 B할 것이고, 결국에는 C할 것이다.'라는 논리를 펼치고 있다. 따라서 가장 이질적인 구조를 가진 ④가 답이 된다.

오답 풀이

④를 제외한 나머지는 의도하지 않은 결과에 대해 원래는 의도를 갖고 있기 때문에 책임이 있다고 판단하여 생기는 오류인 '의도 확대의 오류'를 범했다.

55p

01	02	03	04	05
①	②	②	③	④
06	07	08	09	10
③	④	②	④	①
11	12	13	14	15
②	④	③	③	④
16	17	18	19	20
④	①	①	①	④
21	22	23	24	25
②	③	②	②	③

01
정답 ①

혜원쌤의 합격비법
'넓다'의 어간 '넓-'에 자음으로 시작하는 접미사가 결합한 경우, 본뜻이 유지되면서 겹받침 끝소리인 'ㅂ'이 소리 나는 경우에는 원형을 밝혀 적는다. 본뜻이 유지되더라도 앞의 'ㄹ'이 소리 날 때에는 소리 나는 대로 적는다.

정답 풀이
밑줄 친 단어의 맞춤법이 옳은 것은 '㉠, ㉡, ㉤'이다.

㉠ '널따랗다'는 '꽤 넓다'라는 의미이다. 따라서 '넓다'라는 본뜻이 유지되는 경우이다. 그런데 앞의 'ㄼ' 중 'ㅂ'이 아닌 'ㄹ'이 소리가 나기 때문에 '널따랗다'로 적는다. 따라서 '널따랗다'의 활용형 '널따란(널따랗-+-ㄴ)'의 표기는 어법에 맞다.
   ※ '널따랗다'는 'ㅎ' 불규칙 용언이기 때문에, 어미 'ㄴ'과 결합하면 어간의 'ㅎ'이 탈락한다.

㉡ '넓죽하다'는 '길쭉하고 넓다.'라는 의미이다. 따라서 '넓다'라는 본뜻이 유지되는 경우이다. 또 'ㄼ' 중 'ㅂ'이 소리 나는 경우이기 때문에, '넓죽하다'로 적는다. 따라서 '넓죽하다'의 활용형 '넓죽해서(넓죽하여서)'의 표기는 어법에 맞다.

㉤ 겹받침에서 앞의 소리가 발음이 되면 원형을 밝혀 적지 않고, 뒤의 소리가 발음이 되면 원형을 밝혀 적는다. 'ㄺ'에서 뒤의 받침이 발음되는 [국:따라타]는 '굵다랗다'로 적는다. 따라서 '굵다랗다'의 활용형 '굵다랬다(굵다랗-+-았다)'의 표기는 어법에 맞다.

오답 풀이
㉢ 실증 → 싫증: "확실한 증거"의 의미를 가진 '실증(實證)'이라는 단어도 있기는 하다. 그러나 문맥상 매일 반복되는 생활에 '염증, 싫어하는 마음'이 생겼다는 의미이다. 따라서 "싫은 생각이나 느낌. 또는 그런 반응."이라는 의미를 가진 '싫증'을 써야 한다. '싫다'라는 의미를 갖고 있기 때문에 원형 '싫-'을 밝혀 '싫증'으로 표기한 것은 옳다.

㉣ 얇다란 → 얄따란: 용언의 어간 뒤에 자음으로 시작된 접미사가 붙는 경우, 그 원형을 밝히어 적음을 원칙으로 하나, 겹받침의 끝소리가 드러나지 않는 것은 소리 나는 대로 적는다. '얄따랗다'는 '얇-'의 겹받침 끝소리 [ㅂ]이 드러나지 않는 경우에 해당한다. 따라서 소리 나는 대로 '얄따랗다'로 표기해야 한다.

128 본 교재 인강·군무원 무료 학습자료 army.Hackers.com

한 걸음 더!

관련 규정
한글 맞춤법 제21항
1. 명사 뒤에 자음으로 시작된 접미사가 붙어서 된 것

값지다	홑지다	넋두리	빛깔
옆댕이	잎사귀		

2. 어간 뒤에 자음으로 시작된 접미사가 붙어서 된 것

굵다랗다	굵직하다	깊숙하다	넓적하다
높다랗다	늙수그레하다	얽죽얽죽하다	

다만, 다음과 같은 말은 소리대로 적는다.
(1) 겹받침의 끝소리가 드러나지 아니하는 것

할짝거리다	널따랗다	널찍하다	말끔하다
말쑥하다	말짱하다	실쭉하다	실큼하다
얄따랗다	얄팍하다	짤따랗다	짤막하다

(2) 어원이 분명하지 아니하거나 본뜻에서 멀어진 것

넙치	올무	골막하다	납작하다

02
정답 ②

정답 풀이
'기픈'의 초성에 쓰인 'ㅍ'이 '깊고', '높고', '닢'에서 종성에 그대로 쓰임을 알 수 있다. 따라서 종성에 새로운 글자를 만들지 않고, 초성의 글자가 그대로 쓰였음을 확인할 수 있다. 이처럼 종성에 새로운 글자를 만들지 않고, 초성의 글자가 그대로 썼음을 의미하는 말이 바로 '종성부용초성(終聲復用初聲: 마칠 종, 소리 성, 다시 부, 쓸 용, 처음 초, 소리 성)'이다.

오답 풀이
① ③ 최세진은 자신이 지은 『훈몽자회』에서 초성종성통용팔자(初聲終聲通用八字)로 'ㄱ(기역/其役), ㄴ(니은/尼隱), ㄷ(디귿/池末), ㄹ(리을/梨乙), ㅁ(미음/眉音), ㅂ(비읍/非邑), ㅅ(시옷/時衣), ㆁ(이응/異凝)'을 들었다. 또 초성독용팔자(初聲獨用八字)로 'ㅋ(키/箕), ㅌ(티/治), ㅍ(피/皮), ㅈ(지/之), ㅊ(치/齒), ㅿ(싀/而), ㅇ(이/伊), ㅎ(히/屎)'를 규정하였다.

④ 15세기 8종성은 'ㄱ, ㄴ, ㄷ, ㄹ, ㅁ, ㅂ, ㅅ, ㅇ'만 받침에 쓰는 원리로, '종성독용팔자'와 그 의미가 같다.

현대어 풀이
   뿌리가 깊은 나무는 바람에 흔들리지 아니하므로, 꽃이 좋고 열매가 많이 열리니
   샘이 깊은 물은 가뭄에 그치지 아니하므로, 내가 이루어져 바다에 가나니.

   물이 깊고 배가 없건마는 하늘이 명하시므로 (금나라 태조께서) 말을 탄 채 (혼동강을) 건너시었습니다.
   성이 높고 사닥다리도 없건마는 하늘이 도우시므로 (태조께서) 말을 탄 채 내리시었습니다.

   임금(한나라 소제)이 어지시건마는 태자를 못 얻으시매 누운 나무가 일어선 것입니다.
   나라가 오래건마는 하늘의 명이 다해 가매 이운 나무에 새 잎이 난 것입니다.

03 정답 ②

혜원쌤의 합격비법

모음 'ㅗ, ㅜ'로 끝난 어간에 '-아/-어, -았-/-었-'이 어울려 'ㅘ/ㅝ, 왔, 웠'으로 될 적에는 준 대로 적는다.

정답 풀이

'다투었군요'에서 'ㅜ'와 'ㅓ'가 만나 'ㅝ'로 준다. 따라서 '다투었군요'는 '다퉜군요'로 줄여 쓸 수 있다.

오답 풀이

① '바뀌다'는 '바꾸다'의 피동사 '바꾸이다'의 준말이다. 그런데 '바뀌다'의 활용형 '바뀌었다'는 더 이상 줄여 쓸 수 없다.

③ '이어요/이에요'의 경우 받침이 없는 단어 아래에 쓰일 때는 '여요/예요'로 줄여 쓸 수 있다. 그러나 '품종'처럼 받침이 있는 단어 아래에 쓰일 때는 줄여 쓸 수 없다.

④ '뉘다'는 '눕다'의 사동사·피동사, '누다'의 사동사 '누이다'의 준말이다. 그런데 '뉘다'의 활용형 '뉘었습니다'는 더 이상 줄여 쓸 수 없다.

04 정답 ③

혜원쌤의 합격비법

로마자 표기법에서 '된소리되기'는 표기에 반영하지 않는다. 그러나 원래부터 '된소리'인 경우에는 표기한다. 한편, 'ㄱ, ㄷ, ㅂ'와 'ㄹ'은 실현 환경에 따라 다른 로마자로 표기하므로 주의하자!

정답 풀이

표기가 바른 것은 'ㄱ, ㄴ, ㄷ, ㄹ, ㅂ'이다. ①~④ 중 표기가 바른 것만 골라 묶은 것은 ③이다.

ㄱ 김치: 'ㄱ'은 모음 앞에서 'g'로 적기 때문에 일반 용어에 들어가는 '김치'는 'gimchi'로 적는 것이 원칙이다. 다만, 품명으로 이미 쓰이고 있거나 기타 국제 관계상 필요한 경우 'kimchi'도 허용한다. 따라서 '김치'를 'kimchi'로 적은 것은 옳다.

ㄴ 설날: '설날'의 표준 발음은 [설ː랄]이다. 'ㄹ'은 모음 앞에서는 'r'로, 자음 앞이나 어말에서는 'l'로 적는다. 단, 'ㄹㄹ'은 'll'로 적는다. 따라서 '설날[설ː랄]'을 'seollal'로 적은 것은 옳다.

ㄷ 벚꽃: 'ㄱ, ㄷ, ㅂ'은 모음 앞에서는 'g, d, b'로, 자음 앞이나 어말에서는 'k, t, p'로 적는다. 따라서 '벚꽃[벋꼳]'을 'beotkkot'으로 적은 것은 옳다. 또 된소리되기는 표기에 반영하지 않지만, 원래부터 된소리인 것은 표기에 반영한다. 그러므로 'kk'로 표기한 것은 옳다.

ㄹ 왕십리: '왕십리'의 표준 발음은 [왕심니]이다. 따라서 '왕십리[왕심니]'를 'Wangsimni'로 표기한 것은 옳다. 또 고유 명사이기 때문에 첫 글자를 대문자로 적은 것도 옳다.

ㅂ 속리산: '속리산'의 표준 발음은 [송니산]이다. 따라서 '속리산[송니산]'을 'Songnisan'으로 표기한 것은 옳다. 또 고유 명사이기 때문에 첫 글자를 대문자로 적은 것도 옳다.

오답 풀이

ㅁ 불국사(Bulkuksa → Bulguksa): 'ㄱ, ㄷ, ㅂ'은 모음 앞에서는 'g, d, b'로, 자음 앞이나 어말에서는 'k, t, p'로 적는다. 따라서 모음 'ㅜ(u)' 앞의 'ㅂ'은 'k'가 아니라 'g'로 적어야 한다.

ㅅ 대관령(Daegwalryeong → Daegwallyeong): 'ㄹ'은 모음 앞에서는 'r'로, 자음 앞이나 어말에서는 'l'로 적는다. 단, 'ㄹㄹ'은 'll'로 적는다. '대관령'의 표준 발음은 [대ː괄령]이므로 'Daegwallyeong'으로 적어야 한다.

05 정답 ④

혜원쌤의 합격비법

소거법으로 풀자! 빈칸에 어울리지 않는 선택지를 지워 나간다.

정답 풀이

노파는 나에게 하나쯤 먹어 보는 것도 좋다, 그리고 먹음직하거든 제발 좀 사달라고 말했다. 이렇게 말한 이유는 노파가 보기에 '나'가 노파가 파는 음식을 먹어 보고 싶어 하는 것 같았기 때문이었을 것이다. 따라서 빈칸에는 음식을 탐낸다는 의미를 가진 한자 성어가 들어 가는 것이 자연스럽다. 그러므로 빈칸에는 침을 만 길이나 흘린다는 뜻으로, 제 소유로 만들고 싶어서 몹시 탐냄을 이르는 말인 '수연만장(垂涎萬丈: 드리울 수, 침 연, 일만 만, 길 장)'이 들어가는 것이 가장 적절하다.

※ 노파심(老婆心): 필요 이상으로 남의 일을 걱정하고 염려하는 마음.

오답 풀이

① 소탐대실(小貪大失: 작을 소, 탐할 탐, 큰 대, 잃을 실): 작은 것을 탐하다가 큰 것을 잃음.

② 오매불망(寤寐不忘: 깰 오, 잠잘 매, 아니 불, 잊을 망): 자나 깨나 잊지 못함.

③ 십시일반(十匙一飯: 열 십, 숟가락 시, 하나 일, 밥 반): 밥 열 술이 한 그릇이 된다는 뜻으로, 여러 사람이 조금씩 힘을 합하면 한 사람을 돕기 쉬움을 이르는 말

06 정답 ③

혜원쌤의 합격비법

기술(記述: 기록할 기, 지을 술)하다: 대상이나 과정의 내용과 특징을 있는 그대로 열거하거나 기록하여 서술하다.

정답 풀이

'훈몽자회(訓蒙字會)'는 조선 중종 22년(1527)에 최세진이 지은 어린이 한자 학습서로, 3,360자의 한자를 33항목으로 종류별로 모아서 한글로 음과 뜻을 달았다. 따라서 한국어를 기술하기 위해 만든 책은 아니다.

오답 풀이

① 말모이: 우리나라 최초의 국어사전. 주시경을 비롯한 여럿이 1910년 무렵에 조선 광문회에서 편찬하다 끝내지 못하였다.

② 큰사전: 한글 학회가 편찬한 우리말 사전. 모두 16만 4125개의 어휘를 수록한 것으로, 1929년에 시작하여 1957년에 완간하였다.

④ 한불자전(韓佛字典): 1880년 프랑스 한국선교회의 이름으로 출간한 최초의 한불사전. 프랑스인들이 한국어 공부를 하기 위해 만든 것으로, 1880년 파리외방선교회 한국선교단에서 한국어를 불어로 풀이하여 편찬했다.

07

혜원쌤의 합격비법

선지를 통해 가장 앞에 올 수 있는 말을 짐작할 수 있다. 가장 앞에 오는 문단이라면, '그런데, 그러나, 그리고' 등의 접속어가 올 가능성은 아주 낮다.

정답 풀이

제시된 작품은 우리 주변에서 흔히 볼 수 있는 바둑판을 소재로 하여, 삶에서 어쩔 수 없이 범하게 되는 잘못이나 허물을 대하는 바람직한 태도를 이끌어 내고 있는 수필이다.

1단계	(나)와 (라) 중 가장 앞에 와야 하는 건 (라)이다. 왜냐하면 (라)에서 중심 화제인 '특급품'의 개념을 설명하고 있기 때문이다.
2단계	(나)에서 (라) 마지막에 언급한 '상처'를 '반면이 갈라진다는 것이~'로 연결하여 상술하고 있다. 따라서 '(라) - (나)'의 연결이 자연스럽다.
3단계	(다)에서는 (나)에서 언급한 '흉터가 난 비자반'이 보관된 결과를 설명하고 있다. 따라서 '(나) - (다)'의 연결이 자연스럽다.
4단계	(다)의 마지막에 제시된 '유착'을 (가)에서 '유연성'으로 이어서 설명하고 있다. 따라서 가장 나중에 오는 것이 자연스럽다.

따라서 (가)~(라)는 '(라) - (나) - (다) - (가)'로 배열하는 것이 가장 자연스럽다.

08

혜원쌤의 합격비법

'주제'도 파악해야 하고, '속담'의 의미도 알아야 풀 수 있는 유형이다. 처음 보는 속담이 나오더라도 당황하지 말자. 속담을 문자 그대로 이해하더라도 대개는 그 속담의 의미를 짐작할 수 있다.

정답 풀이

제시된 글은 일급품 비자반이 균열을 스스로의 힘으로 메우고 특급품으로 거듭나듯이, 인생에 있어서도 시련을 잘 극복하면 보다 성숙한 삶을 살 수 있음을 깨우치고 있다. 따라서 비에 젖어 질척거리던 흙도 마르면서 단단하게 굳어진다는 뜻으로, 어떤 시련을 겪은 뒤에 더 강해짐을 비유적으로 이르는 말인 '비 온 뒤에 땅이 굳어진다.'가 주제와 가장 관련이 깊다.

오답 풀이

① '모난 돌이 정 맞는다.'는 두각을 나타내는 사람이 남에게 미움을 받게 된다는 말, 강직한 사람은 남의 공박을 받는다는 말이다. 제시된 글은 시련의 극복을 통한 성숙을 다루고 있다는 점에서 주제와는 관련이 없는 속담이다.

③ '돌다리도 두들겨 보고 건너라.'는 잘 아는 일이라도 세심하게 주의를 하라는 말이다. 제시된 글에 잘 아는 일에도 주의하라는 내용은 나와 있지 않다. 따라서 주제와 관련이 없는 속담이다.

④ '될성부른 나무는 떡잎부터 알아본다.'는 잘될 사람은 어려서부터 남달리 장래성이 엿보인다는 말이다. 제시된 글에서는 타고난 천성보다는, 시련의 극복을 중요하게 생각하고 있다. 따라서 제시된 글의 주제와는 관련이 없는 속담이다.

김소운, <특급품>

주제	삶의 과실을 극복할 줄 아는 유연한 태도의 필요성
특징	① 사실과 의견을 적절히 섞어서 서술함 ② 사물의 성질에서 인생의 교훈을 이끌어 냄

09

혜원쌤의 합격비법

서술의 주체, 즉 주어를 높이고 있다면 '주체 높임법'이 실현된 것이다. 또 서술의 객체, 즉 목적어나 부사어를 높이고 있다면 '객체 높임법'이 실현된 것이다. 단, '상대 높임법'은 종결 어미를 통해 실현되기 때문에 우리말의 모든 문장은 '상대 높임법'이 실현되었다고 봐야 한다. 그렇지만 '높임/낮춤'은 다른 문제이니 문제를 풀 때 상대적으로 접근해야 한다.

정답 풀이

<보기>의 문장에 나타난 높임법은 '주체 높임법', '객체 높임법', '상대 높임법'이다.

주체 높임법	서술의 주체인 '아버지'를 높이기 위해 '쓰다'에 높임의 선어말 어미 '-시-'를 붙여 '쓰시다'로 표현하였다.
객체 높임법	서술의 객체인 '그분'을 높이기 위해 서술어 '주다' 대신 '주다'의 높임말 '드리다'를 사용하였다.
상대 높임법	청자를 높이기 위해 아주 높임의 '합쇼체'를 썼다.

<보기>처럼 '주체 높임법', '객체 높임법', '상대 높임법'이 모두 쓰인 것은 ④이다.

주체 높임법	서술의 주체인 '선생님'을 높이기 위해 '있다'의 높임말 '계시다'를 사용하였다.
객체 높임법	서술의 객체인 '선생님'을 높이기 위해 서술어 '묻다' 대신 '여쭈다'를 사용하였다.
상대 높임법	청자를 높이기 위해 아주 높임의 '합쇼체'를 썼다.

오답 풀이

① 주체 높임법, 상대 높임법만 쓰였다.

주체 높임법	서술의 주체인 '어머니'를 높이기 위해 서술어 '자다' 대신 '주무시다'와 '있다'의 높임말 '계시다'를 사용하였다.
상대 높임법	청자를 높이기 위해 아주 높임의 '합쇼체'를 썼다.

② 객체 높임법, 상대 높임법만 쓰였다.

객체 높임법	서술의 객체인 '아버지'를 높이기 위해 서술어 '데리다' 대신 '모시다'를 사용하였다.
상대 높임법	청자를 높이기 위해 아주 높임의 '합쇼체'를 썼다.

③ 주체 높임법, 상대 높임법만 쓰였다.

주체 높임법	서술의 주체인 '아버지'를 높이기 위해 '주다'에 높임의 선어말 어미 '-시-'를 붙여 '주시다'로 표현하였다.
상대 높임법	청자를 높이기 위해 아주 높임의 '합쇼체'를 썼다.

10

혜원쌤의 합격비법

'간(間)'과 '중(中)'이 붙은 말은 주의해야 한다. 기본적으로 의존 명사이므로 띄어 쓴다. 예외가 있는데, 이는 꼭 기억하자! '부부간'이나 '숙질간'처럼 가족 관계를 나타내는 두 글자 한자어 뒤에 붙는 '간'은 관용적으로 붙여 쓴다. 또 '은연중', '무의식중'처럼 한 단어로 굳어진 경우에는 '중'도 붙여 쓴다.

정답 풀이

부자∨간 → 부자간: '부자(父子)'는 아버지와 아들이라는 '가족 관계'를 나타내는 두 글자 한자어이다. 가족 관계를 나타내는 두 글자 한자어 뒤에 붙는 '간'은 관용적으로 붙여 쓰기 때문에, '부자간'으로 붙여 써야 한다.

오답 풀이

② 책을 다 읽는 '일'이 걸린 시간이 3일이라는 의미이다. '데' 대신 다른 의존 명사 '것'이나 다른 명사 '일'을 넣어도 의미에 지장이 없는 것을 보아, '데'는 의존 명사이다. 따라서 '읽는∨데'로 띄어 쓴 것은 옳다.

③ 내가 집을 떠나온 '시간'이 3년이 '경과'했다는 의미이다. '지' 대신 다른 의존 명사 '것'이나 다른 명사 '시간'을 넣어도 의미에 지장이 없는 것을 보아, '지'는 의존 명사이다. 따라서 '떠나온∨지'로 띄어 쓴 것은 옳다.

④ 대학을 재학하는 '가운데'에 고등 고시를 합격했다는 의미이다. 관용적으로 붙여 쓰는 경우에 속하지 않기 때문에, '재학∨중'으로 띄어 쓴 것은 옳다.

※ '중(中)'이 붙은 형태가 한 단어로 굳어진 경우
　　에 은연중, 무의식중, 무언중, 무심중, 한밤중, 부재중, 부지중, 부지불식중, 총망중, 그중

11

정답 풀이

'개다리밥상'과 '개다리소반' 중 표준어인 것은 '개다리소반'이다. 따라서 ②의 경우 표준어와 비표준어의 연결이 잘못되었다.

오답 풀이

① 고유어 계열의 단어가 생명력을 잃고 그에 대응되는 한자어 계열의 단어가 널리 쓰이면, 한자어 계열의 단어를 표준어로 삼는다. 표준어 규정 제22항에 따라, '알타리무'보다 더 널리 쓰이는 '총각무'를 표준어로 삼는다.

③ 고유어 계열의 단어가 생명력을 잃고 그에 대응되는 한자어 계열의 단어가 널리 쓰이면, 한자어 계열의 단어를 표준어로 삼는다. 표준어 규정 제22항에 따라, '구들고래'보다 더 널리 쓰이는 '방고래'를 표준어로 삼는다.

④ 고유어 계열의 단어가 생명력을 잃고 그에 대응되는 한자어 계열의 단어가 널리 쓰이면, 한자어 계열의 단어를 표준어로 삼는다. 표준어 규정 제22항에 따라, '멧누에'보다 더 널리 쓰이는 '산누에'를 표준어로 삼는다.

한 걸음 더!

표준어 규정 제22항
고유어 계열의 단어가 생명력을 잃고 그에 대응되는 한자어 계열의 단어가 널리 쓰이면, 한자어 계열의 단어를 표준어로 삼는다.

표준어	비표준어	비고
개다리-소반	개다리-밥상	
겸-상	맞-상	
고봉-밥	높은-밥	
단-벌	홑-벌	
마방-집	마바리-집	馬房~.
민망-스럽다/면구-스럽다	민주-스럽다	
방-고래	구들-고래	
부항-단지	뜸-단지	
산-누에	멧-누에	
산-줄기	멧-줄기/멧-발	
수-삼	무-삼	
심-돋우개	불-돋우개	
양-파	둥근-파	
어질-병	어질-머리	
윤-달	군-달	
장력-세다	장성-세다	
제석	젯-돗	
총각-무	알-무/알타리-무	
칫-솔	잇-솔	
포수	총-댕이	

12

혜원쌤의 합격비법

사전을 찾을 때는 '기본형'을 밝혀야 한다. 용언이라면 종결 어미 '-다'가 붙은 말로 바꿔야 하고, 접사가 붙은 말이라면 접사를 떼야 한다. 단, 동사·형용사 파생 접미사 '-하다'가 붙은 말은 붙은 형태 그대로 사전에 등재되어 있기도 하다.

정답 풀이

'신신당부했건만'은 '신신당부'에 동사 파생 접미사 '-하다'가 붙은 '신신당부하다'의 어간 '신신당부하-'에 어미 '-였건만'이 결합한 형태이다. 용언이라면 '-다'가 붙은 말로 바꿔야 하므로, 기본형은 '신신당부하다'이다. 따라서 사전에서 표제어 '신신당부하다'를 찾으면 된다.

오답 풀이

① '그릇째'는 명사 '그릇'과 '그대로', 또는 '전부'의 뜻을 더하는 접미사 '-째'가 결합한 말이다. 다만 일반적 파생어와 달리 사전에 명사와 접미사가 각각 표제어로 올라가 있다. 따라서 표제어로 '그릇째'는 적절하지 않다.

② '들려주곤'은 용언이다. 용언은 기본형이 표제어로 올라가 있다. '들려주곤'의 기본형은 '들려주다'이다. 따라서 '들리다'가 표제어라는 설명은 적절하지 않다.

③ '생각대로'는 명사 '생각'과 앞에 오는 말에 근거하거나 달라짐이 없음을 나타내는 보조사 '대로'가 결합한 말이다. 사전에 명사와 조사는 각각 표제어로 올라가 있다. 따라서 표제어로 '생각대로'는 적절하지 않다. '생각'과 '대로'가 각각 표제어로 올라가 있기 때문이다.

13
정답 ③

혜원쌤의 합격비법
규정에 부합하지 않는 사례를 찾는 유형이다. 따라서 규정의 설명대로 밑줄 친 부분의 원래 말이 '-지 않다'인지, '-하지 않다'인지 밝히면 쉽게 답을 찾을 수 있다.

정답 풀이
올곧찮다 → 올곧잖아: '올곧다'가 기본형이므로 '않다'가 붙은 말은 '올곧지 않다'이다. 따라서 '-지 않다'의 준말인 '-잖다'를 쓴 '올곧잖다'로 적어야 한다.

오답 풀이
① '당하다'가 기본형이므로 '않다'가 붙은 말은 '당하지 않다'이다. 따라서 '-하지 않게'의 준말인 '-찮게'를 쓴 '당찮게'로 적어야 한다.

② '달갑다'가 기본형이므로 '않다'가 붙은 말은 '달갑지 않다'이다. 따라서 '-지 않은'의 준말인 '-잖은'를 쓴 '달갑잖은'으로 적어야 한다.

④ '그렇다'가 기본형이므로 '않다'가 붙은 말은 '그렇지 않다'이다. 따라서 '-지 않게'의 준말인 '-잖게'를 쓴 '그렇잖게'로 적어야 한다.

14
정답 ③

혜원쌤의 합격비법
사이시옷 표기에서 중요하게 살필 것은 크게 두 가지이다. 하나는 '어근'의 구성이 무엇이냐, 또 다른 하나는 어떻게 변하느냐이다. 즉 '고유어+고유어'의 결합인지, '고유어+한자어'의 결합인지를 살펴야 한다. 그리고 뒷말의 첫소리가 '된소리'가 되는지, 'ㄴ' 소리가 덧나는지, 'ㄴㄴ' 소리가 덧나는지를 살펴야 한다.

정답 풀이
㉠의 '근삿값[근:사깝/근:삳깝]'은 한자어 '근사(近似)'와 고유어 '값'의 합성 과정에서 뒷말의 첫소리가 된소리로 나는 경우이다. 이처럼 한자어와 고유어의 합성 과정에서 뒷말의 첫소리가 된소리로 나기 때문에 사이시옷을 받쳐 적는 것은 ③의 '전셋집'이다. '전셋집'도 한자어 '전세(傳貰)'와 고유어 '집'의 합성 과정에서 뒷말의 첫소리가 된소리로 나는 경우이다.

오답 풀이
① '시냇물[시:낸물]'은 고유어 '시내+물'의 합성 과정에서 'ㄴ' 소리가 덧나는 경우이다.

② '조갯살[조개쌀/조갣쌀]'은 고유어 '조개+살'의 합성 과정에서 뒷말의 첫소리가 된소리가 나는 경우이다.

④ '두렛일[두렌닐]'은 고유어 '두레+일'의 합성 과정에서 'ㄴㄴ' 소리가 덧나는 경우이다.

🖊 한 걸음 더!

한글 맞춤법 제30항
사이시옷은 다음과 같은 경우에 받치어 적는다.

1. 순우리말로 된 합성어로서 앞말이 모음으로 끝난 경우
   (1) 뒷말의 첫소리가 된소리로 나는 것

고랫재	귓밥	나룻배	나뭇가지	냇가	댓가지
뒷갈망	맷돌	머릿기름	모깃불	못자리	바닷가
뱃길	볏가리	부싯돌	선짓국	쇳조각	아랫집
우렁잇속	잇자국	잿더미	조갯살	찻집	쳇바퀴
킷값	핏대	햇볕	혓바늘		

   (2) 뒷말의 첫소리 'ㄴ, ㅁ' 앞에서 'ㄴ' 소리가 덧나는 것

멧나물	아랫니	텃마당	아랫마을	뒷머리	잇몸
깻묵	냇물	빗물		

   (3) 뒷말의 첫소리 모음 앞에서 'ㄴㄴ' 소리가 덧나는 것

도리깻열	뒷윷	두렛일	뒷일	뒷입맛	베갯잇
욧잇	깻잎	나뭇잎	댓잎	

2. 순우리말과 한자어로 된 합성어로서 앞말이 모음으로 끝난 경우
   (1) 뒷말의 첫소리가 된소리로 나는 것

귓병	머릿방	뱃병	봇둑	사잣밥	샛강
아랫방	자릿세	전셋집	찻잔	찻종	촛국
콧병	탯줄	텃세	핏기	햇수	횟가루
횟배					

   (2) 뒷말의 첫소리 'ㄴ, ㅁ' 앞에서 'ㄴ' 소리가 덧나는 것

곗날	제삿날	훗날	툇마루	양칫물

   (3) 뒷말의 첫소리 모음 앞에서 'ㄴㄴ' 소리가 덧나는 것

가욋일	사삿일	예삿일	훗일

3. 두 음절로 된 다음 한자어

곳간(庫間)	셋방(貰房)	숫자(數字)	찻간(車間)
툇간(退間)	횟수(回數)		

15
정답 ④

혜원쌤의 합격비법
비문학 선지로 글의 내용을 지나치게 비약한 내용이나, 글에 나오지 않은 내용도 제시될 수 있다. 따라서 글만으로 알 수 없는 내용이라면, 일단 옳은 선지에서 배제하자!

정답 풀이
(나) 단락에 '소수점' 자체를 언급하고 있기는 하다. 그런데 이는 CD를 디지털화 하는 과정에서 발생하는 '오류'를 설명하기 위한 예시를 든 것이다. (나) 단락을 제외하면 '소수점'의 언급은 일절 없다. 즉 제시된 글에는 CD가 양자화 과정에서 소수점 몇 자리까지 처리할 수 있는지에 대한 언급은 없다.

오답 풀이
① (가)의 "고음역이 깨끗하게 들리는 CD" 부분에서 확인할 수 있다.

② (다)의 "디지털의 오류는 44.1kHZ, 16비트 해상도의 '작은 그릇'인 CD가 안고 있는 치명적인 단점이다." 부분에서 확인할 수 있듯이 CD의 단점은 '디지털의 오류'이다. 다만, 이것은 44.1kHz, 16비트 해상도의 결과이기도 하다.

③ (라)의 "정확한 저음을 바탕으로 하모니를 만들어 가는 클래식 음악을 CD로 듣고 있으면, 마치 모래 위에 지어진 집처럼 위태롭고 불안한 느낌이 들곤 한다." 부분에서 확인할 수 있다.

16

정답 풀이

(가)에는 'CD는 반쪽짜리 그릇(은유)'에, (다)에는 '작은 그릇인 CD (은유)'와 '깍두기 현상이 나타나듯(직유)'에, (라)에는 '마치 모래 위에 지어진 집처럼(직유)'에 비유가 쓰였다.

오답 풀이

① (가)와 (나)는 '원인과 결과'의 순서가 아니라 '결과와 원인'의 순서로 나열되어 있다.

② 수학적 원리를 이용하여 설명하고 있는 것은 (나)뿐이다. (나)에서는 '근삿값'이라는 수학적 원리를 이용해 오류의 원인을 설명하고 있다. 그러나 (다)에서는 수학적 원리를 이용한 부분을 찾을 수 없다.

③ (다), (라)는 주로 CD의 단점을 설명하고 있다. 다만, (다)에서는 CD가 잡음 없이 깨끗한 소리를 전달할 수 있다는 장점을 제시하고 있다. 그러나 (라)에서는 CD의 장점을 설명한 부분은 찾을 수 없다.

17

혜원쌤의 합격비법

'데'가 나오면, 크게 3가지를 생각하면 된다. (1) 의존 명사 '데', (2) 어미 '-데', (3) 어미 '-ㄴ데' (2)와 (3)을 구별하는 방법은 '-더라'로 바꿔 보는 것이다. (2)의 '-데'는 과거 직접 경험한 사실을 보고하듯 말하는 경우에만 쓰기 때문에 '-더라'의 의미가 강하다. 의존 명사는 앞말과 띄어 써야 하고, 어미는 앞말과 붙여 써야 한다.

정답 풀이

①~④에 '던데요'가 공통적으로 쓰였다. '요'는 높임의 보조사이다. 따라서 '던데'만 두고 보자면, ①은 '그리'라는 부사를 볼 때 어젯밤에 갔던 '곳'으로 가자는 의미이다. 따라서 '데'는 의존 명사이기 때문에 '갔던∨데요'로 띄어 써야 한다. 한편, ①을 제외한 나머지는 어미 '-던데'가 쓰인 경우이다.

✍️ 한 걸음 더!

어미 '-던데'

1. (('이다'의 어간, 용언의 어간 또는 어미 '-으시-', '-었-', '-겠-' 뒤에 붙어)) 뒤 절에서 어떤 일을 설명하거나 묻거나 시키거나 제안하기 위하여, 그와 상관있는 과거 사실을 회상하여 미리 말할 때에 쓰는 연결 어미
   예 너 고향에 자주 가던데 집에 무슨 일이 있니?
   너 그림을 잘 그렸던데 그거 여기에 걸자.

2. (('이다'의 어간, 용언의 어간 또는 어미 '-으시-', '-었-', '-겠-' 뒤에 붙어)) 해할 자리에 쓰여, 과거의 어떤 일을 감탄하는 뜻을 넣어 서술함으로써 그에 대한 청자의 반응을 기다리는 태도를 나타내는 종결 어미.
   예 그 사람은 집에 있던데. / 그 사람 참, 잘 달리던데!

어미 '-데', 어미 '-ㄴ데'

• -데 (('이다'의 어간, 용언의 어간 또는 어미 '-으시-', '-었-', '-겠-' 뒤에 붙어)) 해할 자리에 쓰여, 과거 어느 때에 직접 경험하여 알게 된 사실을 현재의 말하는 장면에 그대로 옮겨 와서 말함을 나타내는 종결 어미
   예 그이가 말을 아주 잘하데. / 그 친구는 아들만 둘이데.
   고향은 하나도 변하지 않았데.

• -ㄴ데

1 (('이다'의 어간, 받침 없는 형용사 어간, 'ㄹ' 받침인 형용사 어간 또는 어미 '-으시-', '-사오-' 따위 뒤에 붙어)) 뒤 절에서 어떤 일을 설명하거나 묻거나 시키거나 제안하기 위하여 그 대상과 상관되는 상황을 미리 말할 때에 쓰는 연결 어미
   예 여기가 우리 고향인데 인심 좋고 경치 좋은 곳이지.
   그 사람이 정직하기는 한데 이번 일에는 적합지 않다.
   저분이 그럴 분이 아니신데 큰 실수를 하셨다.

2 「1」(('이다'의 어간, 받침 없는 형용사 어간, 'ㄹ' 받침인 형용사 어간 또는 어미 '-으시-', '-사오-' 따위 뒤에 붙어)) 해할 자리에 쓰여, 어떤 일을 감탄하는 뜻을 넣어 서술함으로써 그에 대한 청자의 반응을 기다리는 태도를 나타내는 종결 어미
   예 나무가 정말 큰데. / 어머님이 정말 미인이신데.
   「2」(('이다'의 어간, 받침 없는 형용사 어간, 'ㄹ' 받침인 형용사 어간 또는 어미 '-으시-', '-사오-' 따위 뒤에 붙어))((의문사와 함께 쓰여)) 일정한 대답을 요구하며 물어보는 뜻을 나타내는 종결 어미
   예 그 옷은 얼만데? / 누가 제일 예쁜데?

18

혜원쌤의 합격비법

고전 운문은 현대어 풀이 유형으로도 자주 출제된다. 고전 운문을 공부할 때, 원문과 함께 현대어 풀이도 자주 읽어서 눈에 익혀 두자.

정답 풀이

㉠의 '올라 보니'는 '올라 본 이(사람)'의 의미이다.

현대어 풀이

㉠ 금강산의 최고봉인 비로봉에 올라 본 사람이 누구이신가?(공자님은 동산에 올라 노나라가 작음을 알고 태산에 올라 천하를 작다고 했으니 ㉡ 동산과 태산은 어느 것이 높은가? 노나라가 좁은 줄 우리는 모르는데, ㉢ 넓거나 넓은 천하를 왜 작다고 했는가? 아! 공자님과 같은 그 높고 넓은 경지를 어찌하면 알 수 있겠는가? ㉣ 오르지 못했으니 내려감이 무엇이 이상하겠는가? 원통골의 좁은 길로 사자봉우리를 찾아가니, 그 앞의 넓고 큰 바위가 화룡소라는 연못이 되었구나. 마치 천년 묵은 늙은 용이 굽이굽이 서려 있는 것 같이 밤낮으로 물이 흘러 내려 넓은 바다에 이어저 있으니, (저 용은) 바람과 구름을 언제 얻어 흡족한 비를 내리려느냐? 그늘진 벼랑에 시들어 있는 풀을 모두 살려 내려무나.

작품 정리

정철, <관동별곡>

주제	금강산, 관동 팔경에 대한 감탄과 연군지정 및 애민 사상
특징	① 영탄법, 대구법, 생략법 등을 활용함 ② 우리말의 아름다움을 잘 살려 뛰어난 언어적 기교가 나타남

혜원쌤의 합격비법

발문의 의미 파악이 중요하다. 발문의 '의안'과 '심의'의 의미는 다음과 같다.

의안(議案: 의논할 의, 책상 안)	회의에서 심의하고 토의할 안건
심의(審議: 살필 심, 의논할 의)	심사하고 토의함.

즉 발문은 "회의에서 '안건을 심사하고 토의하는 과정'을 바르게 제시한 것은?"이라는 의미이다. 어떤 안건을 제출했다면, 그에 대한 '설명'이 있어야 하고, 그 후에 '질의 응답'이 있고, 그 후에 '찬성과 반대'를 말할 수 있다.

정답 풀이

회의 의안 심의 과정은 다음과 같다.

제출, 동의(動議)	어떤 '의안'을 일정한 형식을 갖추어 제안하는 과정이다.
상정(부의)	적법하게 성립된 '동의(動議)'를 회의에 부치는 과정이다.
제안 설명	의장으로부터 제안 설명에 관한 요구가 있으면, 제안자는 제안 목적과 가결된 다음에 나타나게 될 결과에 대해 설명하는 과정이다.
질의응답	의안에 대한 의문점을 의장에게 물으면 제안자가 답변하는 과정이다.
찬반 토론	동의의 가치에 대한 자기 의견을 발표하는 과정이다.
표결	회의의 전체 의사를 결정하는 최종 방법이자 절차이다.

혜원쌤의 합격비법

'새다'는 목적어를 취하지 않는 자동사이고, '새우다'는 목적어를 취하는 타동사이다. 따라서 목적어가 없다면 '새다'를, 목적어가 있다면 '새우다'를 쓰면 된다. 한편, '밤'이 붙은 '밤새다'와 '밤새우다'는 '밤' 바로 뒤에 주격 조사 '이'를 넣었을 때 말이 되면, '밤새다'를, 목적격 조사 '을'을 넣었을 때 말이 되면 '밤새우다'를 쓰면 된다.

정답 풀이

목적어 '하룻밤을'이 존재하는 것을 보아, 타동사 '새우다'의 활용형 '새우고'의 쓰임은 적절하다.

※ 의미로도 그 쓰임이 적절함을 파악할 수 있다. '새다'는 '날이 밝아 오다.'라는 의미이고, '새우다'는 '한숨도 자지 아니하고 밤을 지내다.'라는 의미이다. 문맥상 '한숨도 자지 아니하고 밤을 지내다.'라는 의미이므로 '새우다'의 쓰임은 적절하다.

오답 풀이

① 샜다 → 새웠다: 목적어 '몇 밤을'이 존재하는 것을 보아, 타동사 '새우다'의 활용형 '새웠다'를 써야 한다.

② 밤새지 → 밤새우지: 문맥상 '밤' 뒤에 목적격 조사 '을'을 넣는 형태가 더 자연스러운 것으로 보아, '밤새우다'의 활용형 '밤새우지'를 써야 한다.

③ 밤새우는 → 밤새는: 문맥상 '밤' 뒤에 주격 조사 '이'를 넣는 형태가 더 자연스러운 것으로 보아, '밤새다'의 활용형 '밤새지'를 써야 한다.

⚓ 한 걸음 더!

'새다'와 '새우다'

새다	날이 밝아 오다. 예 어느덧 날이 새는지 창문이 뿌옇게 밝아 온다. 그날 밤이 새도록, 그는 흥분이 되어서 자기의 과거를 일일이 다 이야기하였습니다.
새우다	한숨도 자지 아니하고 밤을 지내다. 예 밤을 새워 공부하다. 책을 읽느라고 밤을 새우다. 몇 밤을 뜬눈으로 새웠다.

혜원쌤의 합격비법

'<보기>를 참고할 때'는 <보기>를 참고하라는 의미이다. 즉 <보기>와 관련이 없는 내용이 나온다면, 그것은 분석이 잘못된 것이다.

정답 풀이

'신년도(新年度: 새로울 신, 해 년, 정도 도)'를 ①의 '공염불(공+염불)'과 마찬가지로 '신+년도'로 분석했다면, [붙임 2]에 따라 '년'이 아닌 '연'으로 적었어야 할 것이다. 그런데 바른 표기는 '신연도'가 아니라 '신년도'이다. 이를 보아, '신년도'를 '신+년도'로 분석한 것은 옳지 않다. '신년도'는 '신년+도'로 분석해야 하고, 이는 [붙임 1]과 관련이 있다.

오답 풀이

① '공염불(空念佛: 빌 공, 생각할 염(념), 염불 불)'은 '공+염불'로 분석하기 때문에, [붙임 2]에 따라 본음 '념'이 아닌 두음 법칙이 적용된 '염'으로 적는다.

③ '비구니(比丘尼: 견줄 비, 언덕 구, 여승 니)'는 '비구+니'로 분석하지만 하나의 단어로 보아 본음인 '니'를 그대로 쓴 '비구니'로 적는다.

④ '남존여비(男尊女卑: 남자 남, 높을 존, 여자 여(녀), 낮출 비)'는 '남존+여비'로 분석하기 때문에, [붙임 2]에 따라 본음 '녀'가 아닌 두음 법칙이 적용된 '여'로 적는다.

정답 풀이

'찬밥'은 빈 방에서 추위와 무서움에 떨며 혼자 어머니를 기다리는 화자(=나)를 표현한 것이다. 따라서 어머니의 고단한 삶을 나타내는 시구로 적절하지 않다.

오답 풀이

① '열무 삼십 단'은 어머니가 시장에서 파는 물건으로, 생계 수단으로 볼 수 있다. 따라서 어머니의 고단한 삶을 나타내는 시구이다.

②④ 열무를 팔러 간 어머니는 그 열무들이 시들 만큼 해가 저문 늦은 저녁이 되어서야 삶에 지쳐 '배춧잎 같은 발소리'를 내며 돌아온다. 따라서 ㉡과 ㉣도 어머니의 고단한 삶을 나타내는 시구이다.

혜원쌤의 합격비법

'A 같은(처럼, 듯한, 듯이) B'의 구조라면 '직유법'이고, 'A는 B'나 'A의 B'의 구조라면 '은유법'이다. '역설법'과 '반어법'은 묶어서 자주 출제되니 각각의 의미와 예시를 눈에 많이 익혀 두자!

정답 풀이

'발소리'를 '배춧잎' 같다고 직접 빗대고 있으므로 '직유법'이 쓰였다. ②에서도 '가르마 같은', '꿈속을 가듯'에서 직유법을 확인할 수 있다.

오답 풀이

① '어둠'은 사람도 생물도 아닌데도, '어둠'에 사람이나 생물에 쓰이는 서술어 '낳다'를 사용하였다. 따라서 무생물에 생물적 특성을 부여하여 살아 있는 생물처럼 나타내는 표현법인 '활유법'이 쓰였다.
　※ '활유법' 안에 '의인법'이 퐁당!

③ 우리말의 일반적인 어순에 따르면, "나는 아직 '찬란한 슬픔의 봄을' 기다리고 있을 테요."로 표현해야 한다. 그런데 어순을 바꿔 '찬란한 슬픔의 봄을' 가장 나중에 제시하였다는 점에서 '도치법'이 쓰였다. 한편, '찬란함'은 '+'의 속성을, '슬픔'은 '−'의 속성을 지니고 있다는 점에서 둘이 함께 쓰이는 것이 표면적으로는 모순되어 보이지만, 그 속에 진리를 담고 있다는 점에서 '역설법'도 쓰였다.

④ '사랑'은 '+'의 속성을, '이별'은 '−'의 속성을 지니고 있다. 따라서 '사랑'을 위해서 '이별'이 있어야 한다고 말하는 것은 표면적으로 모순되어 보이지만, 그 속에 진리를 담고 있다는 점에서 '역설법'이 쓰였다.

작품 정리

기형도, <엄마 걱정>

주제	가난했던 어린 시절의 외로움
특징	① 감각적 심상을 통해 외로웠던 유년기를 묘사함 ② 유사한 문장의 반복과 변조를 통해 리듬감을 형성하고, 의미를 심화함

혜원쌤의 합격비법

문장 부호는 자주 출제되는 파트는 아니기 때문에, 너무 많은 시간을 투자할 필요까지는 없지만, 기본적인 내용은 반드시 익혀 둬야 한다!

정답 풀이

기준 단위당 수량을 표시할 때 해당 수량과 기준 단위 사이에는 '가운뎃점(·)'이 아니라 '빗금(/)'을 쓴다.

한 걸음 더!

문장 부호

마침표	(1) 서술, 명령, 청유 등을 나타내는 문장의 끝에 쓴다. 　예 젊은이는 나라의 기둥입니다. 　다만, 제목이나 표어에는 쓰지 않음을 원칙으로 한다. 　예 압록강은 흐른다 　　꺼진 불도 다시 보자 　　건강한 몸 만들기 (2) 아라비아 숫자만으로 연월일을 표시할 때 쓴다. 　예 1919. 3. 1. 　　10. 1.~10. 12. (3) 특정한 의미가 있는 날을 표시할 때 월과 일을 나타내는 아라비아 숫자 사이에 쓴다. 　예 3.1 운동 　　8.15 광복 　[붙임] 이때는 마침표 대신 가운뎃점을 쓸 수 있다. (4) 장, 절, 항 등을 표시하는 문자나 숫자 다음에 쓴다. 　예 가. 인명 　　ㄱ. 머리말 　　Ⅰ. 서론 　　1. 연구 목적 　[붙임] '마침표' 대신 '온점'이라는 용어를 쓸 수 있다.
가운뎃점	(1) 열거할 어구들을 일정한 기준으로 묶어서 나타낼 때 쓴다. 　예 민수·영희, 선미·준호가 서로 짝이 되어 윷놀이를 하였다. 　　지금의 경상남도·경상북도, 전라남도·전라북도, 충청남도·충청북도 지역을 예부터 삼남이라 일러 왔다. (2) 짝을 이루는 어구들 사이에 쓴다. 　예 한(韓)·이(伊) 양국 간의 무역량이 늘고 있다. 　　우리는 그 일의 참·거짓을 따질 겨를도 없었다. 　　하천 수질의 조사·분석 　　빨강·초록·파랑이 빛의 삼원색이다. 　다만, 이때는 가운뎃점을 쓰지 않거나 쉼표를 쓸 수도 있다. (3) 공통 성분을 줄여서 하나의 어구로 묶을 때 쓴다. 　예 상·중·하위권 　　금·은·동메달 　　통권 제54·55·56호 　[붙임] 이때는 가운뎃점 대신 쉼표를 쓸 수 있다.
빗금	(1) 대비되는 두 개 이상의 어구를 묶어 나타낼 때 그 사이에 쓴다. 　예 먹이다/먹히다 　　남반구/북반구 　　금메달/은메달/동메달 　　(　　)이/가 우리나라의 보물 제1호이다. (2) 기준 단위당 수량을 표시할 때 해당 수량과 기준 단위 사이에 쓴다. 　예 100미터/초 　　1,000원/개 (3) 시의 행이 바뀌는 부분임을 나타낼 때 쓴다. 　예 산에 / 산에 / 피는 꽃은 / 저만치 혼자서 피어 있네 　다만, 연이 바뀜을 나타낼 때는 두 번 겹쳐 쓴다. 　예 산에는 꽃 피네 / 꽃이 피네 / 갈 봄 여름 없이 / 꽃이 피네 　　// 산에 / 산에 / 피는 꽃은 / 저만치 혼자서 피어 있네 　[붙임] 빗금의 앞뒤는 (1)과 (2)에서는 붙여 쓰며, (3)에서는 띄어 쓰는 것을 원칙으로 하되 붙여 쓰는 것을 허용한다. 단, (1)에서 대비되는 어구가 두 어절 이상인 경우에는 빗금의 앞뒤를 띄어 쓸 수 있다.

홑낫표	소제목, 그림이나 노래와 같은 예술 작품의 제목, 상호, 법률, 규정 등을 나타낼 때 쓴다. 예 「국어 기본법 시행령」은 「국어 기본법」에서 위임된 사항과 그 시행에 필요한 사항을 규정함을 목적으로 한다. 이 곡은 베르디가 작곡한 「축배의 노래」이다. 사무실 밖에 「해와 달」이라고 쓴 간판을 달았다. <한강>은 사진집 ≪아름다운 땅≫에 실린 작품이다. 백남준은 2005년에 <엄마>라는 작품을 선보였다. [붙임] 홑낫표나 홑화살괄호 대신 작은따옴표를 쓸 수 있다. 예 사무실 밖에 '해와 달'이라고 쓴 간판을 달았다. '한강'은 사진집 "아름다운 땅"에 실린 작품이다.
줄임표	(1) 할 말을 줄였을 때 쓴다. 예 "어디 나하고 한번……." 하고 민수가 나섰다. (2) 말이 없음을 나타낼 때 쓴다. 예 "빨리 말해!" / "……." (3) 문장이나 글의 일부를 생략할 때 쓴다. 예 '고유'라는 말은 문자 그대로 본디부터 있었다는 뜻은 아닙니다. …… 같은 역사적 환경에서 공동의 집단생활을 영위해 오는 동안 공동으로 발견된, 사물에 대한 공동의 사고방식을 우리는 한국의 고유 사상이라 부를 수 있다는 것입니다. (4) 머뭇거림을 보일 때 쓴다. 예 "우리는 모두…… 그러니까…… 예외 없이 눈물만…… 흘렸다." [붙임 1] 점은 가운데에 찍는 대신 아래쪽에 찍을 수도 있다. 예 "어디 나하고 한번......" 하고 민수가 나섰다. "실은...... 저 사람...... 우리 아저씨일지 몰라." [붙임 2] 점은 여섯 점을 찍는 대신 세 점을 찍을 수도 있다. 예 "어디 나하고 한번…." 하고 민수가 나섰다. "실은… 저 사람… 우리 아저씨일지 몰라." [붙임 3] 줄임표는 앞말에 붙여 쓴다. 다만, (3)에서는 줄임표의 앞뒤를 띄어 쓴다.

25 정답 ③

혜원쌤의 합격비법

음절의 끝소리 규칙은 'ㄱ, ㄴ, ㄷ, ㄹ, ㅁ, ㅂ, ㅇ', 외래어의 받침은 'ㄱ, ㄴ, ㄹ, ㅁ, ㅂ, ㅅ, ㅇ'이다. 'ㄷ'과 'ㅅ'만 다르다는 것, 이것만 기억해 두자!

정답 풀이

외래어의 받침에 쓰는 자음은 'ㄱ, ㄴ, ㄹ, ㅁ, ㅂ, ㅅ, ㅇ'이다. 따라서 'ㅅ' 대신 'ㄷ'을 제시한 ③의 설명은 적절하지 않다.

한 걸음 더!

외래어 표기법 제1장 표기의 원칙

제1항 외래어는 국어의 현용 24 자모만으로 적는다.
제2항 외래어의 1 음운은 원칙적으로 1 기호로 적는다.
제3항 받침에는 'ㄱ, ㄴ, ㄹ, ㅁ, ㅂ, ㅅ, ㅇ'만을 쓴다.
제4항 파열음 표기에는 된소리를 쓰지 않는 것을 원칙으로 한다.
제5항 이미 굳어진 외래어는 관용을 존중하되, 그 범위와 용례는 따로 정한다.

60p

01	02	03	04	05
①	④	④	④	①
06	07	08	09	10
①	③	④	①	④
11	12	13	14	15
④	②	③	④	④
16	17	18	19	20
④	②	③	④	②
21	22	23	24	25
②	④	④	④	③

01

정답 ①

혜원쌤의 합격비법
'뿐'이 나오면, 크게 3가지를 생각한다. (1) 조사 '뿐', (2) 어미 '-(으)ㄹ뿐더러', (3) 의존 명사 '뿐'. 조사와 어미는 앞말에 붙여 써야 하고, 의존 명사는 앞말과 띄어 써야 한다.

정답 풀이
'예쁠뿐더러'는 '예쁘다'의 어간 '예쁘-'에 어미 '-ㄹ뿐더러'가 붙은 말이다. 어간과 어미는 붙여 써야 한다. 따라서 '예쁠뿐더러'의 띄어쓰기는 옳다.

오답 풀이
② 보잘∨것∨없으면서 → 보잘것없으면서: '보잘것없다'는 '볼만한 가치가 없을 정도로 하찮다.'라는 의미를 가진 한 단어(형용사)이므로 붙여 써야 한다.
③ 물샐∨틈∨없이 → 물샐틈없이: '물샐틈없이'는 '조금도 빈틈이 없이'라는 의미를 가진 한 단어(부사)이므로 붙여 써야 한다.
④ 하잘∨것∨없어 → 하잘것없어: '하잘것없다'는 '시시하여 해 볼만한 것이 없다. 또는 대수롭지 아니하다.'라는 의미를 가진 한 단어(형용사)이므로 붙여 써야 한다.

※ 물샐틈없다(형용사), 하잘것없이(부사)

02

정답 ④

혜원쌤의 합격비법
'○○사'가 붙은 말은 '품사'이다.
한편, '○○어'가 붙은 말은 '문장 성분'이다.

정답 풀이
'감탄사'는 말하는 이의 본능적인 놀람이나 느낌, 부름, 응답 따위를 나타내는 품사이다. ①~④ 중 '감탄사'가 아닌 것은 ④의 '청춘'이다. '청춘'의 품사는 명사이다.

※ '감탄사'는 문장 성분 중 '독립어'에 포함된다. '독립어'에는 '감탄사'뿐만 아니라, '제시어', '명사+호격 조사' 등도 포함된다. 제시된 ①~④는 모두 독립어이다. '모든 감탄사는 독립어이다.'라는 진술은 옳다. 그러나 '모든 독립어는 감탄사이다.'라는 진술은 옳지 않다.

오답 풀이
① '얘'는 어른이 아이를 부르거나 같은 또래끼리 서로 부르는 말이다. '부름'을 나타내는 말이기 때문에, 감탄사이다.
② '어머나'는 주로 여자들이 예상하지 못한 일로 깜짝 놀라거나 끔찍한 느낌이 들었을 때 내는 소리인 '어머'를 강조하여 내는 소리이다. '본능적인 놀람이나 느낌'을 나타내는 말이기 때문에, 감탄사이다.
③ '어'는 놀라거나, 당황하거나, 초조하거나, 다급할 때 나오는 소리이다. 본능적인 놀람이나 느낌을 나타내는 말이기 때문에, 감탄사이다.

03

정답 ④

정답 풀이
㉠ 농사를 짓기 위해 소를 빌리러 가는 상황이다. 따라서 손발 등을 이리저리 내두르는 모양인 '허위허위'가 어울린다.
㉡ 소를 빌리지 못하고 기운 없이 물러나는 상황이다. 따라서 기운이 없이 걷는 모양인 '설피설피'가 들어가는 것이 적절하다.

오답 풀이
① • 허둥지둥: 정신을 차릴 수 없을 만큼 갈팡질팡하며 다급하게 서두르는 모양
　• 타박타박: 조금 느릿느릿 힘없는 걸음으로 걸어가는 모양
② • 곰비임비: 물건이 거듭 쌓이거나 일이 계속 일어남을 나타내는 말
　• 얼렁뚱땅: 어떤 상황을 얼김에 슬쩍 넘기는 모양. 또는 남을 엉너리로 슬쩍 속여 넘기게 되는 모양
③ • 얼렁얼렁: 남의 비위를 맞추거나 환심을 사려고 더럽게 자꾸 아첨을 떠는 모양
　• 허방지방: 정신을 차릴 수 없을 만큼 갈팡질팡하며 다급하게 서두르는 모양 ≒ 허둥지둥

※ 문맥상 선택지 ①이 완전히 불가능하지 않으나 문학 문제는 상대적으로 풀어야 하며, 군무원 문제의 경우 원문 자체의 내용을 요구하는 지식적인 문제도 많으므로 주의와 연습이 필요하다.

현대어 풀이
　가뭄이 몹시 심하여 농사철이 다 늦은 때에, 서쪽 두둑 높은 논에 잠깐 지나가는 비에 길 위에 흐르는 물을 반쯤 대어 놓고는, '소 한 번 주마' 하고 엉성하게 하는 말을 듣고, 친절하다고 여긴 집에 달이 없는 저녁에 허우적허우적 달려가서, 굳게 닫은 문 밖에 우두커니 혼자 서서, "에헴" 하는 인기척을 꽤 오래도록 한 후에, "어, 거기 누구신가?" 묻기에 "염치없는 저올시다." "초경도 거의 지났는데 무슨 일로 와 계신고?" "해마다 이러기가 구차한 줄 알지마는 소 없는 가난한 집에서 걱정이 많아 왔소이다." "공것이나 값을 치거나 간에 주었으면 좋겠지마는, 다만 어젯밤에 건넛집에 사는 사람이 목이 붉은 수꿩을 구슬 같은 기름에 구워 내고 갓 익은 좋은 술을 취하도록 권하였는데 이러한 은혜를 이렇게 갚지 않겠는가? 내일 소를 빌려 주마고 굳게 약속을 하였기에 약속을 어기기가 편하지 못하니 말씀하기가 어렵구료." 정말로 그렇다면 설마 어찌하겠는가. 헌 모자를 숙여 쓰고 축 없는 짚신을 신고 맥없이 물러나오니 풍채 적은 내 모습에 개가 짖을 뿐이로다.

박인로, 「누항사(陋巷詞)」

주제	① 빈이무원(貧而無怨)하며 충효, 우애, 신의를 나누는 삶의 추구 ② 자연을 벗을 삼아 안빈낙도(安貧樂道)하고자하는 선비의 궁핍한 생활상
특징	① 일상생활에 대한 생생한 묘사를 보여 줌 ② 감정을 현실적인 언어로 직접적으로 드러냄

04

정답 ④

정답 풀이

초성에만 쓰이는 자음 8개를 '초성독용팔자(初聲獨用八字)'라 불렀다. 여기에는 'ㅋ, ㅌ, ㅍ, ㅈ, ㅊ, ㅿ, ㅇ, ㅎ'이 포함된다. 따라서 초성에만 쓰이는 자음은 'ㅈ, ㅊ, ㅋ, ㅌ, ㅍ, ㅎ'으로 모두 6개라는 설명은 옳지 않다.

오답 풀이

① '훈몽자회(訓蒙字會)'는 1527년(중종 22) 최세진이 어린이들의 한자(漢字) 학습을 위하여 지은 책이다.

② '훈몽자회'에서 모음은 'ㅏ, ㅑ, ㅓ, ㅕ, ㅗ, ㅛ, ㅜ, ㅠ, ㅡ, ㅣ, ·' 11개로 규정하고 있다.

③ '훈몽자회'의 자모 배열 순서는 '훈민정음'과 다르다. 오히려 오늘날의 자모 배열 순서[자음의 경우, ㄱ(기역)부터 ㅇ(이응)까지]와 유사하다.

05

정답 ①

정답 풀이

'동병상련(同病相憐: 같을 동, 병 병, 서로 상, 불쌍히 여길 련)'은 같은 병을 앓는 사람끼리 서로 가엾게 여긴다는 뜻으로, 어려운 처지에 있는 사람끼리 서로 가엾게 여김을 이르는 말이다. 한편, '비렁뱅이가 하늘을 불쌍히 여긴다.'는 빌어먹는 형편에 하늘을 보고 처지가 가련하다고 한다는 뜻으로, '주제넘게 동정을 하거나 엉뚱한 일을 걱정하는 경우'를 비유적으로 이르는 말이다. 따라서 두 말의 의미는 유사하다고 보기 어렵다.

오답 풀이

② • 마호체승(馬好替乘: 말 마, 좋을 호, 바꿀 체, 탈 승): 말도 갈아 타는 것이 좋다는 뜻으로, 예전 것도 좋지만 새로운 것으로 바꾸어 보는 것도 즐겁다는 말

• 역말도 갈아타면 낫다.: 한 가지 일만 계속해서 하지 않고 가끔 가다가 다른 일도 하면 싫증이 없어진다는 말 / 무엇이든지 적당하지 않으면 다른 것으로 바꾸어 볼 것이라는 말

③ • 작학관보(雀學鸛步: 참새 작, 배울 학, 황새 관, 걸음 보): 참새가 황새의 걸음을 배운다는 뜻으로, 자기의 역량은 생각하지 아니하고 억지로 남을 모방함을 비유적으로 이르는 말

• 뱁새가 황새를 따라가면 다리가 찢어진다.: 힘에 겨운 일을 억지로 하면 도리어 해만 입는다는 말

④ • 외부내빈(外富內貧: 바깥 외, 부유할 부, 안 내, 가난할 빈): 겉으로는 부유하여 보이나 실상은 구차하고 가난함.

• 난부자(富者)든거지: 겉보기에는 돈 있는 부자처럼 보이나 실제로는 집안 살림이 거지와 다름없이 가난한 사람. 또는 그런 형편. ≒ 난부자든가난

※ 부자(富者: 부유할 부, 사람 자)

06

정답 ①

조건이 여러 개라면, 가장 쉬운 조건 하나를 고른 후 그것이 쓰였는지 찾아 보자. 그래서 확실히 아닌 선지부터 걸러 내자!

정답 풀이

①의 '그 주장은 모두에게 알려져 있다.'는 <보기>의 조건을 모두 충족하는 표현이다.

조건	판단
㉠	주어는 '주장은'으로 무생물이다.
㉡	'알려지다'는 '알다'의 사동사 '알리다'에 피동의 '-어지다'가 붙은 말이다. 따라서 이중 피동 표현은 쓰이지 않았다.
㉢	명사와 명사 사이에 적절한 조사가 쓰였기 때문에 지나친 명사화 구성을 쓰지도 않았다.

오답 풀이

② ㉠의 조건을 만족하지 않는다.

조건	판단
㉠	'학생들이 주가 되는'이라는 안긴 절의 주어는 '학생들이'이다. '학생(들)'은 유정 명사이다.
㉡	'피동 표현' 자체가 쓰이지 않았다.
㉢	명사와 명사 사이에 적절한 조사가 쓰였기 때문에 지나친 명사화 구성을 쓰지도 않았다.

③ ㉡의 조건을 만족하지 않는다.

조건	판단
㉠	주어는 '일이'이다. '일'은 무정 명사이다.
㉡	'잊혀지다'는 '잊다'의 피동사 '잊히다'에 다시 피동의 '-어지다'가 붙은 말이다. 따라서 이중 피동 표현이 쓰였다.
㉢	명사와 명사 사이에 적절한 조사가 쓰였기 때문에 지나친 명사화 구성을 쓰지는 않았다.

④ ㉠의 조건을 만족하지 않는다.

조건	판단
㉠	주어는 '학자들은'이다. '학자(들)'은 유정 명사이다.
㉡	'피동 표현' 자체가 쓰이지 않았다.
㉢	명사와 명사 사이에 적절한 조사가 쓰였기 때문에 지나친 명사화 구성을 쓰지도 않았다.

07

정답 ③

정답 풀이

쥐꼬리만	'만'은 앞말이 나타내는 대상이나 내용 정도에 달함을 나타내는 보조사이다. 따라서 '쥐꼬리'와 붙여 '쥐꼬리만'으로 붙여 쓴 것은 옳다.
쥐꼬리만∨한	'한'은 동사 '하다'의 활용형이다.

따라서 '쥐꼬리만∨한'으로 띄어 쓴 것은 옳다.

① 그∨만한 → 그만한: '그만하다'는 '상태, 모양, 성질 따위의 정도가 그러하다.'라는 의미를 가진 한 단어(형용사)이다. 따라서 '그만한'으로 붙여 써야 한다.

※ '하던 일을 멈추다.'의 의미를 갖는 '그만하다'는 동사로, 형용사 '그만하다'와 동음이의어 관계이다.

② 이익∨밖에 → 이익밖에: '이익' 말고 그것 이외에는 모른다는 내용이다. 따라서 여기서 '밖에'는 '그것 말고는', '그것 이외에는'의 뜻을 나타내는 보조사로 부정의 서술어가 뒤에 따른다. 따라서 '이익밖에'로 붙여 써야 한다.

④ 제이익만 → 제∨이익만: '제'는 '저(대명사)'에 관형적 조사 '의'가 결합하여 줄어든 말이다. 따라서 '제∨이익만'으로 띄어 써야 한다.

08

혜원쌤의 합격비법

'제목'은 글의 '중심 내용', '주제'를 가장 잘 나타내는 표현이다.

제시된 글에서 글쓴이는 관계 내에 갈등이 발생했을 때, '성급한 판단'을 피하고, 문제를 '객관적'으로 표현해야 한다고 하였다. 문제를 객관적으로 표현하는 방법으로 '묘사적인 언어'의 사용을 이야기하고 있다. 즉 제시된 글은 갈등이 발생했을 때, 그 갈등을 해소하기 위한 방법 내지 전략에 관한 것이다. 이러한 글의 중심 내용을 가장 잘 표현한 것은 ④의 '갈등 해소를 위한 전략'이다.

① 제시된 글에서는 '말' 자체의 중요성보다는 '갈등 해소'의 방법으로 '묘사적인 언어 사용'을 주장하고 있다. '말의 중요성'은 범위가 너무 넓고 중심 내용과 관련이 없으므로 제목으로 적절하지 않다.

② 제시된 글은 '갈등의 해소 방법'에 관해 이야기하고 있을 뿐, '갈등의 유형'에 대해서는 언급하고 있지 않다. '갈등의 유형(종류)'은 글에 언급되지 않은 내용이므로 제목으로 적절하지 않다.

③ 제시된 글에서 관계 내의 갈등을 해결하기 위해서는 문제를 '객관적인 방향으로 표현'해야 한다고 언급하고는 있다. 그러나 '객관적인 표현' 자체를 중심 내용으로 보기는 어렵기 때문에, 글의 제목으로 적절하지 않다.

09

혜원쌤의 합격비법

'주제'는 글쓴이가 글을 통해 하고 싶은 말이다.

제시된 글의 1문단에서는 갈등을 해결하기 위한 문제에 대한 성급한 판단 대신에 문제를 객관적으로 표현하라고 말했다. 또 2문단에서는 이를 위해 묘사적인 언어를 사용해야 한다고 말했다. 따라서 제시된 글의 주제로는 ①의 '성급한 판단을 피하고 묘사적인 언어를 써야 한다.'가 가장 적절하다.

② 문제를 객관적으로 바라봐야 한다는 것이 글의 주제가 아니다. 글에서 말하고 있는 것은 갈등이 발생하면 '문제'를 객관적인 방향으로 '표현'하여야 하는데, 그 방법으로 '묘사적인 언어'의 사용을 들고 있다.

③ 표현에 따라 상대방의 반응이 달라진다는 것은 중심 내용이 아니다. 따라서 글의 주제로 적절하지 않다.

④ 문제가 발생한 원인을 찾아야 한다는 내용은 제시되어 있지 않다. 제시된 글의 내용과 전혀 관련이 없는 진술이기 때문에, 주제로 적절하지 않다.

10

혜원쌤의 합격비법

밑줄이 아닌 문장 전체를 제시한 후, 어법의 적절성을 묻고 있다. 이러한 유형은 '표기', '띄어쓰기', '단어 사용의 적절성' 등을 모두 고려해야 한다.

어법에 어긋나지 않는 문장은 ④이다.

청소년들에게	'청소년'은 유정 명사이기 때문에 부사격 조사 '에게'를 쓴 것은 어법에 맞다.
술 따위를	'따위'는 의존 명사이므로, '술'과 띄어 쓴 것은 어법에 맞다.
절대 팔면 안 된다.	'절대'는 부정의 서술어와 호응하기 때문에 '팔면 안 된다'와 호응한다.

① 식을 데로 → 식을 대로: 문맥상 애정이 '식을 만큼' 식었다는 의미이다. 따라서 의존 명사 '대로'를 써야 한다.

※ '데로'라는 형태의 의존 명사는 없다. 의존 명사 '데'에 부사격 조사 '로'가 결합한 형태로 쓰이는 것이 일반적이다.

⑩ 나는 예전에 잠깐 살았던 데로 이사를 가게 되었다.
→ '살았던 곳으로'의 의미이므로 의존 명사 '데'와 부사격 조사 '로'가 결합한 형태이다.

비교 나는 예전에 내가 살았던 대로 살지는 않을 것이다.
→ '살았던 상태와 같이'의 의미이므로 의존 명사 '대로'가 쓰인 경우이다.

② 닫쳤을 → 닫혔을: '닫치다'는 '닫다'를 강조한 말로 이 자체는 어법에 맞는 표기이다. 다만, 문맥상 ②에서는 '닫다'의 피동사 '닫히다'의 활용형인 '닫혔을'을 써야 한다.

③ 일체 → 일절: '일체'와 '일절' 자체는 모두 어법에 맞는 표기이다. 다만, '일체'와 달리 '일절'은 주로 '부정, 금지, 끊다'와 호응한다. ③의 서술어는 '끊다'이다. 따라서 '일절'과 어울려 써야 한다.

11
정답 ④

정답 풀이

'질정(質定: 바탕 질, 정할 정)'은 '갈피를 잡아서 분명하게 정함.'이라는 뜻이다. 따라서 '없다'가 붙은 '질정 없다'는 두 낱말로 '갈피를 잡아 분명하게 결정한 것이 없다.' 정도의 의미가 된다. '사람이 자기 능력이나 처지 따위에 대한 어림짐작이 없다.'는 '가량없다'의 뜻이다.

12
정답 ②

정답 풀이

상대 높임법은 '격식체'와 '비격식체'로 나눌 수 있다. '비격식체'는 표현이 부드럽고 주관적인 느낌을 주는 상대 높임법으로, '해체', '해요체' 따위가 있다. 따라서 '해요체'가 쓰인 ②가 '비격식체' 문장이다.

오답 풀이

① '하게체'로 격식체이다.
③ '하십시오체'로 격식체이다.
④ '하오체'로 격식체이다.

한 걸음 더!

상대 높임법

			평서형	의문형	명령형	청유형	감탄형
격식체	하십시오체	↑ (높임)	합니다	합니까?	하십시오	-	-
	하오체		하오	하(시)오?	하(시)오 하구려	합시다	하는구려
	하게체	↓ (낮춤)	하네, 함세	하는가?	하게	하세	하는구먼
	해라체		한다	하느냐? 하니?	해라	해요	해요
비격식체	해요체	↑ (높임)	해요	해요?	해요	해요	해요
	해체	↓ (낮춤)	해	해?	해	해	해

13
정답 ③

정답 풀이

웃는	'웃는'은 [웃는 → (음절의 끝소리 규칙) → 욷는 → (비음화) → 운는]의 과정을 거쳐 발음된다. 따라서 'unneun'으로 표기한다.
순간	'순간[순간]'은 표기와 발음이 일치한다. 따라서 'sungan'으로 표기한다.
어색함이	'ㄱ'과 'ㅎ'이 만나 거센소리되기(자음축약)가 일어나므로 [어새카미]로 발음한다. 따라서 'eosaekami'로 표기한다. ※ '어색함'은 체언(명사)이 아니라 '어색하다(형용사)'의 활용형이다.
사라지다	'사라진다[사라진다]'는 표기와 발음이 일치한다. 따라서 'sarajinda'로 표기한다.

14
정답 ④

정답 풀이

'몽블랑'과 '히말라야' 그 자체가 지명으로 각각 '산'과 '산맥'의 뜻이 들어 있다. @의 외래어 표기법에 따라 '몽블랑산'과 '히말라야산맥'처럼 '산'과 '산맥'을 겹쳐 적은 것이다. 따라서 @의 예시로 적절하다.

오답 풀이

① '간디(Gandhi)'와 '앙카라(Ankara)'는 '원지음(현지의 발음)'에 따라 표기한 것이다. 따라서 ⊙의 예로 적절하지 않다.
② 일본의 인명은 과거와 현대의 구분 없이 일본어 표기법에 따라 표기하는 것이 원칙이다. 따라서 '풍신수길(豐臣秀吉)'은 '도요토미 히데요시'로, '이등박문(伊藤博文)'은 '이토 히로부미'로 표기해야 한다. 따라서 ⓒ의 예로 적절하지 않다.
③ 과거인과 현대인의 구분은 '신해혁명'이다. 따라서 '공자'는 과거인에 속하기 때문에, '공쯔'가 아닌 한자음대로 '공자'로 표기해야 한다.

15
정답 ④

정답 풀이

제시된 작품에 사용되지 않은 수사법은 '풍유법'이다. '풍유법'은 본 뜻은 숨기고 비유하는 말만으로 숨겨진 뜻을 암시하는 수사법(비유법)이다. 주로 속담이나 격언 따위가 여기에 속하는데, 제시된 작품에서는 속담이나 격언 따위가 쓰이지 않았다.

① ② '5행~6행', '9행~12행'에서 '반복법(①)', '대구법(문장성분이 짝이 됨, ②)'을 확인할 수 있다.

③ '산, 그림자, 종소리' 등을 사람처럼 표현하여 외로워하는 대상으로 표현하고 있다.

16
정답 ④

혜원쌤의 합격비법
제목은 문제를 푸는 데 있어서 가장 중요한 힌트이다!

정답 풀이

화자가 물가에 홀로 핀 '수선화'에게 말을 건네고 있다. 따라서 '너'가 지칭하는 것은 '수선화'이다.

17
정답 ②

혜원쌤의 합격비법
작품의 '주제'도 비문학의 '주제' 찾기 방식과 동일하다. 비문학과 마찬가지로 화자가 강조하여 말하는 '핵심'이 '주제'이다. 비문학과 마찬가지로 중요하다고 생각하는 내용은 반복해서 제시된다.

정답 풀이

제시된 작품에서는 인간과 자연 모두 근원적으로 외로운 존재이니 외로움을 견디라고 위로하고 있다. 따라서 제시된 작품의 주제는 ②의 '삶의 근원적인 본질은 외로움이다.'이다.

오답 풀이

① 2행의 '외로우니까 사람이다'를 볼 때, 화자는 '외로움'을 본질로 보고 있다. '고독함'과 '외로움'은 그 뜻이 비슷하기 때문에, '본질은 고독함이다.'의 진술 자체는 옳다고 볼 수도 있다. 그러나 제시된 작품이 '인간 소외'를 노래하고 있지는 않다.

③ 제시된 작품 속에 인간이 자연의 섭리에 순응하는 존재라는 내용은 없다.

④ 화자가 '고독(외로움)'을 삶의 근본적인 본질로 보고 있기는 하다. 그러나 그 고독을 극복할 때 자유로운 존재가 된다고 말하고 있지는 않다.

작품 정리

정호승, <수선화에게>

주제	삶의 본질인 외로움을 수용하는 태도
특징	① 청자에게 말을 건네는 방식으로 주제를 전달 ② 감정이입을 통해 정서를 표현함

18
정답 ③

혜원쌤의 합격비법
현대 국어와 비교했을 때, 중세 국어의 조사 체계가 조금 더 복잡해서 단골 출제되는 영역이다. 현대 국어의 주격 조사는 '이'와 '가'가 있다. 받침이 있는 체언 뒤에는 주격 조사 '이'가, 받침이 없는 체언 뒤에는 주격 조사 '가'가 실현된다.
한편, 중세 국어의 주격 조사는 '이', 'ㅣ', '생략'이 있었다. 받침이 있는 체언 뒤에는 주격 조사 '이'가, 'ㅣ' 외의 모음으로 끝난 체언 뒤에는 주격 조사 'ㅣ'가, 'ㅣ' 모음으로 끝난 체언 뒤에는 주격 조사를 생략했다. 또 한 가지, 현대 국어와 달리 중세 국어에는 주격 조사 '가(17세기 근대 국어에 등장)'가 존재하지 않았다는 점도 기억해 두자!

정답 풀이

奉天討罪( )	'奉天討罪(받을 봉, 하늘 천, 칠 토, 허물 죄)'의 독음은 '봉천토죄'이다. 체언이 'ㅣ' 모음으로 끝나기 때문에, 주격 조사를 생략한다.
四方諸侯( )	'四方諸侯(넉 사, 모 방, 모두 제, 제후 후)'의 독음은 '사방제후'이다. 체언이 모음 'ㅜ'로 끝나기 때문에, 주격 조사 'ㅣ'를 쓴다.

19
정답 ④

혜원쌤의 합격비법
동일한 단어들에 대한 선지로만 구성되어 있다. 잘 알고 있다면 순서대로 표준 발음을 찾아 나가도 무방하지만, 잘 모르겠다 싶으면 확실히 아닌 것부터 제거해 나가자!

정답 풀이

절약		'ㄹ'이 연음되어 [저략]으로 발음된다.
몰상식한	1단계	한자어에서 'ㄹ' 받침 뒤에 연결되는 'ㄷ, ㅅ, ㅈ'은 된소리로 발음한다. 따라서 '몰상식'은 [몰쌍식]으로 발음한다.
	2단계	'ㄱ'과 'ㅎ'이 만나 'ㅋ'으로 축약된다.
		따라서 '몰상식한'은 [몰쌍시칸]으로 발음한다.
낯설다		'낯설다'는 [낯설다 → (음절의 끝소리 규칙) → 낟설다 → (된소리되기) → 낟썰다]의 과정을 거쳐 발음된다. 따라서 '낯설다'의 표준 발음은 [낟썰다]이다.
읊조리다		'읊조리다'는 [읊조리다 → (자음군단순화) → 읖조리다 → (된소리되기) → 읍쪼리다]의 과정을 거쳐 발음된다. 따라서 '읊조리다'의 표준 발음은 [읍쪼리다]이다.

20
정답 ②

정답 풀이

<보기>는 "이 말을 다시 하자면"으로 시작되는 것을 볼 때, <보기>는 앞의 내용을 풀어서 설명한 것이다. 따라서 <보기>와 관련된 내용 바로 뒤에 이어서 <보기>가 제시되는 것이 가장 적절하다. <보기>의 '부정적 연습'은 2문단에 언급된 '부정적 습관'과 연결된다. 또 '연습'을 통해 긍정적인 자질을 끌어낸다는 <보기>의 뒷부분의 내용은 3문단과 자연스럽게 이어진다. 따라서 <보기>는 ⓒ에 들어가는 것이 가장 적절하다.

21

정답 ②

정답 풀이

제시된 작품은 '온달 설화'이다. '온달 설화'는 '삼국유사'가 아니라 '삼국사기'에 전한다. 『삼국유사』 「기이」편에 실려 있다.'를 『삼국사기』 「열전」에 실려 있다.'라고 해야 옳은 설명이다.

오답 풀이

실존했던 인물인 고구려의 장수 온달과 평강 공주의 결연(結緣)을 소재로 하여(①) 구전되던 설화를 '전(傳)'의 형식에 담았다(④). 남자 주인공이 미천한 신분인 데 반해 여자 주인공은 공주라는 점, 공주가 궁궐을 나와 남자 주인공을 만난다는 점, 여자 주인공의 내조로 남자 주인공이 능력을 발휘하고 신분 상승을 이룬다는 점 등이 백제 '무왕 설화(마를 캐머 살던 '서동'이 '선화공주'와 인연을 맺는 '서동요'와 관련된 설화)'와 유사하다(③).

22

정답 ④

혜원쌤의 합격비법
이규보의 <이옥설>은 '유추'의 서술 방식을 묻는 지문으로 자주 출제된다!

정답 풀이

제시된 글은 오래된 서까래를 고칠 때 품이 많이 들었다는 점을 들면서 사람이나 정치 또한 문제가 있을 때 바로바로 고쳐야 힘이 덜 든다는 '유추(1 : 1, 공통점, 다른 범주)'의 전개 방식이 쓰였다. 이처럼 '유추'의 전개 방식이 쓰인 것은 ④이다. ④에는 '폭포 : 분수 = 동양인 : 서양인'의 관계로 동양인을 '자연', 서양인을 '인위'로 설명하는 '유추의 방식'을 사용하고 있다.

오답 풀이

① '분류'의 방식이 쓰였다.

② '묘사'와 '나열'의 방식이 쓰였다.

③ 이해하기 쉽게 '설명'하고 있다.

작품 정리

이규보, <이옥설>

주제	잘못을 미리 알고 고쳐 나가는 자세의 중요성
특징	① '사실 - 의견'의 구성 방식을 취함 ② 유추의 방법으로 글을 전개함

23

정답 ④

혜원쌤의 합격비법
설화에는 '신화', '전설', '민담'이 있다. 여러 가지 차이점이 있지만, '주인공'의 성격, '증거물'의 범위 등을 통해서 구별하는 것이 가장 간단하다.

정답 풀이

'신화, 전설, 민담' 중 '전설'의 가장 큰 특징은 '증거물'이다. 따라서 증거물인 '푸른 못'을 제시한 ④의 "장자 첨지네 고래 잔등 같은 기와집이 하룻밤새에 큰 못으로 변하였다는 것이다. 그 못이 즉, 내려다 보이는 저 푸른 못이다." 부분이 '전설'인 근거로 들기에 적절하다.

한 걸음 더!

	신화	전설	민담
전승 범위	국가	지역	세계
전승자의 태도	신성	신빙성	재미, 교훈
주인공	신, 신적인 존재	비범한 인물	평범하거나 그 이하의 인물
배경	태초, 신성한 공간	구체적인 시공간	막연한 시공간
증거물	광범위한 증거	구체적인 증거	없음
결말	위대한 승리	비극적 결말	행복한 결말
자아와 세계의 갈등	자아 = 세계	자아 < 세계	자아 > 세계

24

정답 ④

정답 풀이

'원소'에 얽힌 전설의 내용을 고려할 때, '怨(원망할 원)'을 쓴 '怨沼(원망할 원, 못 소)'가 가장 적절하다.

오답 풀이

① 苑(동산 원)

② 原(근원 원)

③ 元(으뜸 원)

25

정답 ③

혜원쌤의 합격비법
'반응'은 '내용 일치'와 '추론'이 결합한 유형이라는 점을 기억하자!

정답 풀이

1문단에서 "이것만 고려한다면 인간 집단은 주기적으로 급감하는 추세를 보여야 한다. 하지만 다행스럽게도 실제로 그런 일이 나타난 경우는 많지 않다."라고 하였다. 이를 볼 때, 질병으로 인해 인구가 주기적으로 급감한다는 반응은 적절하지 않다.

오답 풀이

① 5문단의 "장내 세균은 분명히 한때는 외부 침입자였지만 지금은 인간과 더없이 좋은 동반자 관계를 유지하고 있다."를 통해 알 수 있다.

② 2문단의 "왜 그럴까? 이는 인간과 인간에 기생해야만 살아갈 수 있는 미생물 사이에 모종의 공존 계약이 맺어졌기 때문이다."를 통해 알 수 있다.

④ 6문단의 "장내 정상 세균이 장 점막을 코팅하고 있기 때문에 외부에서 들어온 세균이 점막을 통해 혈액으로 침입하지 못한다. 또 장내 세균은 장의 면역력을 증가시키는 데 도움을 준다."를 통해 알 수 있다.

01	02	03	04	05
②	②	②	①	③
06	07	08	09	10
③	①	②	④	③
11	12	13	14	15
③	④	②	④	②
16	17	18	19	20
④	④	①	④	②
21	22	23	24	25
③	④	④	②	①

01
정답 ②

혜원쌤의 합격비법

용언의 관형사형과 관형사의 형태가 동일한 경우도 있다. 용언의 관형사형과 달리, 관형사는 서술성이 없다는 것이 특징이다.

정답 풀이

'바른'은 형용사 '바르다'의 활용형이 아니다. '바른'은 관형사 '오른'과 마찬가지로, 오른쪽을 이를 때 쓰는 말이다. 한편, ②를 제외한 나머지 단어의 품사는 모두 형용사이다. 따라서 품사가 다른 하나는 ②의 '바른'이다.

※ '바른'이 '오른'의 의미가 아니라면 품사는 관형사가 아니다. '바른'이 '바르다'로 해석되고 '붙이다', '집어내다'의 의미라면 품사는 동사이고, '똑바르다'의 의미라면 품사는 형용사이다.

오답 풀이

① '가벼운'은 형용사 '가볍다'의 활용형이다. 즉 형용사 '가볍다'의 어간 '가볍-'에 관형사형 전성 어미 '-은'이 붙은 말이다.

③ '곧은'은 형용사 '곧다'의 활용형이다. 즉 형용사 '곧다'의 어간 '곧-'에 관형사형 전성 어미 '-은'이 붙은 말이다.

④ '아쉬운'는 형용사 '아쉽다'의 활용형이다. 즉 형용사 '아쉽다'의 어간 '아쉽-'에 관형사형 전성 어미 '-은'이 붙은 말이다.

※ '가볍다'와 '아쉽다'는 'ㅂ' 불규칙 용언이므로 모음으로 시작하는 어미와 결합할 경우에 어간의 'ㅂ'은 'ㅜ'로 교체된다. 따라서 '가벼운(가볍- + - 은)', '아쉬운(아쉽- + -은)'의 형태로 활용한다.

02
정답 ②

혜원쌤의 합격비법

의존 명사 '데'인지 아닌지 모르겠다면, 다른 명사나 의존 명사를 넣어 보자. 그것을 넣었을 때 말이 된다면 보통은 의존 명사 '데'이다.

정답 풀이

'좁은데'의 '데'는 의존 명사가 아니라 뒤 절에서 어떤 일을 설명하거나 묻거나 시키거나 제안하기 위하여 그 대상과 상관되는 상황을 미리 말할 때에 쓰이는 연결 어미 '-은데(좁다+그런데)'의 일부이다. 따라서 '좁은데'의 띄어쓰기는 바르다. 한편, '가져오다'도 한 단어이므로 붙여 쓴 것은 옳다.

오답 풀이

① 대접하는데나 → 대접하는∨데나: '데'는 '경우'를 의미하는 의존 명사이다. 따라서 관형어 '대접하는'과 띄어 써야 한다.

③ 이런데 → 이런∨데: '데'는 '장소'를 의미하는 의존 명사이다. 따라서 관형어 '이런'과 띄어 써야 한다.

④ 가는데에는 → 가는∨데에는: '데'는 '경우'를 의미하는 의존 명사이다. 따라서 관형어 '가는'과 띄어 써야 한다.

03
정답 ②

혜원쌤의 합격비법

선지가 'A하고 B를 하다.'나 'A하여 B를 하다.'의 구성이라면, A와 B의 조건을 모두 충족하는지를 살펴야 한다.

정답 풀이

제시된 글에서는 '시장 실패'라는 현상의 원인을 '외부성'과 '공공재'라는 측면에서 분석하고, 구체적인 사례를 들어 설명하고 있다.

오답 풀이

① 제시된 글에 사례가 나오기는 하지만, 이를 통해 문제 해결 방안을 모색하고 있지는 않다.

③ 제시된 글에서 이론의 장단점을 비교하고 있지 않다.

④ 제시된 글에서 설명하고자 하는 대상을 구성 성분으로 나누어 차례대로 살펴보고 있지 않다.

04
정답 ①

혜원쌤의 합격비법

중세 국어에서 '여름'과 '하다'는 현대 국어의 '여름'과 '하다'와 그 의미가 다르다. 함정 선지로 자주 출제되니 유의하자!

정답 풀이

제시된 작품은 조선 왕조 창업의 정당성을 노래한 '악장' <용비어천가>의 일부이다. 악장 중에 '경기체가' 형식을 빌린 것도 존재는 한다. 그러나 <용비어천가>에는 '경기체가'의 특징인 '위 경(景)긔 엇더ᄒ니잇고'라는 구절이 없는 것을 보아, '경기체가' 형식도 아니고, 장르상 '경기체가'의 대표작이라는 설명도 옳지 않다.

※ '경기체가' 형식의 악장으로는 권근의 <상대별곡>이 있다.

② '남ㄱ(나무)'과 '시미(샘)'는 기초가 튼튼한 나라인 조선과 조선의 근간을 이루는 백성을 상징한다. 한편, 'ㅂ른매(바람)'와 'ㄱ모래 (가뭄)'는 풍파나 시련을 주는 대상을 상징한다.

③ '여름'은 '열매'라는 의미이다. '하다'는 '많다'라는 의미이다. 따라서 '여름 하느니'는 열매가 많다는 의미이다.

④ '내히'는 '냇물'이라는 의미이다. '이러'는 '이루다'라는 의미이다. 따라서 '내히 이러'는 냇물이 모인다(이룬다)는 의미이다.

> **현대어 풀이**
>
> 뿌리가 깊은 나무는 바람에 흔들리지 아니하므로,
> 꽃이 좋고 열매가 많이 열리니
> 샘이 깊은 물은 가뭄에 그치지 아니하므로,
> 내가 이루어져 바다에 가나니.

작품 정리

정인지 등, <용비어천가(龍飛御天歌)>

주제	새 왕조 창업의 정당성
특징	① 서사, 본사, 결사의 구조 속에 작품 창작 동기가 유기적으로 서술됨 ② 2절 4구의 형식에서 1절은 중국 제왕(帝王)의 사적을, 2절은 조선 왕조의 사적을 찬양함

05 정답 ③

> **혜원쌤의 합격비법**
> '복수 표준어'로 인정하는 이유는 크게 두 가지이다. 하나는 같은 뜻으로 쓰이기 때문이고, 또 다른 하나는 뜻에 차이가 있는 것으로 판단하기 때문이다.

'어리숙하다'는 본래 '어수룩하다'의 비표준어였으나 2011년 8월 국립국어원에서 '어수룩하다'와 뜻에 차이가 있는 것으로 판단하여 표준어로 인정하였다.

어수룩하다	겉모습이나 언행이 치밀하지 못하여 순진하고 어설픈 데가 있다.
어리숙하다	겉모습이나 언행이 치밀하지 못하여 순진하고 어리석은 데가 있다.

③을 제외한 나머지는 모두 동일한 뜻으로 널리 쓰이기 때문에 복수 표준어로 인정한 경우이다. 따라서 의미 차이가 있는 것으로 판단하여 표준어로 인정한 ③과는 의도가 다르다.

① '등목'과 '목물'은 모두 상체를 굽혀 엎드린 채로 다른 사람의 도움을 받아 허리에서부터 목까지 물로 씻는 일을 이르는 말이다.

② '남우세스럽다'와 '남사스럽다'는 모두 "남에게 놀림과 비웃음을 받을 듯하다."라는 의미를 가진 말이다. '남사스럽다'는 본래 '남우세스럽다'의 비표준어였으나 2011년 8월 국립국어원에서 '남우세스럽다'와 동일한 뜻으로 널리 쓰이는 것으로 판단하여 복수 표준어로 인정하였다.

④ '토담'과 '흙담'은 모두 흙으로 쌓아 만든 담을 이르는 말이다. '흙담'은 본래 '토담(土-)'의 비표준어였으나 2011년 8월 국립국어원에서 '토담'과 동일한 뜻으로 널리 쓰이는 것으로 판단하여 복수 표준어로 인정하였다.

06 정답 ③

> **혜원쌤의 합격비법**
> 군무원의 경우 독음 없이 한자어나 한자 성어가 출제될 수 있다. 따라서 독음이 없는 형태로도 눈에 익혀 두자!

'오랜 전쟁으로 ~ 하던 차에'를 볼 때, '힘듦', '괴로움' 등과 같은 부정적인 의미를 가진 한자 성어가 어울린다. 그런데 밑줄 친 한자 성어는 '서로 속마음을 털어놓고 친하게 사귐'을 뜻하는 '간담상조(肝膽相照: 간 간, 쓸개 담, 서로 상, 비출 조)'이다. 문맥상 친한 사이를 의미하는 한자 성어는 어울리지 않으므로, 그 쓰임은 적절하지 않다.

① 남부여대(男負女戴: 남자 남, 짐질 부, 여자 여(녀), 일 대)는 남자는 지고 여자는 인다는 뜻으로, '가난한 사람들이 살 곳을 찾아 이리저리 떠돌아다님'을 비유적으로 이르는 말이다. 따라서 피난민 행렬을 나타낼 때 쓸 수 있는 표현이다.

② 고장난명(孤掌難鳴: 외로울 고, 손바닥 장, 어려울 난, 울 명)은 '맞서는 사람이 없으면 싸움이 일어나지 아니함을 이르는 말'이다. 따라서 둘 모두에게 책임이 있음을 나타낼 때 쓸 수 있는 표현이다.

④ 구밀복검(口蜜腹劍: 입 구, 꿀 밀, 배 복, 칼 검)은 '입에는 꿀이 있고 배 속에는 칼이 있다는 뜻으로, 말로는 친한 듯하나 속으로는 해칠 생각이 있음을 이르는 말'이다. 따라서 좋은 말만 하는 사람을 경계할 때 쓸 수 있는 표현이다.

07 정답 ①

사돈어른 → 사장어른: '사돈어른'은 항렬이 같은 관계에서 쓸 수 있는 표현이다. 남동생의 장인, 즉 동기 배우자의 부모는 남녀 구분 없이 '사장어른'으로 부른다.

② 아내 남동생의 아내를 '처남댁' 또는 '처남의 댁'으로 부를 수 있다.

③ 남편 누나의 남편을 '아주버님'이라고 부른다.

※ 남편의 형도 '아주버님'으로 이르거나 부를 수 있다.

④ 조위금 봉투에는 '부의(賻儀)'를 일반적으로 많이 쓰지만, '근조(謹弔)'도 가능하다.

08

정답 풀이

"어렵게 된 일을 잘하려고 노력해야 하는 사람이 도리어 엉뚱한 행동을 한다."라는 의미를 가진 속담은 ②의 '논 팔아 굿 하니 맏며느리 춤추더라.'이다. 속담 '논 팔아 굿 하니 맏며느리 춤추더라.'는 '없는 형편에 빚까지 내서 굿을 하니 맏며느리가 분수없이 굿판에 뛰어들어 춤을 춘다는 뜻으로, 어렵게 된 일을 잘하려고 노력하여야 할 사람이 도리어 엉뚱한 행동을 한다는 말'이다.

오답 풀이

① '소 탄 양반의 송사 결정이라'는 '소 탄 양반에게 물으면 이래도 끄덕, 저래도 끄덕 하여 도무지 대중할(헤아릴) 수 없음을 비유적으로 이르는 말'이다.

③ '봄에 깐 병아리 가을에 와서 세어본다.'는 '이해타산이 어수룩함을 이르는 말'이다.

④ '눈 어둡다 하더니 다홍 고추만 잘 딴다.'는 '눈이 어두워 잘 못 본다고 하면서도 붉게 잘 익은 고추만 골라 가며 잘도 딴다는 뜻으로, 마음이 음흉하고 잇속에 밝은 사람'을 혹은 '제 일만 알고 남의 일은 핑계만 대고 도와주지 않는 사람'을 비유적으로 이르는 말'이다.

09

혜원쌤의 합격비법

일반적인 생각이나 통념이 제시되고, 그와 상반되는 내용이 나온다면, '통념 → 상반되는 내용'의 순서로 글을 전개하는 게 일반적이다. 또 '실험'이 나온다면, '실험 내용', '실험 결과', '실험 결과 분석'의 내용이 뒤따른다. 이 경우에는 '실험 내용 → 실험 결과 → 실험 결과의 분석'의 순서로 글을 전개하는 게 일반적이다.

정답 풀이

1단계	"일반적인 생각이나 상식에 의하면"을 볼 때, (라)는 일반 상식이나 통념을 다룬 단락이다. 전체적인 내용을 볼 때, 통념이 틀렸음을 말하고 있다. 따라서 일반 상식이나 통념을 다룬 (라)가 가장 앞에 오는 것이 자연스럽다. 순서상 (라)가 가장 앞에 오는 것은 ③과 ④이다.
2단계	(나)와 (마)는 '실험 내용'을 다루고 있다. 또 "실제로 그것은 사실임이 입증되었다."를 볼 때, (가)는 '실험 결과'를 다룬 단락이다. 한편, "이 실험은 ~ 확인해 준다. 또한 ~ 사실이 밝혀졌다."를 볼 때, (다)는 '실험 결과'를 분석한 단락이다. '실험 내용 → 실험 결과 → 실험 결과의 분석'의 순서로 전개하는 것이 자연스럽기 때문에 (나)와 (마) 뒤에 (가), (가) 뒤에 (다)가 이어지는 게 자연스럽다. '(나) - (마) - (가) - (다)'의 순서를 가진 것은 ④이다.

따라서 제시된 글을 알맞은 순서로 배열한 것은 ④의 '(라) - (나) - (마) - (가) - (다)'이다.

10

혜원쌤의 합격비법

선지의 맨 끝에 '있다/없다', '많다/적다', '넓다/좁다'처럼 반의어가 존재하는 단어가 있다면, 글의 내용과 일치하는지 주의 깊게 봐야 한다.

정답 풀이

제시된 글은 최근 빈번하게 벌어지고 있는 위작 논란에 대한 견해를 밝힌 것으로, 위작 논란을 보다 더 현명하게 다룰 수 있는 방법에 대해 고민하는 내용을 담고 있다. 제시된 글에 따르면 미술 작품은 단순히 사고팔면 되는 것이 아니라, 평론가들에게는 평론의 대상이 되고, 많은 사람들이 볼 수 있는 전시물이 되기도 하며, 판매 대상이 되기도 한다. 즉 마지막 단락에서 언급한 것과 같이, 과거처럼 작가와 소비자 사이에서만 존립할 수 없는 것이다.

오답 풀이

① 4문단의 "예술의 대중화가 진행되고 대중의 문화 수준이 갈수록 높아지면서 앞으로 미술 시장의 거래가 더욱 활발해지고 다루는 작품의 범주 또한 확대될 것임이 분명하다."를 볼 때, 현대로 올수록 예술 작품의 범주가 좁아지고 있다는 것은 글의 내용과 일치하지 않는다. 선지의 '좁아지고'를 '넓어지고'로 고쳐야 옳은 진술이 된다.

② 1문단의 "그 탁월한 위조 실력을 인정받은 그의 그림들은 네덜란드 미술관과 연구소에 엄연히 명작으로 보관되어 있고"를 볼 때, 명작을 모방한 작품이 가치를 인정받은 경우도 있음을 알 수 있다. 따라서 선지를 '명작을 모방한 예술 작품도 그 가치를 인정받을 수 있다.' 정도로 고쳐야 옳은 진술이 된다.

④ 5문단의 내용을 볼 때, 현대 사회에서 미술 작품이 시장 논리에 지배를 받음은 확인할 수 있다. 그러나 명작으로 인정받은 예술 작품이 '순수성'을 보장받는다는 내용은 제시되어 있지 않다.

11

혜원쌤의 합격비법

규정과 예시가 함께 제시된 문제라면, 규정과 예시의 연결에 초점을 맞추자. 옳은 규정이거나 옳은 예시라도 둘의 연결이 적절하지 않다면 주의해야 한다.

정답 풀이

로마자 표기법에 "장모음의 표기는 따로 하지 않는다."라는 규정은 존재한다. 다만, <보기>에 제시된 세 단어는 '장모음'과는 관련이 없다.

오답 풀이

① <보기> 중 '낙동강(Nakdonggang)'과 관련이 있다. '낙동강'의 표준 발음은 된소리되기가 일어난 [낙똥강]이다. 다만, 된소리되기를 표기에 반영하지 않는다는 규정에 따라 'Nakddonggang'이 아니라 'Nakdonggang'으로 표기한 것이다.

② <보기>의 세 단어 모두와 관련이 있다. '묵호', '낙동강', '집현전'은 모두 고유 명사이다. 고유명사는 첫 글자를 대문자로 적는다는 규정에 따라 '묵호(Mukho)', '낙동강(Nakdonggang)', '집현전(Jiphyeonjeon)'으로 표기한 것이다.

④ <보기> 중 '묵호(Mukho)'와 '집현전(Jiphyeonjeon)'과 관련이 있다. '묵호'와 '집현전'의 표준 발음은 각각 거센소리되기가 일어난 [무코], [지편전]이다. '묵호'와 '집현전'은 활용하지 않는다는 점에서, 품사는 '체언', 그중에서도 '명사'이다. 따라서 'ㅎ(h)'을 밝혀 '묵호(Mukho)', '집현전(Jiphyeonjeon)'으로 표기한 것이다.

혜원쌤의 합격비법
문맥적 의미가 같거나 다른 말을 찾는 방법은 크게 두 가지이다. 우선 <보기>의 밑줄이 '서술어'에 있다면, <보기>의 '목적어'나 '주어'를 선지에 넣어 보자. 넣었을 때 어색한 게 있다면, 그것이 의미가 다른 하나이다. 또 다른 방법으로는 밑줄 친 단어를 다른 말로 바꿔 보는 것이다. 이때 영어 단어를 활용할 수도 있다.

정답 풀이

방법 1	<보기>의 목적어는 '코 밑을'이다. '코 밑을' 선지에 넣었을 때, 가장 어색한 것은 ④이다. 한편, ④를 제외한 나머지는 '코 밑을' 넣어도 그 의미가 크게 달라지지 않는다. 따라서 <보기>의 '훔치다'와 의미가 다른 것은 ④이다.
방법 2	<보기>의 '훔치다'는 문맥상 '닦다'의 의미이다. 선지의 '훔치다'를 '닦다'로 바꿨을 때, 가장 어색한 것은 ④이다. ④의 '훔치다'는 '닦다'보다는 '더듬다' 정도의 의미이기 때문이다. 한편, ④를 제외한 나머지는 '훔치다'를 '닦다'로 바꿔도 그 의미가 크게 달라지지 않는다. 따라서 <보기>의 '훔치다'와 의미가 다른 것은 ④이다.

※ <보기>와 ④의 문맥적 의미가 다르기는 하지만, 의미적 관련성이 아주 없는 것은 아니다. 따라서 둘은 '동음이의 관계'가 아니라 '다의 관계'이다.

혜원쌤의 합격비법
사이시옷 표기에서 중요하게 살필 것은 크게 두 가지이다. 하나는 '어근'의 구성이 무엇인지, 또 다른 하나는 어떻게 변하는지이다. 즉 '고유어+고유어'의 결합인지, '고유어+한자어'의 결합인지를 살펴야 한다. 그리고 뒷말의 첫소리가 '된소리'가 되는지, 'ㄴ' 소리가 덧나는지, 'ㄴㄴ' 소리가 덧나는지를 살펴야 한다.

정답 풀이
제시된 단어는 모두 '고유어'와 '한자어'가 결합한 합성어이다. 따라서 어떻게 변하는지만 살피면 된다. '가욋일'은 한자어 '가외(加外)'와 고유어 '일'이 결합한 말로, 결합 과정에서 'ㄴㄴ' 소리가 덧나서 [가왼닐]로 발음된다. 한편, ②의 '가욋일[가왼닐]'을 제외한 나머지는 모두 'ㄴ' 소리만 덧나는 단어들이다. 따라서 사이시옷 표기의 근거가 다른 하나는 ②이다.

※ 단모음 'ㅚ'는 이중 모음 'ㅞ'로도 발음할 수 있다. 따라서 '가욋일'은 [가왼닐]로 발음하는 것이 원칙이지만, [가웬닐]로도 발음할 수 있다.

오답 풀이
① '제삿날'은 한자어 '제사(祭祀)'와 고유어 '날'이 결합한 말로, 결합 과정에서 'ㄴ' 소리가 덧나서 [제ː산날]로 발음된다.

③ '툇마루'는 한자어 '퇴(退)'와 고유어 '마루'가 결합한 말로, 결합 과정에서 'ㄴ' 소리가 덧나서 [퇸ː마루/퉨ː마루]로 발음된다.

④ '양칫물'은 한자어 '양치(楊枝)'와 고유어 '물'이 결합한 말로, 결합 과정에서 'ㄴ' 소리가 덧나서 [양친물]로 발음된다.

혜원쌤의 합격비법
글의 형식이 '문학'일 뿐, 실상은 '말하기 방식'을 묻는 유형이다. 따라서 '며느리'의 말하기에 초점을 맞추어 읽으면 된다.

정답 풀이
'며느리'는 '시어머니'에게 "그래 그때 어머님 마음이 어떠셨어요?", "그때 아들을 떠나보내실 때 어머님 심경을 듣고 싶어요."라는 말을 하고 있다. 즉 '며느리'는 '시어머니'가 자신에게 솔직한 속마음을 자신에게 말하기를 바라고 있다. 따라서 '며느리'의 말하기는 '어머니(시어머니)'가 속마음을 꺼낼 수 있도록 유도하고 있다고 볼 수 있다.

오답 풀이
① 어머니를 탓하는 말하기는 확인할 수 없다. 또한 어머니를 원망한 말하기도 확인할 수 없다.

② 넓게 보자면, '말하기'도 행동으로 볼 수는 있다. 그러나 '말하기' 자체를 계속하도록 격려하기보다는, '속마음을 말하기'를 유도하고 있을 뿐이다. 따라서 행동을 계속하도록 유도한다고 보기는 어렵다.

③ 며느리가 유도하고 있는 것은 '진실'이 아니라 '속마음'이다. 또 그 '속마음'을 자신에게 말해주기를 유도하고 있다는 점에서, 기다려 주고 있다고 보기도 어렵다.

작품 정리

이청준, 「눈길」

주제	어머니의 무한한 사랑에 대한 깨달음과 인간적 화해
특징	① 회상과 대화를 통해 과거의 사실을 드러내는 역순행적 구성 방식을 취함 ② 상징적 의미를 가진 소재를 사용하여 주제를 효과적으로 드러냄

혜원쌤의 합격비법
접미사는 앞말과 붙여 쓰고, 의존 명사는 앞말과 띄어 쓴다.

정답 풀이
'적'은 '그 동작이 진행되거나 그 상태가 나타나 있는 때, 또는 지나간 어떤 때'를 의미하는 의존 명사이다. 따라서 관형어 '어릴'과 의존 명사 '적'을 띄어 쓴 것은 옳다.

오답 풀이
① 최∨씨 → 최씨: '씨'가 그 성씨의 가문이나 문중을 뜻할 때는 접미사이다. 따라서 '최씨'로 붙여 써야 한다.

※ '씨'가 호칭일 때는 '의존 명사'이므로 앞말과 띄어 쓴다.
　　📝 김 씨 이거 길동 씨가 가져왔어요.

③ 숙질∨간 → 숙질간: '아저씨와 조카 사이'를 이르는 말은 '숙질간'으로 붙여 쓴다.

④ 제∨1차 → 제1차: '제-'는 '그 숫자에 해당되는 차례'의 뜻을 더하는 접두사이다. 따라서 '제1차'로 붙여 써야 한다.

16　　　　　　　　　　　　　　　　정답 ④

정답 풀이

문맥상 '염증'은 '싫증'의 의미를 가진다. 그런데 괄호 속의 '炎症(불탈 염, 증세 증)'은 '피부 질환'을 의미하는 '염증'이다. 따라서 괄호 속의 한자 표기가 바르지 않다. '싫증'이라는 문맥적 의미를 고려할 때, '厭症(싫을 염, 증세 증)'으로 표기해야 바르다.

오답 풀이

① 덕택(德澤: 덕 덕, 못 택): 베풀어 준 은혜나 도움

② 희석(稀釋: 드물 희, 풀 석): 용액에 물이나 다른 용매를 더하여 농도를 묽게 함.

③ 회자(膾炙: 회 회, 구울 자): 회와 구운 고기라는 뜻으로, 칭찬을 받으며 사람의 입에 자주 오르내림을 이르는 말

17　　　　　　　　　　　　　　　　정답 ④

정답 풀이

섀도우복싱 → 섀도복싱: 'boxing'을 '복싱'으로 표기한 것은 옳다. 그러나 'shadow'는 '섀도'로 표기해야 한다.

18　　　　　　　　　　　　　　　　정답 ①

정답 풀이

'틀리게'는 '틀리다'의 어간 '틀리-'에 부사형 전성 어미 '-게'가 붙은 말이다.

품사	부사형 전성 어미가 붙어도 '품사'는 바뀌지 않는다. 따라서 '틀리게'의 품사는 '틀리다'와 마찬가지로 '동사'이다.
문장 성분	'틀리다'의 종결 어미 '-다' 자리에 부사형 전성 어미 '-게'가 붙어 '틀리게'가 되었다. 따라서 문장 성분은 '부사어'이다.

19　　　　　　　　　　　　　　　　정답 ④

정답 풀이

지문에서 '질문'을 던진다면, 그에 대한 '답'이 해당 단락 내지 글의 중심 내용이 될 것이다. (라)는 '적당한 에너지만 있으면 원자와 같은 물질이 저절로 만들어질 수 있을까?' 하고 질문을 던지면서 시작하고 있다. 따라서 (라)의 중심 내용은 이 질문에 대한 '답'이 될 것이다. (라)의 5번째 줄에서 그 답으로 '정보'가 필요하다고 말하고 있다. 따라서 (라)의 중심 내용은 "물질이 만들어지기 위해서는 '정보'가 필요하다." 정도로 정리할 수 있다. 한편, (라)는 물질이 '정보'를 활용할 때 갖추어야 할 조건에 대한 언급은 전혀 없다. 따라서 (라)의 중심 내용으로 적절하지 않다.

20　　　　　　　　　　　　　　　　정답 ②

정답 풀이

'즉'은 '다시 말하여', '다른 것이 아니라 바로'의 의미를 가진 부사이다. ②의 문장은 '직분 = 해야 할 일을 해야 한다는 것'의 의미이다. '즉'을 사용하여 '직분'을 의미를 구체화하고 있다는 점에서 ②에서 '즉'의 쓰임은 어법에 맞다.

오답 풀이

① 목적어와 서술어의 호응이 바르지 않은 문장이다. 문장을 간단히 하면 'A와 B를 기원하다'의 구조이다. 이는 곧 'A를 기원하다. B를 기원하다.'라는 의미이다. 그런데 '노고'는 서술어 '기원하다'와 호응하지 않는다. 따라서 '노고'에 알맞은 서술어를 추가해야 한다. 글의 흐름상 '귀하의 노고에 감사드리고 번영을 진심으로 기원합니다.' 정도로 수정하는 것이 자연스럽다.

③ 접속 부사 '와/과' 앞뒤에 있는 말의 층위가 달라 오류가 있는 문장이다. 'A와 B'의 구조라면, A와 B에 동일한 층위의 말이 들어가야 한다. 즉 A에 명사가 들어갔다면, B에도 명사가 들어가야 한다. 또 A에 서술어가 들어갔다면, B에도 서술어가 들어가야 한다. 그런데 ③은 '축복과 격려하다'처럼 A 자리에는 명사 '축복'이, B 자리에는 서술어 '격려하다'가 들어 있다. 글의 흐름을 고려할 때, '축복하고 격려해' 정도로 수정하는 것이 자연스럽다.

④ ③과 마찬가지로 접속 부사 '와/과' 앞뒤에 있는 말의 층위가 달라 오류가 있는 문장이다. ④는 '시공과 단축하다'처럼 A 자리에는 명사 '시공'이, B 자리에는 서술어 '단축하다'가 들어 있다. 글의 흐름을 고려할 때, '정성을 다해 시공하고, 최대한 공사 기간을 단축하여 공사를 마무리하겠습니다.' 정도로 수정하는 것이 자연 스럽다.

작자 미상, <적벽가>

주제	적벽 대전 영웅들의 활약상과 전쟁으로 인한 하층민의 고통
특징	① '삼국지연의'의 '적벽 대전'을 바탕으로 함 ② 조조로 표상되는 당대 양반층에 대한 민중의 신랄한 저항 정신을 표출함 ③ 군사들을 통해 전쟁의 참혹함과 서민들의 고통을 드러냄

혜원쌤의 합격비법

몇몇 단어는 '없다'나 '못하다' 등과 같이 부정적인 의미를 지닌 말이 포함된 형태가 표준어인 것이 있다. 대표적인 예로는 '안절부절못하다', '얼토당토않다', '어쭙잖다'가 있다.

정답 풀이

문맥상 합격자 발표를 기다리며 '초조하다, 불안하다'의 의미로 쓰였다. 따라서 '안절부절못하다'의 쓰임은 적절하다.

※ '안절부절'은 항상 '못하다'와 붙어서 '안절부절못하다'의 형태로만 쓰이면서 '마음이 불안하고 초조하여 어찌할 바를 모르다'의 뜻을 지닌다. 한편, 부사로는 '안절부절'의 형태로 쓸 수 있다.

오답 풀이

① 난이도 → 난도: '난이도(難易度: 어려울 난, 쉬울 이, 정도 도)'는 어렵고 쉬운 정도를 이르는 말이다. 그런데 '어렵고 쉬운 정도를 낮추다'는 표현은 어색하다. 서술어 '낮추다'에 맞춰, '난이도'를 대신해 '어려운 정도'를 의미하는 '난도(難度: 어려울 난, 정도 도)'로 수정해야 한다.

② 역임했다 → 지냈다: '역임(歷任: 지낼 역(력), 맡길 임)'은 '여러 직위를 두루 거쳐 지냄.'이라는 의미를 가진 단어이다. 해당 문장을 통해 '경기도지사'라는 직위를 지냈음은 알 수 있지만, 그 외에 또 다른 직위를 지냈는지의 여부는 알 수가 없다. 따라서 '역임하다'보다는 '지내다' 정도로 수정해야 한다.

④ 와중에 → 중에: '와중(渦中: 소용돌이 와, 가운데 중)'은 일이나 사건이 시끄럽고 복잡하게 벌어지는 경우에 쓰는 말이다. 따라서 음악 감상을 하는 상황에는 어울리지 않는 말이다. 문맥상 조용히 클래식을 듣고 있는데, 갑자기 전화 벨소리가 울렸다는 의미이므로, '와중에'를 '중에'로 수정해야 한다.

정답 풀이

마지막 문단에서 확인할 수 있듯이, 인문학의 진정한 위기는 사람들로 하여금 사람 노릇을 제대로 할 수 있게 해 주는 인문학 본래의 기능을 상실한 데 있다. 글쓴이는 이러한 점을 바로잡기 위해 인문학이 현실의 삶과 유리된 채 학문의 세계만을 고집해서는 안 된다고 하였다. 따라서 ④의 '인문학의 진정한 위기'가 '인문학 자체가 순수한 학문이라는 데서 비롯된다.'는 내용은 제시된 글의 내용과 일치하지 않는다.

오답 풀이

① 4문단의 내용을 통해 과학과 기술문명이 발달로, 시장 경제의 원리만을 지배하는 신자유주의 체제로 재편됨에 따라 '인간다움'의 이상을 추구하는 인문학의 이념과 충돌을 빚었음을 알 수 있다. 따라서 기술공학의 발전으로 인문학의 위기가 심화됐다고 볼 수 있다.

② 2문단의 "인문 교육은 바로 이러한 문화적 성취를 전수함으로써 인간을 인간답게 만들어주는 기능을 하는 것이라고 여겼다."를 통해 알 수 있는 내용이다.

③ 3문단의 "인간도 과학적 탐구의 대상인 자연의 일부로 간주되는 근대 자연과학의 사고방식이 확산되었다."를 통해 알 수 있는 내용이다.

혜원쌤의 합격비법

밑줄 부분에 대한 설명이 옳은지 판단하는 유형이다. 우선 밑줄을 확인한다. 만약 밑줄 친 부분만으로 답을 찾기가 어렵다면, 앞뒤의 내용을 확인하자!

정답 풀이

㉣ 바로 뒤의 '조조(가) 보고 질색허여'를 볼 때, "아이고, 저거, 저저저저저 장비 군사 아니야?"라는 말은 '조조'의 말임을 알 수 있다. 따라서 '조조의 모습'에 깜짝 놀라고 있다는 설명은 적절하지 않다. 즉 ㉣은 군사인 박덜랭이가 조조를 보고 놀라는 것이 아니라, 조조가 멀쩡한 모습의 박덜랭이를 보고 적군으로 오해하여 깜짝 놀라는 장면이다.

오답 풀이

① 본인의 의사와는 상관없이 전쟁터에 끌려 와서 고향으로 돌아가지 못하는 병사들의 애환이 잘 드러난다.

② 병사인 골내종이의 모습을 불구의 병자로 묘사한 것은 적벽대전에 참패하여 오합지졸이 되어 버린 조조의 군사들을 대변하여 표현한 것으로 볼 수 있다.

③ 자기 군사를 삶아서 먹겠다는 것은 조조가 잔인하고 비정한 성격의 소유자임을 드러낸다.

혜원쌤의 합격비법

문학 작품과 밑줄이 함께 나온다면, 크게 두 가지 형태로 출제된다. 하나는 '표현법', 또 다른 하나는 '시구(시어)의 의미 파악'이다. '표현법'을 묻는다면, 해당 시구(시어)만 살피면 된다. 그러나 '시구(시어)의 의미 파악'을 묻는다면, 앞뒤의 시구를 함께 살피는 쪽이 의미 파악에 보다 용이할 수 있다.

정답 풀이

㉡에는 늙은 어머니가 '따뜻한 날'도 아닌 '몹시 추운 날', '따뜻한 물'도 아닌 '찬물'에 맨손을 담그고 무와 배추를 씻는 모습이 제시되어 있다. 따라서 고생하는 어머니에 대한 '안타까움', '애틋함'의 정서를 확인할 수 있다. 그러나 '나 때문이다'라든지 하는 자책의 내용을 담은 부분은 아니다. 따라서 '죄책감'은 드러나지 않는다.

작품 정리

백석, <흰 바람벽이 있어>

주제	고단한 삶 속에서도 고결함을 잃지 않으려는 삶의 자세
특징	① 화자의 내면 풍경과 삶에 대한 성찰의 자세를 형상화하여 표현함 ② 감각적 이미지를 사용하여 화자의 정서를 구체적으로 제시함 ③ 화자의 의식의 흐름에 따라 시상이 전개됨

25 정답 ①

혜원쌤의 합격비법

어간의 끝음절 '하'가 아주 줄 적에는 준 대로 적는다. '하'가 줄어드는 기준은 '하' 앞에 오는 받침의 소리이다. '하' 앞의 받침의 소리가 [ㄱ, ㄷ, ㅂ]이면 '하'가 통째로 줄고 그 외의 경우에는 'ㅎ'이 남는다.

정답 풀이

'짐작건대'의 본말은 '짐작하건대'이다. '하' 앞에 오는 받침의 소리는 'ㄱ'이다. 따라서 '하'가 아주 줄기 때문에, '짐작건대'로 표기한 것은 옳다.

오답 풀이

② 새벽녁 → 새벽녘: '쪽'을 의미하는 단어는 'ㅋ' 받침을 쓴 '녘'이다. 따라서 '새벽+녘'이 결합한 '새벽녘'이 옳은 표기이다.
　　※ 새벽녘(새벽+녘: 합성어)[새병녁]: 날이 밝아 올 무렵

③ 부치고 → 붙이고: 눈을 '붙게 하다' 정도의 의미로 해석이 가능하므로 '붙다'의 사동사 '붙이다'를 쓰는 게 적절하다. 만약 관용어 '눈을 붙이다'의 의미를 안다면, 더 쉽게 해결이 가능하다. 관용어 '눈을 붙이다'는 '잠을 자다'라는 의미이다.

④ 넉넉치 → 넉넉지: '넉넉하지'가 본말이다. '하' 앞에 오는 받침의 소리는 'ㄱ'이다. 따라서 '하'가 아주 줄기 때문에, '넉넉지'로 표기해야 한다.

해커스군무원 혜원국어 7개년 기출정해

11회 2017년 군무원 9급 정답·해설　149

2024년도 일반군무원 공개경쟁채용 국어 필기시험 답안지

컴퓨터용 흑색사인펜만 사용

성명	
성	명	

[필적감정용 기재]
*아래 예시문을 옮겨 적으시오
본인은 OOO(응시자성명)임을 확인함

기재란

성명	
자필성명	본인 성명 기재
응시직렬	
응시지역	
시험장소	

응시번호

생년월일

※ 시험감독관 서명
(성명을 정자로 기재할 것)

책임 감독관 확인란

시험 공통사항 사용

문번	회			
01	①	②	③	④
02	①	②	③	④
03	①	②	③	④
04	①	②	③	④
05	①	②	③	④
06	①	②	③	④
07	①	②	③	④
08	①	②	③	④
09	①	②	③	④
10	①	②	③	④
11	①	②	③	④
12	①	②	③	④
13	①	②	③	④
14	①	②	③	④
15	①	②	③	④
16	①	②	③	④
17	①	②	③	④
18	①	②	③	④
19	①	②	③	④
20	①	②	③	④
21	①	②	③	④
22	①	②	③	④
23	①	②	③	④
24	①	②	③	④
25	①	②	③	④

2024년도 일반군무원 공개경쟁채용 국어 필기시험 답안지

컴퓨터용 흑색사인펜만 사용

[필적감정용 기재]
*아래 예시문을 똑같이 적으시오

본인은 OOO(응시자성명)임을 확인함

기재란

책	형

성명	
자필성명	본인 성명 기재
응시직렬	
응시지역	
시험장소	

응시번호

생년월일

※ 시험감독관 서명
(성명을 정자로 기재할 것)

채점란 감독관 사용

문번				회
01	①	②	③	④
02	①	②	③	④
03	①	②	③	④
04	①	②	③	④
05	①	②	③	④
06	①	②	③	④
07	①	②	③	④
08	①	②	③	④
09	①	②	③	④
10	①	②	③	④
11	①	②	③	④
12	①	②	③	④
13	①	②	③	④
14	①	②	③	④
15	①	②	③	④
16	①	②	③	④
17	①	②	③	④
18	①	②	③	④
19	①	②	③	④
20	①	②	③	④
21	①	②	③	④
22	①	②	③	④
23	①	②	③	④
24	①	②	③	④
25	①	②	③	④

2024년도 일반군무원 공개경쟁채용 국어 필기시험 답안지

책형 란

컴퓨터용 흑색사인펜만 사용

[필적감정용 기재]
*아래 예시문을 옮겨 적으시오
본인은 OOO(응시자성명)임을 확인함

기재 란

	성명	
자필성명	본인 성명 기재	
응시직렬		
응시지역		
시험장소		

응시번호

생년월일

※ 시험감독관 서명
(성명을 정자로 기재할 것)

채점결과 확인 사용

문번 / 회

01 02 03 04 05 06 07 08 09 10 11 12 13 14 15 16 17 18 19 20 21 22 23 24 25

① ② ③ ④

2024 최신판

해커스군무원
혜원국어
7개년 기출정해

초판 1쇄 발행 2024년 4월 5일

지은이	고혜원
펴낸곳	해커스패스
펴낸이	해커스군무원 출판팀

주소	서울특별시 강남구 강남대로 428 해커스군무원
고객센터	1588-4055
교재 관련 문의	gosi@hackerspass.com
	해커스군무원 사이트(army.Hackers.com) 교재 Q&A 게시판
	카카오톡 플러스 친구 [해커스공무원 노량진캠퍼스]
학원 강의 및 동영상강의	army.Hackers.com

ISBN	979-11-6999-642-6 (13710)
Serial Number	01-01-01

군무원 1위,
해커스군무원 **army.Hackers.com**

해커스군무원

· **해커스군무원 학원 및 인강**(교재 내 인강 할인쿠폰 수록)
· 해커스 스타강사의 **군무원 국어 무료 특강**

공무원 교육 1위,
해커스공무원 **gosi.Hackers.com**

해커스공무원

· 필수어휘와 사자성어를 편리하게 학습할 수 있는 **해커스 매일국어 어플**
· '회독'의 방법과 공부 습관을 제시하는 **해커스 회독증강 콘텐츠**(교재 내 할인쿠폰 수록)

[군무원 1위] 한경비즈니스 선정 2020 한국품질만족도 교육(온·오프라인 군무원) 부문 1위
[공무원 교육 1위] 한경비즈니스 선정 2020 한국소비자만족지수 교육(공무원) 부문 1위

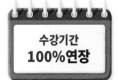